D1566380

La masonería
HISTORIA DE UNA SOCIEDAD SECRETA

H. PAUL JEFFERS

La masonería
HISTORIA DE UNA
SOCIEDAD SECRETA

Traducción de
Rosa Corgatelli

Ⓐ Editorial El Ateneo

Jeffers, H. Paul
    La masonería: historia de una sociedad secreta
    1ª ed. - Buenos Aires: El Ateneo, 2005.
    264 p.; 23x16 cm.

    Traducido por: Rosa Corgatelli

    ISBN 950-02-6392-0

    1. Masonería. I. Rosa Corgatelli, trad. II. Título
    CDD 366.1

Título original: Freemasons
Traductor: Rosa Corgatelli

© 2005 H. Paul Jeffers

Derechos mundiales de edición en castellano
© 2005, Grupo ILHSA S.A.
    Editorial El Ateneo
    Patagones 2463 - (C1282ACA) Buenos Aires - Argentina
    Tel.: (54 11) 4943 8200 - Fax: (54 11) 4308 4199
    E-mail: editorial@elateneo.com

1ª edición: octubre de 2005

ISBN 950-02-6392-0

Diseño de cubierta: Departamento de Arte de Editorial El Ateneo
Diseño de interiores: Lucila Schonfeld

Impreso en Verlap S.A.
Comandante Spurr 653, Avellaneda,
provincia de Buenos Aires,
en el mes de octubre de 2005.

Queda hecho el depósito que establece la ley 11.723
Libro de edición argentina

Índice

Para Hy Turner

Los enigmáticos masones

El propósito de este libro es examinar la masonería a través de su historia –compleja y a menudo controvertida–, sus ceremonias y rituales, más allá del velo de misterio y sospecha que la ha envuelto durante siglos.

CONFESIONES DE UN LEGO

En primer término debo señalar que no soy ni he sido nunca masón, aunque pude haberlo sido, puesto que satisfice las reglas básicas necesarias para ser miembro: creo en Dios, tengo más de veintiún años y carezco de antecedentes criminales. Sin embargo, no pertenezco a la confraternidad masónica ni a otros grupos –como *Kiwanis*, Rotary, *Odd Fellows*, *Elks* o *Shriners*, entre varios– por dos razones: no se me ha invitado a integrarlos y, salvo algunas sociedades profesionales, unos cuantos sindicatos en los que la membresía era una condición del empleo y un grupo peculiar dedicado a mantener frescos la memoria y el espíritu de Sherlock Holmes (llamado "los raros de Baker Street"), nunca he sido afecto a integrar sociedades. En consecuencia, cuando me preguntaron si me interesaría escribir un libro sobre los masones, no sabía casi nada sobre ellos. Como cualquier persona común, he pasado ante la logia masónica de mi ciudad natal

y de las otras ciudades de los Estados Unidos y otros países. He conocido hombres que usaban anillos masónicos y otros emblemas que
no me parecieron más importantes que aquellos que acostumbran
llevar los graduados secundarios y universitarios o los alfileres que
adornan los suéteres de los miembros de hermandades universitarias. A eso se limitaba mi contacto con la masonería.

Decidido a efectuar una rápida investigación sobre el tema antes
de comprometerme con el proyecto, supe que la masonería es una
confraternidad internacional masculina, aunque algunas logias admiten mujeres. La membresía está abierta a adultos que creen en un ser
divino supremo y en la inmortalidad del alma. Si bien no pretende ser
una religión, sus creencias han sido influidas por el universalismo y
el deísmo de los siglos XVIII y XIX. Sus críticos encuentran en ella influencias de ocultismo, anticristianismo e incluso satanismo. Si bien
sus miembros juran creer en una divinidad superior, la masonería está abierta a personas de todas las religiones y razas. Aunque se la encuentra en todo el mundo, no es una organización monolítica con
una figura central de autoridad, como el Papa de la Iglesia católica, ni
tiene un presidente internacional, un secretario general, una junta directiva ni autoridad global superior alguna. El cuerpo gobernante
en cada país se llama "gran logia". En los Estados Unidos hay una para cada uno de los Estados donde existe la orden.

SOSPECHAS Y SECRETOS

La masonería –la sociedad secreta más antigua del mundo– celebra rituales y ceremonias que, según se afirma, se remontan a la
construcción del templo de Salomón y el asesinato de su principal
arquitecto, Hiram Abiff. Antiguas herramientas comunes que se
usaban en la construcción –paleta de albañil, plomada, nivel y compás– se emplean en las ceremonias masónicas porque tienen significados simbólicos relacionados con el desarrollo de la moral y el
progreso de los miembros hacia la comprensión de la "luz universal". Aunque los masones se entregan a estos rituales en secreto,

niegan la creencia popular de que la masonería es una organización siniestra. También rechazan las acusaciones acerca de la existencia de una conspiración masónica destinada a controlar los Estados Unidos y el mundo. Responden que no son más que idealistas que se unieron para estudiar y celebrar creencias morales comunes y alcanzar la superación individual.

También los orígenes de la cofradía son objeto de debate, incluso entre los propios masones. Algunas versiones remontan su historia a la construcción del templo de Salomón e incluso antes, a Grecia y Egipto. Más allá de estas controversias, lo que no se discute es la asombrosa cantidad de individuos destacados que fueron masones, tanto a lo largo de toda la historia de Europa y los Estados Unidos, como en todas las esferas del trabajo y el conocimiento humano: desde reyes, presidentes y políticos hasta magnates de la industria, escritores, compositores, educadores, generales, médicos, periodistas y otros líderes culturales, sociales y cívicos. La inquietante pregunta que ha persistido desde el surgimiento de la masonería es si estos hombres formaban parte de una conspiración concebida para imponer los principios de la masonería en un "nuevo orden mundial". De hecho, algunos críticos han llegado a sostener que los masones ya lo controlan todo.

Lo que se sabe con certeza es que, en 1717, varios masones se reunieron en Londres para formar la primera gran logia unida de Inglaterra, como fuerza gobernante sobre grupos masones de Gran Bretaña. Cuando el Imperio Británico se extendió a las colonias americanas, la masonería lo siguió; muchos de los padres fundadores de los Estados Unidos eran masones. Incluso, algunos estudiosos de la masonería sostienen que ejerció una influencia central en la revolución por la independencia estadounidense y que fue la piedra angular del gobierno de ese país. Lo cierto es que, ya desde George Washington, numerosos presidentes de ese país han pertenecido a la confraternidad, así como miembros del Congreso y otras autoridades gubernamentales. Aunque el Departamento del Tesoro de los Estados Unidos niega que el billete de un dólar contenga símbolos masones, y algunos historiadores desmientan que los planos de Washington D.C. se hayan trazado de acuerdo con creencias masónicas, existen pruebas convincentes para reforzar la opinión de quienes creen en la existencia de un vínculo masónico.

El hecho de que la masonería esté envuelta en ritos y ceremonias secretas –e incluso el juramento de no revelarlos que prestan sus miembros– ha creado un halo de misterio, así como la opinión, muy difundida, de que los masones son un grupo anticristiano, guiado por siniestros objetivos. Esta noción ha tenido como consecuencia una oposición a la masonería por parte de la Iglesia Católica, institución que prohíbe a sus fieles integrar estas sociedades.

Los masones refutan la teoría que los señala como el prototipo de las sociedades secretas antidemocráticas, con el argumento de que no los rodea ningún velo de misterio. Algunos afirman, con acierto, que el grado de secreto varía mucho en las logias de todo el mundo: "En los países de habla inglesa –dicen–, la mayoría de los masones admiten públicamente su afiliación, los edificios masónicos pueden distinguirse con claridad y las asambleas, en general, son de conocimiento público".

Si bien esto es cierto, los aspectos centrales de la masonería se mantienen ocultos. Los miembros deben jurar silencio sobre sus reuniones (o "tenidas") y los motivos que las fundamentan. También tienen un sistema de señas de reconocimiento, incluido un apretón de manos secreto. A causa de ello, se ha sospechado que los masones muestran favoritismo entre sí, como ocurrió hace poco en Francia, cuando el fiscal general acusó a algunos jueces y abogados de aplazar casos que involucraban a miembros de la logia. En Gran Bretaña, durante la década de los noventa, el gobierno del Partido Laborista intentó sancionar una ley que requería que todas las autoridades estatales hicieran pública su afiliación masónica, en caso de que existiera.

Aunque la masonería ha tenido vehementes opositores y ha sido objeto de temor por considerársela una conspiración siniestra, también ha contado con vigorosos defensores que la califican, en esencia, como un sistema filosófico de raíces religiosas expresado en dramáticas ceremonias destinadas a responder las preguntas planteadas por todo individuo pensante: ¿Quién soy? ¿Por qué estoy aquí? ¿Cuál es el propósito de la vida? Según uno de sus eminentes historiadores, W.L. Wilmhurst, la masonería "satisface la necesidad de quienes se interrogan seriamente sobre el propósito y el destino de la vida humana".

Siendo el simbolismo su centro y eje, se define como un medio por el cual todos los hombres de bien pueden unirse para cultivar la libertad, la amistad y la hombría bienhechora. Tras reconocer que existen otros grupos con esos propósitos, en su libro *The Meaning of Masonry* (El significado de la masonería) Wilmhurst observa que: "Es absurdo pensar que una vasta organización como la masonería se fundó apenas para enseñar a hombres adultos del mundo el significado simbólico de unas cuantas sencillas herramientas de constructores" o para inculcar a sus miembros las virtudes elementales de templanza, justicia, amor fraterno, caridad y moral que pueden encontrarse en la "fuente de la verdad e instrucción" de la Biblia.

Porque los participantes en el "Oficio" —o el arte, como lo llaman los masones— afirman tener en vista un fin mayor que la mera inculcación de la práctica de valores sociales comunes, este libro examina no sólo los orígenes y el desarrollo de la masonería, sus numerosas controversias, las sospechas en cuanto a sus propósitos, ceremonias, ritos y símbolos, sino también su peso religioso y filosófico en la historia de buena parte de la civilización occidental y la magnitud de su influencia en la actualidad.

Por lo tanto, en el presente estudio sobre la historia de la masonería se explorarán estos y otros aspectos de la orden, incluida la organización de las logias, sus ritos y ceremonias, sus símbolos, el papel de las mujeres, los masones negros (masonería de Prince Hall), la literatura masónica, los requisitos para la membresía, la participación de los masones en causas de beneficencia. Entre otros temas, también se aborda el papel de la masonería en las Cruzadas, la hostilidad de la Iglesia Católica, sus vínculos con el mormonismo, el posible papel de la sociedad en la muerte de Wolfgang Amadeus Mozart, una controvertida teoría acerca de la conexión de los masones con el primer asesino en serie de la historia, Jack el Destripador, y el misterioso asesinato de un crítico de la masonería, que tuvo como consecuencia la formación del Partido Antimasón, primer "tercer partido" de los Estados Unidos.

I

Piedras angulares

U na de las piedras angulares del ritual masónico se basa en la
historia de un asesinato cometido hace 3.000 años en Jerusalén, cuya víctima era un hombre singular.

La leyenda comienza en el primer versículo del capítulo tercero
del libro segundo de las crónicas del Antiguo Testamento, titulado
"La construcción del Templo". Allí se dice que la construcción de "la
casa del Señor" en el Monte Moriah de Jerusalén, por orden del rey
Salomón, comenzó el segundo día del segundo mes del cuarto año de
su reinado. Para ello, Salomón reunió "setenta mil hombres que lle-
vasen cargas, y ochenta mil hombres que cortasen madera en el monte, y tres mil seiscientos que los gobernasen". Necesitado de un maestro artesano para ornar el edificio sagrado como era debido, pidió a su
amigo, el rey de Tiro, que le prestara los servicios de un hombre que
supiera "trabajar en oro, y en plata, y en metal, y en hierro, en púrpu-
ra, y en grana, y en cárdeno, y esculpir con los maestros que me
acompañan".

El rey envió a Hiram. A este "hombre hábil y entendido" en todas
las esferas artísticas, así como "en piedra", la tradición ha agregado el
nombre de "Abiff". Aunque poco más se dice de él en la Biblia, salvo
que trabajaba con metales preciosos y realizó la mayoría de los adornos de plata y oro del templo –incluido un par de columnas llamadas
Jachim y Boaz– se supone que, según especificaciones reveladas a Sa-

lomón por Dios, fue puesto al mando de todos los aspectos de la construcción. De acuerdo con el historiador del siglo I Flavio Josefo, en *Antigüedades de los judíos*, los cimientos del templo se cavaron "muy profundo" en la tierra. Según Josefo eran "piedras muy fuertes" que "se unían con la tierra" y constituían "una base y un cimiento seguro" para la superestructura que habría de erigirse encima y que "resistiría la fuerza del tiempo".

En su papel de figura supervisora, con autoridad para asignar trabajos a hombres capaces de lograr tal perfección en el corte y el encastre de piedras enormes, Hiram habría decidido también cuándo un hombre estaba calificado para aprender ciertos "misterios", necesarios para realizar las tareas más exigentes dentro de un grupo laboral que se dividía en tres rangos: aprendiz, compañero artesano y gran maestro.

Según la tradición masónica, cuando la construcción del Templo se acercaba a su fin, quince compañeros artesanos conspiraron contra Hiram para que los ascendiera y lo amenazaron con hacerse pasar por grandes maestres en otros países, donde recibirían mejor paga. Aunque doce de esos hombres acabaron por abandonar la confabulación, Jubela, Jubelo y Jubelum decidieron seguir adelante. Sabiendo que cada mediodía Hiram acostumbraba entrar en el *sanctasanctórum* del templo a rezar, se ubicaron en las tres entradas (Oeste, Sur y Este) y esperaron. Cuando Hiram salió por la puerta del Este, Jubela le exigió que lo nombrara maestro. Hiram respondió que no podía recibir los "misterios" sin la aprobación de Salomón y el rey de Tiro. Indignado porque le había dicho que debía esperar, Jubela le cortó la garganta con un calibre (o regla) de veinticuatro pulgadas. Cuando Hiram trataba de escapar por la puerta Sur, Jubelo le asestó un golpe en el pecho con una escuadra. Hiram se dirigió, tambaleante, a la puerta Oeste, donde Jubelum le pegó en la cabeza con un mazo o un martillo, y lo mató. Luego los tres retiraron el cuerpo por la puerta Oeste y lo ocultaron en un montón de basura. A medianoche regresaron, cavaron una tumba que medía seis pies hacia el Este, seis hacia el Oeste y seis de profundidad y allí lo enterraron. Luego, huyeron de Jerusalén hacia la población de Joppa,[1] en la costa del mar Mediterráneo. Al día siguiente, el rey Salomón advirtió la ausencia de Hiram e inició una investigación. Los doce artesanos que se habían arrepentido del plan fueron a ver a Salomón para informarle del complot e incriminar a Jubela, Jubelo y Jubelum, y se presentaron vistiendo mandiles y guantes blancos, como pruebas de inocencia. Salomón envió partidas hacia los cuatro puntos cardinales.

Cuando los hombres que partieron hacia el Oeste –rumbo al mar Mediterráneo–, llegaron a Joppa, uno de ellos se sentó en una roca a descansar y oyó que Jubela lloraba, diciendo: "Oh, preferiría que me cortaran la garganta, y me arrancaran la lengua de raíz, y me enterraran en las arenas del mar en aguas bajas a poca distancia de la playa, donde la marea fluye y refluye dos veces en el curso de veinticuatro horas, que haber participado en la muerte de nuestro maestre Hiram".

Un momento después, Jubelo se lamentó: "¡Oh! Y yo, que me arrancaran el corazón del pecho desnudo, y se lo dieran como presa a los buitres del aire, antes que haber participado en la muerte de un maestre tan bueno". Y Jubelum exclamó: "Yo le pegué más fuerte que ustedes dos, yo lo maté. Preferiría que me cortaran el cuerpo en dos, y llevaran una parte al Sur, y la otra al Norte, y quemaran los intestinos hasta convertirlos en cenizas y las esparcieran a los cuatro vientos, antes que haber participado en la muerte de nuestro maestre Hiram".

Apresados y llevados de vuelta a Jerusalén, confesaron ante Salomón, describieron cómo habían matado a Hiram y declararon no tener deseo alguno de vivir. Salomón respondió: "Han firmado su propia muerte; que se les haga como han dicho".

Tras esto, Jubela fue llevado afuera, donde le cortaron la garganta y le arrancaron la lengua de raíz. Lo enterraron en las arenas del mar en aguas bajas, a poca distancia de la costa, donde "la marea fluye y refluye dos veces en el curso de veinticuatro horas". A Jubelo le arrancaron del pecho el corazón y los "órganos vitales" y los "arrojaron so-

1. Nombre antiguo de la actual ciudad de Jafa. (N. de la T.)

bre el hombro izquierdo" para que los devoraran los buitres. El cuerpo de Jubelum fue cortado en dos, y llevaron una parte al Norte y la otra al Sur. Quemaron sus intestinos hasta reducirlos a cenizas y las arrojaron "a los cuatro vientos".

Aunque sabemos por la Biblia y la historia de los judíos escrita por Josefo de la existencia y la obra de Hiram en la construcción del templo de Salomón, no existe ningún registro, fuera de los ritos y ceremonias de la masonería, que pruebe que Hiram Abiff fue el arquitecto supervisor, ni que mencione la forma de su muerte, ni si Jubela, Jubelo y Jubelum fueron personas reales que, en su ambición, cometieron asesinato y sufrieron tan horrendas muertes. En consecuencia, nadie puede afirmar con certeza que la masonería sea tan antigua como el primer santuario construido por los judíos. Cualquier prueba que pudiera haber existido en el interior del templo de Salomón para dar crédito a la historia de Hiram Abiff —y el trío rival de asesinos— se perdió con la destrucción del Templo. Pese a la descripción de Josefo en cuanto a que sus piedras eran tan fuertes como para "resistir la fuerza del tiempo", arrasaron con ellas las tropas babilonias que invadieron y saquearon el lugar en 597 a.C.

Cómo y por qué el templo de Salomón y la muerte de Hiram Abiff son tan esenciales para la masonería es un punto que explicó e interpretó W.L. Wilmhurst en uno de una serie de artículos para "miembros de la Orden masónica, constituida bajo la Gran logia unida de Inglaterra". En la colección *The Meaning of Masonry* (El significado de la masonería), Wilmhurst afirma que el templo de Salomón estaba destinado a representar "el santuario del cuerpo colectivo de la propia humanidad". Luego de calificar a Hiram Abiff, Salomón y el rey de Tiro como una "tríada" equivalente a la Santísima Trinidad cristiana, escribe: "La tragedia de Hiram Abiff, entonces, no es el registro de un asesinato vulgar y brutal de un individuo. Es una parábola de pérdida cósmica y universal; una alegoría del fracaso de un plan divino. No estamos ante una calamidad que ocurrió durante la erección de un edificio en una ciudad oriental, sino ante un desastre moral para la humanidad toda". Con el asesinato de Hiram, sostiene Wilmhurst, "se nos ha arrebatado la facultad de la sabiduría iluminada". En consecuencia, el templo de la naturaleza humana sigue inconcluso:

> Hiram Abiff es asesinado. Nos falta la sabiduría para guiar e iluminar a la humanidad. La llama plena de la luz y el perfecto conocimiento que serían nuestros se desvanecen de la raza, pero en la Divina Providencia permanece aún para nosotros una luz trémula en el Oriente. En un mundo oscuro, del que ha desaparecido el sol, tenemos aún nuestros cinco sentidos, y nuestras facultades racionales con que trabajar, y estos nos proporcionan secretos sustitutos que deben distinguirnos hasta que recuperemos los genuinos.

La masonería es definida entonces como un sistema de filosofía religiosa que proporciona "una doctrina del universo y de nuestro lugar en él" mediante la cual podamos comprender que la humanidad se ha apartado de un centro "alto y sagrado". "El hombre regenerado, el hombre que no sólo en la forma ceremonial sino en la experiencia vital ha atravesado las fases de las que los grados masónicos son un tenue símbolo —escribe Wilmhurst–, es el único merecedor del título de maestre masón[2] en la construcción del templo, que no se hace con las manos sino con las almas de hombres justos que se han vuelto perfectos".

Esta explicación del templo de Salomón como una fundación metafórica de la masonería también fue ofrecida por Albert Pike durante un discurso pronunciado en 1858 y publicado junto con otras ponencias bajo el título de *The Meaning of Masonry* (El significado de la masonería). Valorado como "maestre genial de la masonería, tanto como erudito cuanto como artista" y considerado como la figura más significativa de la masonería estadounidense durante el siglo XIX, Pi-

---

2. Recuérdese que la palabra inglesa *mason* (masón) significa "albañil", es decir, "el que trabaja en la construcción de edificios u obras en que se emplee piedra, ladrillos, cemento u otros materiales semejantes". De modo que, en su origen, este título significaba en realidad maestro albañil y, por extensión, "constructor mayor".

ke nació en Boston en 1809 (véase luego capítulo 11). Entre sus parientes se contaban Nicholas Pike, autor del primer libro sobre aritmética que se publicó en los Estados Unidos, y el explorador Zebulon Pike (en cuyo honor lleva su nombre el famoso pico Pike, en Colorado, Estados Unidos). Cuando se estableció en Arkansas en 1850, a la edad de cuarenta y un años, Pike desarrolló un intenso interés por los símbolos masónicos. Estudiándolos, descubrió que la masonería comenzaba a convertirse en "algo imponente y majestuoso, de misterio solemne y grandioso", con "tenues indicios, semiocultos" y en "el depositario de la más elevada sabiduría del mundo antiguo".

Tras señalar que en todos los períodos de la historia del mundo las órdenes y sociedades secretas se habían formado fuera de las "iglesias oficiales" para impartir "a mentes aptas y preparadas ciertas verdades de la vida humana" e instrucciones sobre "cosas divinas", Pike afirmó que la masonería ofrecía una "síntesis, un concordato, para hombres de todas las razas, de todos los credos, de todas las sectas" con "principios fundamentales comunes a todos ellos". Estos principios sostienen que, después de que la humanidad se separó de Dios como consecuencia de la rebeldía de Adán y Eva en el Jardín del Edén, Dios brindó un medio por el cual los individuos podrían encontrar su camino de retorno luego de "la caída", una guía a través de intermediarios humanos. Estos seres, imbuidos de "la luz de la verdad divina", han aparecido a través de la historia como sabios, profetas, filósofos, líderes de movimientos morales y fundadores de grandes religiones. Uno de estos hombres "esclarecidos", San Pablo, llamó a tales líderes "administradores de los misterios". Aunque estos "iluminados" diferían según las culturas, estructuras sociales y religiones de sus respectivas épocas, todos procuraron compartir su conocimiento de la naturaleza humana, el propósito de la vida y los pasos mediante los cuales la humanidad podía procurar la reconciliación y la unidad última con Dios. De este modo, encontraron ávidos seguidores entre personas que se sentían insatisfechas con los rituales formales de las religiones oficiales, que consistían sobre todo en suplicar a un dios, o a varios, por el bien de una ciudad-Estado o una tribu.

Estos individuos, que buscaban un camino hacia la salvación personal y la inmortalidad, esperaban encontrarlo en los cultos. Se reunían en secreto y practicaban elaboradas iniciaciones, ritos de purificación, veneración de objetos, tomaban parte en dramas sagrados y avanzaban paso a paso hacia el pleno conocimiento y el dominio de los misterios.

Hacia el siglo v a.C., en Grecia, estos cultos se habían convertido en parte integral de la vida. Con la conquista del Imperio Helenístico por Roma, los misterios se difundieron más aún y se consolidaron tanto que el culto fue reconocido como una institución pública. El culto también fue un elemento central de la sociedad romana hasta la caída del Imperio, el advenimiento del cristianismo y su adopción como religión del Estado por el emperador Constantino. El golpe final fue asestado en 399 d.C., cuando el emperador Teodosio decretó: "Cualesquiera privilegios que hayan concedido las antiguas leyes a los sacerdotes, ministros, prefectos, hierofantes de cosas sagradas, o cualquiera sea el nombre con que se designen, han de ser abolidos de aquí en adelante, y que no piensen que están protegidos por un privilegio concedido, cuando se sabe que su confesión religiosa se ha condenado por la ley".

Si bien los misterios suelen asociarse ante todo con la antigua Grecia y con Roma, sus orígenes se atribuyen a cultos anteriores que florecieron en Creta y Egipto. Historiador de la masonería, estudioso de lo oculto y autoproclamado clarividente, C.W. Leadbeater sostiene en *Freemasonry and Its Ancient Mystic Rites* (La masonería y sus antiguos ritos místicos) que los misterios y la "gran doctrina de la 'luz interior'" habían sido introducidos entre los egipcios alrededor de 40.000 a.C. En esa época, un "maestro del mundo" surgió de la "logia blanca" para revelar que una luz universal, Dios, "moraba en el corazón de cada ser humano". Tras haber aprendido del maestro del mundo, los sacerdotes transmitieron las enseñanzas e "instrucciones secretas, que conservaron en sus misterios, y vinieron estudiantes de todas partes a aprender la sabiduría de los egipcios, y la fama de las escuelas de Egipto se difundió por todas las comarcas". Entre los que asimilaron los misterios egipcios y los llevaron a otros lugares se contaba un ex príncipe llamado Moisés. Descrito por el historiador Filo de Alejandría como "diestro en música, geometría, aritmética, jeroglíficos y todo el círculo de las artes y las ciencias", fue inspirado por Dios para sacar a los hebreos de la esclavitud y llevarlos a "una tierra de leche y miel" donde, como escribe Leadbeater, los misterios fueron "fielmente transmitidos de generación en generación desde los tiempos de Moisés hasta que el rey Salomón llegó al trono de su padre, David", y construyó el templo que habría de ser el eje del judaísmo y luego se erigiría como un símbolo del camino hacia el reencuentro de la humanidad con Dios, que constituye el núcleo básico de la masonería.

Aun cuando los masones afirmen ser, en palabras de Leadbeater, "descendientes directos de los reyes y profetas antiguos que han sido los portadores de la 'luz oculta' para los hombres a través de incontables generaciones", tienen conexiones más tangibles y recientes con los constructores de las grandes catedrales de Europa durante la Edad Media y sus herederos artísticos y espirituales en la Gran Bretaña del siglo XVIII.

2

Con piedra tan fuerte

En *A History of Masonry* (Una historia de la masonería) –estudio de diversas hipótesis sobre los fundamentos bíblicos y aun más antiguos de la masonería–, H.L. Haywood escribe:

> Desde tiempos inmemoriales, la masonería ha ejercido el derecho de preguntar a cada uno de sus devotos de dónde venía y adónde se dirigía. No obstante, ninguna respuesta a estas preguntas puede ser concluyente. Si la memoria pudiera remontarse a los comienzos de la masonería, constituiría un mal uso de las palabras describir su pasado como inmemorial. La mejor teoría acerca de su historia remota es que no tuvo uno sino muchos orígenes. La moderna masonería es, en el sentido más verdadero, un receptáculo en el cual los cultos y las vivencias sociales de incontables siglos de experiencia humana han vertido sus tesoros. Dentro de este imponente lago se han escurrido corrientes llegadas de las cimas montañosas más remotas; innumerables fuentes lo alimentan. Poco importa cómo las aguas dadoras de vida se abrieron paso hacia su seno, sino por qué canales han llegado, a través de qué continentes han fluido.

No resulta sorprendente que cada una de estas teorías acerca de las antiguas raíces de la masonería encuentre rápida aceptación –explica Haywood– ya que los seres humanos son de un romanticismo incurable. "Inventa un relato soberbio, vístelo con nobles arreos, bórdalo con encanto y nárralo con cadencias de trovador, y es característico de la naturaleza humana que creyentes bien dispuestos lo acepten sin preocuparse por indagar con mucho detenimiento en la sustancia de su fe."

Haywood se muestra dudoso en cuanto a remontar los orígenes de la masonería hasta Salomón y su vigoroso arquitecto, Hiram Abiff –o incluso antes– y encuentra asidero más firme en "ese largo período en que los constructores góticos sembraban Europa con las catedrales de Dios". Definida por los historiadores como Edad Media, esta época de construcción de magníficos edificios cristianos comenzó después de que el emperador Constantino se convirtiera al cristianismo en el año 312, y lo decretara religión oficial del Imperio Romano. Por orden suya, en el año 325 comenzó la construcción de la Iglesia del Laterano en Roma, y otra dedicada a San Pablo. Los arquitectos de estos edificios eran miembros del *Collegium Fabrorum* (colegio romano) y, por lo tanto, iniciados en los misterios. Si bien los planos para las iglesias cristianas ordenadas por Constantino se trazaron en forma de cruz, el diseño no sólo se inspiraba en el símbolo de la crucifixión de Cristo, sino también en el plano de planta del templo de Salomón en Jerusalén. Reverenciado como una obra maestra de la arquitectura, y primer edificio erigido y dedicado a un solo dios, la forma de cruz de la construcción representaba también la unidad y la trinidad de la fe cristiana.

En efecto, para las masas de fieles analfabetos, las catedrales constituían un medio de instrucción religiosa a través del simbolismo. Los tres largos pasillos que se extendían a partir de la entrada, que representaban la tierra como morada de la Iglesia, son denominados "nave". Situado encima de un espacio en forma de cruz que simbolizaba la penitencia y el juicio, el coro tenía un biombo que apenas permitía a los adoradores entrever aquello que se desarrollaba del otro lado. El coro, pues, representaba un mundo místico de ángeles y almas difuntas, mientras que el presbiterio era la representación del cielo. El altar, que contenía el santo sacramento, encarnaba la morada del cuerpo de Cristo.

Entre las catedrales construidas en Inglaterra se contaban las de

Canterbury –cuyos cimientos se colocaron en el año 600–, Rochester –comenzada en el año 602– y St. Paul, en Londres, iniciada en el año 605. Trescientos años después, en todas las grandes ciudades de Gran Bretaña había un grupo de masones (albañiles independientes) encargado de la construcción de catedrales, iglesias y otras obras, incluidas fortificaciones, murallas y puentes. Conocido como arquitectura gótica, el estilo se proponía elevar la devoción de las masas mediante el uso de líneas empinadas, curvas ascendentes y un diseño esbelto, para glorificar a Dios y, al mismo tiempo, destacar la habilidad y el talento artístico de los constructores.

En Gran Bretaña, estos hombres se dividían entre los que manipulaban piedra dura ("talladores en duro") y cortadores más especializados, que trabajaban en piedra más blanda y calcárea (llamada *freestone*),[1] lo que dio a estos artesanos el nombre de *free stonemasons*, que con el correr del tiempo se acortó a *freemason*, la palabra que, en inglés, denomina al masón. El vocablo *maszun* (de origen francés, que significaba "artesano en piedra")[2] aparecía en un glosario inglés compilado alrededor de 1217, y un documento de la catedral de Exeter, compilado en 1396, empleaba ya el término *freemasons*. Hacia 1292, los albañiles ingleses acostumbraban denominar *lodge*[3] a una choza, cercana al terreno de la obra de construcción, donde almorzaban y guardaban sus herramientas.

Aunque en la mayor parte de los casos el proveedor de trabajo de los albañiles (*masons*) era el monarca –sobre todo en la construcción de fuertes y palacios– la mayoría de las oportunidades de empleo pro-

---

1. En castellano, "piedra franca". (N. de la T.)

2. De éste derivó el término francés actual *maçon* (albañil).

3. Una de las acepciones de este término, en inglés, es el de "casa pequeña, en especial destinada a un sirviente, o a un uso temporario". En castellano podría traducírselo como "caseta", "casilla", "posada", "albergue", "alojamiento". En la actualidad, el mismo término inglés significa también "lugar de encuentro de un grupo local, como una cofradía o confraternidad", y "dicha cofradía o confraternidad". En castellano, la palabra "logia" deriva del italiano *loggia* ("en la Edad Media, lugar de reunión de personas que ejercían el mismo arte u oficio"), y tiene los únicos significados de "local donde se celebran asambleas de masones" y "asamblea de masones". (N. de la T.)

venían de obispos y deanes de congregaciones que deseaban poseer un espléndido edificio sagrado en su ciudad, o bien de grupos de empleadores denominados "gremios".[4] Ya en 1220, la masonería de Londres estaba controlada por la *Mason's Livery Company* (Compañía de albañiles Livery). Además de establecer el salario máximo para los obreros (aún no existía el salario mínimo) y regular la cantidad y el tipo de trabajadores por proyecto, los gremios fijaban reglas de conducta, llamadas "deberes", que exigían lealtad a Dios, a la Iglesia católica, al rey, el empleador y el maestre masón. En lo tocante a la integridad moral, estos deberes imponían la obligación de guardar los secretos del maestre y abstenerse de incurrir en "toda discusión desobediente", fornicación y adulterio, jaranas en posadas y burdeles, así como salir después de las ocho de la noche y jugar a las cartas, salvo durante el período de doce días de festejos navideños.

Una de las consecuencias originadas de las restricciones al salario máximo de un albañil, por hora, fue la desobediencia generalizada. Los albañiles escaseaban y la demanda crecía, la posibilidad de exigir mejores salarios aumentaba y los albañiles lo hicieron formando sindicatos que debían reunirse en secreto porque eran considerados ilegales.

El documento masónico más antiguo que se conoce es un poema manuscrito, descubierto en la década de 1830 en la *King's Library* (biblioteca del rey) del Museo Británico y publicado en 1840 por James O. Halliwell, quien no era masón. Los estudiosos le han atribuido diversas fechas, aunque es probable que su antigüedad se sitúe entre 1390 y 1445. Conocido como "el manuscrito Halliwell" o "el poema Regius", consiste en 794 versos de poesía rimada en inglés, con el título en latín *Hic incipiunt constitutiones artis gemetrioe secundum Euclydum*, es decir, "aquí comienzan las constituciones de geometría

4. En inglés, *trade guilds*: "En la época medieval, grupo de hombres del mismo oficio o actividad destinados a hacer respetar sus reglas y proteger a sus miembros", significado que coincide con la actual acepción de "gremio" en castellano: "Corporación formada por los maestros, oficiales y aprendices de una misma profesión u oficio, regida por ordenanzas o estatutos especiales. / Conjunto de personas que tienen un mismo ejercicio, profesión o estado social".

según Euclides". Los primeros ochenta y seis versos presentan una leyenda de la fundación de la masonería en Egipto por el matemático Euclides, y su introducción en Inglaterra por el rey Athelstan. A esto sigue el relato de una gran asamblea del Oficio, bajo el patronazgo del príncipe Edwin. Ciertas regulaciones para "el gobierno de la sociedad" se dividían en quince artículos y quince puntos, seguidos por una ordenanza respectiva a futuras asambleas. A continuación, cuarenta y ocho versos narran la leyenda de "cuatro mártires coronados" que rehusaron obedecer al emperador romano y renegar de su cristianismo. Por esta rebeldía fueron encerrados en ataúdes de plomo y arrojados vivos al río. A este relato sigue una versión del origen de la masonería, que remonta su historia hasta el diluvio universal y la torre de Babel. Fechado en el año 926, debido a su adopción por parte de una convención masónica celebrada en York, este poema se conoce con el nombre de "Constituciones góticas".

Uno de los mayores logros de los masones en la Inglaterra del siglo XIII fue la construcción de la abadía de Westminster. Terminada en 1271, fue erigida bajo la supervisión del gran maestre Giffard, arzobispo de York. Otra obra maestra, esta vez no religiosa, fue el puente de Londres. Construido en piedra para reemplazar un arco de madera sobre el Támesis, que se rompió en 1176, fue concluido en 1209. Durante las obras, los londinenses cantaban a los constructores la canción "*London Bridge Is Falling Down*" (El puente de Londres se está cayendo), que incluía los versos *Build it up with stone so strong / That "twill last for ages long"* (Constrúyanlo con piedra tan fuerte / que dure siglos y siglos). El puente duró 623 años. Fue demolido en 1832 cuando sus soportes se consideraron demasiado estrechos para que pasaran por debajo los cada vez más grandes barcos mercantes, y los de la Armada Británica.

Mientras la abadía de Westminster se hallaba en construcción, tuvo lugar en Francia un suceso que habría de ejercer significativa influencia en la evolución de la masonería, al proporcionarle una de sus figuras más reverenciadas y al suministrarle un nuevo vínculo con el templo de Salomón.

3

La masonería y los caballeros templarios

Desde la destrucción del templo de Salomón a manos de los babilonios en el año 486 a.C., la ciudad de Jerusalén fue conquistada y regida por persas, griegos, romanos y también por el Imperio Bizantino cristiano, hasta el año 638 de nuestra era. En ese momento una nueva potencia pasó por las puertas de la ciudad sagrada, para apoderarse de ella en nombre de una religión que ya había reclamado Arabia para su dios, Alá. Conducidas por el califa Omar, las fuerzas del Islam habían derrotado a las tropas del emperador Heraclio en la batalla de Yarmuk, que tuvo lugar el 20 de agosto de 636, y marcharon sobre la ciudad, a la que pusieron bajo sitio hasta conseguir la rendición, sin lucha, en febrero de 638. Dado que se cree que Mahoma –el profeta fundador del Islam– había sido milagrosamente llevado al cielo desde esa ciudad y retornado a la tierra para divulgar su fe, los musulmanes la consideraban santa. Para venerar el viaje del profeta, construyeron dos estructuras sagradas, la "cúpula de la roca" y la mezquita de Al-Aqsa, en el sitio donde antes se erigían el templo de Salomón y el que le sucedió, que había sido restaurado por el rey Herodes y destruido por los romanos en el año 70 d.C.

A lo largo de dos siglos de dominio islámico, las relaciones entre musulmanes y cristianos fueron amistosas. Pero tal tolerancia mutua cambió en el año 800 tras la coronación de Carlos –luego llamado

Carlomagno– como rey de los francos por el papa León III. Cuando el monarca del entonces denominado "Sacro Imperio Romano" fue invitado por el soberano de los musulmanes, el califa al-Harun al-Rashid, a construir un hospicio en Jerusalén, dio inicio a una revitalización cristiana que alarmó a los islámicos. Dos siglos después, fueron los cristianos los que encontraron motivos de preocupación al recibir, en las capitales de Europa, numerosos informes provenientes de Jerusalén que afirmaban que peregrinos y lugares santos cristianos estaban sufriendo ataques a manos de los musulmanes.

Inquieto por tales relatos y preocupado por la creciente amenaza que para el Imperio Bizantino representaba el avance del Islam hacia el Oeste, en un discurso pronunciado en el Concilio de Clermont en la primavera de 1096, el papa Urbano II convocó a las potencias europeas a dejar de lado sus disputas internas y unirse en una guerra santa para liberar la ciudad sagrada de los "infieles" ocupantes. Los que tomaran las armas en nombre de Cristo serían recompensados con la absolución y el perdón de los pecados. Este llamado era, según el mismo Papa dijo, *Deus Vult* (voluntad de Dios).

De inmediato el Concilio confirió los privilegios y protecciones prometidos. Aquellos que empuñaron las armas para liberar Jerusalén adoptaron una cruz roja como emblema y se dieron el nombre de "cruzados". Sesenta mil soldados, y hordas de campesinos y peregrinos no combatientes, con sus respectivas esposas e hijos, y cinco ejércitos más emprendieron la marcha hacia Tierra Santa. Al cabo de un año de arduo camino, los cruzados arribaron a las puertas de Jerusalén. Cuando tomaron la ciudad y llegaron en tropel a la iglesia del Santo Sepulcro (el lugar tradicional de la crucifixión y la resurrección), uno de los cabecillas, Raymond d'Agiles, vio una escena que sería "famosa en todos los tiempos futuros, pues tornó nuestros esfuerzos y penas en dicha y júbilo". Para él y sus camaradas cruzados, fue un día de "justificación para todo el cristianismo, de humillación del paganismo, renovación de la fe".

Entre 1096 y 1250 habrían de sucederse siete cruzadas. Miles de cristianos se dirigían a Jerusalén –y volvían– a través de un camino en el que sufrían frecuentes ataques musulmanes. En 1118, para ofrecerles protección, se fundó en Francia por iniciativa de Hugo de Payens, caballero de Borgoña, y Godofredo de Saint-Omer, caballero del sur de Francia, una orden de monjes guerreros. Sus integrantes hicieron voto de pobreza y adoptaron el nombre de "pobres caballeros de Cristo y del templo de Salomón". Obtenida la aprobación de la Iglesia en 1128 en el Concilio de Troyes, y con el apoyo de San Bernardo de Clairvaux –a quien se encomendó redactar su reglamento–, los templarios se volvieron famosos por su ferocidad en la batalla. Acogidos en la Ciudad Santa –después de la Primera Cruzada– por Balduino I, autoproclamado rey de Jerusalén, se les asignó espacio para alojarse cerca del emplazamiento del templo de Salomón; de allí su nombre de "templarios".

En algunos escritos fechados entre 1170 y 1174, el arzobispo Guillermo de Tiro observó que "ciertos nobles caballeros, hombres religiosos, devotos y temerosos de Dios, se pusieron en manos del Señor, patriarca de Jerusalén, para consagrarse al servicio de Cristo" y prometieron vivir "observando la castidad y la obediencia y rechazando toda propiedad". Como no tenían iglesia

> ni morada fija, el rey les dio alojamiento por un tiempo en el ala sur del palacio, cerca del templo del Señor. En determinadas condiciones los canónigos del Templo les dieron una plaza cerca del palacio. Los caballeros la usaban como campo de instrucción. El rey y sus nobles, y también el patriarca y los prelados de la Iglesia les concedieron en beneficio parte de sus dominios, algunos por un tiempo limitado y otros a perpetuidad. Esto tenía el fin de proveer de alimento y vestimenta a los caballeros. Su deber principal –que les fue impuesto por el patriarca y los otros obispos, para la remisión de los pecados– era el de proteger los caminos y las rutas de los ataques de ladrones y bandidos; en especial para salvaguardar a los peregrinos.

Tras la fundación de la orden y durante nueve años, los templarios recibieron en donación ropa secular, hasta que un concilio celebrado en Francia en 1125 les asignó un hábito blanco. En ese momen to había nueve caballeros, aunque el arzobispo Guillermo dejó registrado que "su número comenzó a crecer, y sus posesiones, a multiplicarse". Para 1174 habían aumentado tanto en cantidad que "hay hoy en esta orden alrededor de 300 caballeros que visten manto blanco", escribió. La Orden acumulaba riqueza.[1] Guillermo apuntó:

> Se dice que tienen inmensas posesiones tanto aquí como en el exterior, de modo tal que no existe ahora una provincia en el mundo cristiano que no haya concedido a los mencionados hermanos una porción de sus bienes. Se dice hoy que su riqueza es igual a los tesoros de los reyes. Como tienen un cuartel general en el palacio real cerca del templo del Señor, se los llama los "hermanos de la milicia del Templo". Aunque mantuvieron honorablemente sus valores y cumplieron su vocación con prudencia suficiente, más tarde, por desatender la humildad (que, como se sabe, es la guardiana de todas las virtudes y que, como descansa en el lugar más bajo, no puede caer), se apartaron del patriarca de Jerusalén que fundó la orden y de quien ellos recibieron sus primeros beneficios y le negaron la obediencia que le rindieron sus predecesores. También han tomado diezmos y frutos de las iglesias de Dios, han alterado sus posesiones y se han tornado problemáticos en exceso.

Tras la recuperación de Jerusalén por el Islam en 1239, los templarios obtuvieron la isla de Chipre como cuartel general de la orden y usaron la enorme fortuna acumulada para establecerse en Francia

---

1. Nueve siglos después de que los cruzados se aventuraran en Tierra Santa en nombre de Cristo, la enorme riqueza por ellos acumulada constituyó la base del argumento de la que quizá sea la mejor novela de detectives escrita por un estadounidense. En *El halcón maltés*, de Dashiell Hammett, el gordo, codicioso y traicionero Caspar Gutman resume la historia de una fabulosa estatuilla perdida, incrustada en piedras preciosas, un "pájaro negro" que había hecho la Orden cruzada del Hospital de San Juan de Jerusalén, para regalar al rey Carlos de España. Tras observar que los caballeros "nadaban en riqueza" adquirida mediante el saqueo en sus expediciones, afirma: "Todos sabemos que para ellos, así como para los templarios, las Guerras Santas eran cuestión de botín".

como financistas y banqueros internacionales. Al volverse el "templo de París" el corazón del mercado monetario mundial de mediados del siglo XIII, los antiguos "pobres caballeros de Cristo" resultaron más ricos que cualquier gobierno del continente y poseían 9.000 feudos y castillos. Entre 15.000 y 20.000 caballeros y clérigos eran atendidos por miles de escuderos, sirvientes y vasallos.

UN TEMPLARIO SINGULAR

Aunque la historia da fe de que a muchos cruzados les interesaba más el lucro que hacer de Tierra Santa un lugar seguro para el cristianismo, no existen pruebas de que un joven templario llamado Jacques de Molay tuviera más motivación para unirse a la orden que la pura piedad. Nacido alrededor de 1244 en Vitrey, Francia, se sumó a los caballeros templarios a la edad de veintiún años. Tras ascender rápidamente de rango, pasó mucho tiempo en Gran Bretaña. Luego, designado visitador general y gran preceptor de toda Inglaterra, fue nombrado regente de la orden tras la muerte de su vigésimo segundo gran maestre, Theobald Gaudin. Más tarde se trasladó de Inglaterra a Chipre; allí se encontraba cuando, en el otoño de 1307, fue convocado a Francia por orden del rey Felipe IV, llamado "el Justo", y el papa Clemente V. Se cree que tal convocatoria fue consecuencia del temor y la envidia, tanto del rey como del Papa, hacia el poder y la riqueza de los templarios. Otra explicación sostiene que Felipe estaba tan sumido en deudas que decidió que el único modo de cancelarlas consistía en eliminar la orden.

El viernes 13 de octubre de 1307, alguaciles reales entraron en la sede de los templarios en París y arrestaron a los caballeros. Encarcelados y torturados, fueron obligados a confesar diversas herejías, como adoración al diablo y la práctica de perversiones sexuales. Se les dio a elegir entre la retractación o la muerte. De Molay, puesto que confesó bajo tortura, pronto abjuró de lo dicho. Condenado junto con otro templario, fue llevado a una isla del Sena, a la sombra de la catedral de Notre Dame, y quemado en la hoguera en 1312. Una leyenda refiere que mientras las llamas bramaban a su alrededor, él profetizó que el rey y el Papa morirían en el lapso de un año. La profecía se cumplió, pero antes de su muerte el Papa disolvió la orden y advirtió que cualquiera que siquiera pensara en unirse a los templarios sería excomulgado y acusado de herejía.

Entre las muchas historias, leyendas y mitos que se multiplicaron en torno de los templarios, se cuenta la afirmación de que poseían conocimientos místicos. En un antiguo documento, llamado *Rubant*, ha quedado registrado que los caballeros poseían "conocimientos secretos" que habían obtenido "de libros". Este "conocimiento completo y absoluto" de una sabiduría secreta era revelado sólo a "los iniciados". Raoul de Presle, abogado de la época, afirmó que reinaba dentro de la orden un secreto estricto, de naturaleza tan extraordinaria que los hombres preferirían dejarse cortar la cabeza antes que divulgarlo. Según se cuenta, De Molay dijo a sus inquisidores, antes de morir, que habría querido decirles "ciertas cosas" pero que ellos no estaban autorizados a oírlas.

En cuanto a este aspecto místico de los caballeros templarios, el historiador masónico C.W. Leadbeater escribe que la orden era "uno de los depositarios de la sabiduría oculta de Europa en los siglos XII y XIII, aunque la totalidad de los secretos se revelaban sólo a unos pocos".

Respecto del destino de los templarios luego de la ejecución y el decreto papal que los abolía, ha habido importante controversia entre los historiadores de la masonería. La teoría predominante dice que los templarios sobrevivientes lograron llegar a Escocia para proteger al rey guerrero Robert Bruce. En su lucha contra los ingleses, y al carecer de fuerzas significativas propias, el monarca declaró que daría la bienvenida a todos los templarios que quisieran unírsele. En la batalla contra los ingleses librada el 24 de junio de 1314 en Bannockburn, los escoceses sólo eran un ejército de soldados de infantería armados con ineficaces picas y arcos. En el fragor de la batalla, que se prolongó durante todo el día, parecía que los escoceses iban perdiendo, pero hacia el final de la jornada aparecieron los templarios. Creyendo que se trataba de un nuevo ejército escocés, los ingleses entraron en pánico y huyeron. Tras ese triunfo, los templarios encontraron refugio en las islas de la costa occidental de Escocia durante cerca de ochenta años. Hacia fines del siglo XIV se trasladaron a la costa oriental, se establecieron en Aberdeen y se autodenominaron "masones".

La explicación de esta transformación —de caballeros guerreros que defendían a los peregrinos que iban a Tierra Santa en masones— se ha atribuido a la mezcla, a lo largo del tiempo, de los preceptos templarios con los de cultos secretos celtas más antiguos. Tal fusión acabó por dar como resultado la formación de una de las ramas más significativas de la masonería: la Real orden de Escocia. Conocida como "rito escocés", habría de florecer en algunas partes de Europa hasta que se arraigó y prosperó en América del Norte.

Otra teoría acerca del destino de los caballeros templarios después de la ejecución de De Molay y la decisión del Papa de proscribir la orden arroja dudas sobre la afirmación de que los templarios fueran los legítimos antepasados de la masonería. El historiador Jasper Ridley conjetura que, sencillamente, algunos masones prefirieron creer que era más atractivo descender de una orden religioso-caballeresca perseguida que de gremios de canteros ingleses.

4

La masonería y la Reforma protestante

os siglos después de que el cristianismo fuera designado como la religión oficial del Imperio Romano por un decreto del emperador Constantino, los cultos a los antiguos misterios, que habían llegado a ser instituciones públicas, fueron prohibidos por el emperador Justiniano I. Su propósito era fortalecer la religión del Imperio y establecerse como la autoridad suprema en cuestiones de organización y dogma (el término que define este sistema político es "cesaropapismo".) Con este fin, en el año 544 emitió una declaración de fe y en 553 convocó un concilio ecuménico en Constantinopla. El *Corpus Juris* resultante hizo del paganismo y la apostasía delitos castigados con la muerte, sin tolerancia para el disenso. Decretó: "Que no se permita lugar alguno a los herejes para celebrar sus ceremonias, ni se les ofrezca ocasión alguna de exhibir la insania de sus mentes obstinadas. Que todos sepan que si esta clase de personas ha obtenido algún privilegio en forma fraudulenta, mediante una bula, cualquiera que fuere, no será válido. Que se impida a todas las asociaciones de herejes celebrar asambleas ilícitas".

Al declararse tanto rey como autoridad suprema sobre la tierra en lo referente a los asuntos eclesiásticos, Justiniano entró en conflicto con el dogma católico del Papa como único y verdadero representante de Jesús en el mundo. En consecuencia, la *Enciclopedia católica* establecía que un católico romano de la época "no puede aplaudir el sistema de gobierno del gran emperador". Aunque reconoce el esfuerzo de Justiniano por promover la paz y la unión dentro del Imperio, el artículo señala que "en realidad esta unión habría de ser la de la 'sacra Iglesia católica y apostólica'". La historia registra que, tras la decadencia del Imperio Romano, fueron en verdad la Iglesia y el Papado los que emergieron como árbitros supremos de la fe cristiana, y así continuaría durante casi mil años.

Los efectos del reinado de Justiniano fueron tan cruciales en todos los aspectos del desarrollo de la civilización europea postrromana que la Edad Media jamás habría tenido lugar de no haber sido por su influencia. Una malhadada operación militar destinada a unificar las partes occidental y oriental del imperio, el abandono del latín como idioma oficial del gobierno y las administraciones, y un debilitado Imperio oriental, que alentó y fortaleció a los persas, prepararon el terreno para una guerra devastadora e hicieron posible la expansión del Islam hacia el Oeste. Al derrocar a los gobiernos germanos occidentales, consagrados a salvar, en lo posible, la civilización imperial romana, Justiniano fue responsable indirecto de la elevación de la Iglesia medieval y el Papado a una posición de poder indiscutido entre las naciones europeas.

Más allá de desempeñar este papel significativo en el surgimiento del cristianismo como la religión de Europa tras la decadencia del Imperio Romano, Justiniano dio ímpetu a las artes, al diseño y la construcción, en aquello que fue llamado "arquitectura bizantina". Prodigioso promotor de la construcción, Justiniano hizo sembrar su imperio de soberbios monumentos y edificios que habrían de servir de modelo para toda la arquitectura posterior, tanto en el oriental estilo islámico como en el gótico occidental.

Mientras este cambio de estilo se difundía con rapidez por gran parte de Europa –dando lugar a grandes progresos en tecnología de construcción, tales como innovaciones revolucionarias en la forma del cielo raso abovedado y el arco ojival–, su entusiasta aceptación se arraigaba en el nacimiento de una nueva conciencia nacional que encendió la rivalidad entre ciudades y autoridades eclesiásticas, ansiosas por elevar su estatus a través de la construcción de imponentes catedrales y edificios públicos.

Fue una época –escribe el historiador de arte H. B. Cotterill en su obra *History of Art* (Historia del arte)– en que el estilo de edificación románico "cedió lugar a una arquitectura nueva, popular, cívica, en la cual el cristianismo abandonaba su gastado atuendo para vestir una flamante túnica blanca de iglesias recién construidas".

En los edificios religiosos, la adopción del estilo gótico encerraba la intención de llevar la devoción de las masas analfabetas a un nivel más alto –representado por las encumbradas y majestuosas catedrales– de lo que nunca habían hecho posible las líneas planas e imperturbables de las estructuras románicas. En esa época de renovado fervor cristiano llamada la Edad Media, cada piedra se tallaba para glorificar a Dios, y quienes las labraban hallaban en su oficio de albañiles y pedreros[1] un medio para la expresión de su propia fe. Iban de ciudad en ciudad y se autodenominaban *free masons* (albañiles –o pedreros– libres), aunque se hallaban bajo el dominio de sus empleadores. Ya fuera un monarca, una corporación civil o fraile encumbrado quien les encargara un edificio, los pedreros tenían regulados todos los aspectos de su trabajo y existencia. Se ha dicho ya que, como consecuencia de las restricciones en los salarios, se formaron gremios que debieron funcionar en secreto. Los empleadores, que preferían no involucrarse en tratos clandestinos con los albañiles, procuraron sofocar esta práctica. Así, en 1360 una ley vedó los acuerdos secretos entre pedreros y carpinteros; en 1425 se prohibió a los pedreros ingleses celebrar asambleas. Un código de leyes esbozado por el duque de Bedford –que actuaba como regente del rey Enrique VI, de tres años en ese momento– observó que un vínculo común unía a diferentes

---

1. En inglés, *masons*. Como ya se ha dicho, en inglés esta palabra tiene el significado fundamental de "albañil", pero también se la usaba como forma reducida de *stonemason*, "persona que corta y talla piedra para su utilización en la construcción de muros, edificios, etcétera". En este sentido, entonces, puede traducirse al castellano como "pedrero" (operario que labra piedras), "picapedrero (cantero) o "cantero" (encargado de labrar las piedras para las construcciones). Aunque algunos unifican los diversos significados del término *mason* traduciéndolo por "constructor", aquí se ha preferido utilizar los más fieles "albañil" y "pedrero" (o "cantero"), para diferenciarlo de *builder*, constructor. (N. de la T.)

unidades o logias laborales, y las declaró ilegales. Sin embargo, en menos de dos años, la ley era ignorada de modo tan abierto que se abandonaron los intentos de hacerla cumplir.

Mientras los "pedreros libres" mostraban fuerza económica en Gran Bretaña, también sus pares de Francia y Alemania se beneficiaban con la valorización de su oficio durante el período de construcción de catedrales. La organización francesa de albañiles y pedreros llamada *compagnons* celebraba reuniones secretas que chocaban con la resistencia gubernamental y las leyes restrictivas. En Alemania se los llamaba *steinmetzen* (canteros); entre sus obras maestras se cuentan las catedrales de Estrasburgo y Colonia. Ambos grupos se constituyeron en escuelas donde pedreros de otros países eran recibidos con ceremonias simbólicas en sus propios alojamientos.[2] Pero fueron las consecuencias de un hecho ocurrido en una iglesia mucho menos imponente de Alemania lo que habría de alterar el curso de la civilización occidental y cambiar el rumbo de la masonería, transformando esa cofradía de hombres –unidos por su oficio único y su deseo de respeto y paga decorosa– en una sociedad más amplia de caballeros de todas las condiciones sociales.

LA REFORMA Y LA MASONERÍA

El incidente que desató la cadena de acontecimientos que, entre muchas otras repercusiones, también transformaría la masonería, tuvo lugar en la ciudad universitaria de Wittenberg, Alemania, en la escalinata frontal de una iglesia. La *scholsskirche* (o iglesia-castillo), parte de un castillo erigido entre 1490 y 1499 para Federico el Sabio, tenía una robusta puerta de madera maciza que usaban con frecuencia las autoridades de la ciudad y la universidad, así como profesores y estudiantes, para fijar mensajes, notas y avisos. Allí, el 31 de octubre de 1517, un monje de treinta y cuatro años llamado Martín Lutero clavó el documento que daría inicio a la Reforma protestante.

2. En inglés, *lodge*. Véase nota al respecto en capítulo 2. (N. de la T.)

Graduado universitario y doctorado en teología, Lutero –que servía como vicario agustino de Meissen y Turingia– había sido ordenado sacerdote en 1507. Descrito por un biógrafo como un hombre "temperamental, malhumorado, egocéntrico y discutidor", había llegado a la conclusión de que entre el ser humano y Dios no había lugar para intermediarios, como los curas y la institución eclesiástica, la que además instigaba el perdón de los pecados mediante la compra de indulgencias. Convencido de que el único requisito para la salvación del alma era la fe, escribió un documento titulado *Noventa y cinco tesis* que colocó en la puerta de la iglesia-castillo.

Aunque en Inglaterra había surgido una fuerte corriente de anticlericalismo, los masones se habían mantenido leales a la Iglesia católica. De hecho, los masones participaron de la procesión encabezada por el rey Enrique VII, en 1502, hacia el sitio de la ceremonia de colocación de la piedra angular de una capilla en Westminster. Podrían criticarlos, con razón, de burlar las leyes que pretendían limitarlos y castigarlos por sus acuerdos secretos sobre salarios y tarifas –observa Jasper Ridley en una historia de la masonería– pero, por muy "malintencionados" que fueran al formar gremios ilegales, "cumplían la ley a la perfección en lo concerniente a la religión".

En 1534, cuando los deseos personales de Enrique VIII chocaron con la supremacía del Papa con respecto a la solicitud de disolución de su matrimonio con Catalina de Aragón –para poder desposar a su amante, Ana Bolena– el monarca consideró que era conveniente, provechoso y popular promulgar la Ley de supremacía, que lo ponía a la cabeza de la Iglesia de Inglaterra. Entre 1535 y 1540, una política que decretaba la disolución de los monasterios despojó a la Iglesia de enormes extensiones de tierra, que pasaron primero a manos de la Corona y luego a las de la nobleza y la aristocracia terrateniente. Como resultado de ello se puso fin a la construcción de iglesias, y la masonería ingresó en un período de decadencia que provocó un cambio en la naturaleza de sus miembros. De este modo, todo aquello ligado al aspecto práctico del oficio diario y al efectivo trabajo en piedra pasó a ser, en esencia, alegórico, y las herramientas de albañiles y pedreros se emplearon entonces como símbolos en la contemplación de los misterios de la vida y su significado.

No se sabe con precisión en qué período las logias comenzaron a admitir integrantes no relacionados con la construcción. La práctica se observó en 1646 cuando quedó registrado que una logia había admitido a Elias Ashmole y al coronel Henry Mainwaring. No obstante, señala H. L. Haywood, "no hay nada en tal circunstancia que indique que se trataba de algo nuevo".

El cambio de propósito de la masonería –de gremio de obreros a sociedad filosófica– se consideró en la época una innovación tan drástica que los secretarios de algunas logias operativas quemaron sus registros porque temían que, al admitir a hombres no relacionados con la construcción, los secretos de la cofradía se tornaran públicos. Comparando esta necesidad de mantener el secreto entre los masones especulativos con algunos cultos antiguos, Haywood explica que siempre se habían tomado medidas para preservar algún conocimiento o magia secreto o precioso. De hecho, cuando alcanzaban una revelación de la verdad, real o fantasiosa, tales sociedades procuraban perpetuar su tradición y asegurar para sí mismos el disfrute exclusivo del poder o la dignidad que este confería.

Con el desarrollo de sociedades secretas posteriores, también enmascararon sus hallazgos con términos alegóricos, leyendas y dramas simbólicos. Para protegerse de intrusos, emularon a los primitivos cultos que velaban sus rituales en un misterio impenetrable y comprometían a sus miembros con juramentos de lealtad. Con el fin de asegurar la continuación de su obra por parte de sucesores competentes, idearon pruebas de iniciación y sumisión con las cuales los aspirantes demostraban su fortaleza y su fervor en ceremonias de fases sucesivas que a veces demoraban años en completarse. Estas sociedades secretas investían sus símbolos y rituales de un significado que podía ser comprendido por los novicios pero que conducían paso a paso hacia otros, más complejos, sólo comprensibles para los miembros más avanzados.

En su descripción de los secretos transmitidos de generación en generación, Haywood escribe: "Cierto es que no prueban la existencia de la cofradía desde antes del diluvio hasta la institución de la primera gran logia. No establecen conexión entre ella y ningún bando, sociedad, grupo o culto en particular que existiera antes de la Edad Media. Pero sí revelan el parentesco de la masonería con las sociedades religiosas y filosóficas de épocas previas".

Esta conexión dio en llamarse los "antiguos deberes".[3] También denominados "antiguos manuscritos", "antiguas constituciones", "leyenda del oficio" y "manuscritos góticos", databan del siglo XIV e incorporaban historia tradicional, leyendas, reglas y especificaciones del oficio. A veces en forma de papeles manuscritos o rollos de pergamino atados o encolados como un libro, estas tradiciones y leyendas fueron el sustrato de la masonería hasta el período de agitación religiosa, política y social y de guerra civil, que se inició con el desafío de Enrique VIII a la Iglesia católica y concluyó con la consolidación del protestantismo en Inglaterra, llevada a cabo por Guillermo de Orange.

EL GRAN INCENDIO Y LA GRAN LOGIA

Cerca del final de esta era tempestuosa, Londres sufrió dos calamidades consecutivas. En 1665, la Gran Peste cercenó miles de vidas. Al año siguiente, el desastre conocido en la historia como "gran incendio" destruyó 40.000 hogares y ochenta y seis iglesias. Dado que los albañiles locales no alcanzaban a satisfacer la demanda para reconstruir la ciudad en ruinas, se importó ayuda de todas las islas británicas. Estos trabajadores se congregaron en una logia bajo la autoridad del más grande arquitecto de Inglaterra, Sir Christopher Wren, que trazó los planos para la reconstrucción, incluida la catedral de St. Paul. Cuando lo enterraron en su cripta, inscribieron en su tumba: "*Si monumentum requiris circumspice*" (si buscas su monumento, mira a tu alrededor).

3. Algunos los llaman antiguos cargos, por similitud con su nombre en inglés, *Old Charges*. (N. de la T.)

A pesar del florecimiento de la construcción tras el gran incendio de 1666, lo cierto es que las nuevas construcciones eclesiásticas se interrumpieron, lo que provocó la decadencia de las logias masónicas. Las que quedaban habían perdido casi todo rastro de los antiguos ritos y su simbolismo. Dejaron de celebrarse los banquetes anuales y las cuatro logias que sobrevivían en Londres terminaron desiertas. En *A Dictionary of Freemasonry* (diccionario de la masonería), Robert Macoy escribe: "Pese al celo mostrado por el gran maestre Wren, el número de masones iba en constante disminución". Hacia 1700, había sólo seis logias en Inglaterra.

El historiador masónico C.W. Leadbeater sostiene que la decadencia de las logias tuvo un efecto desastroso en el antiguo ritual, transmitido en forma oral desde los tiempos de los *collegia* romanos. Señala que la tradición oral se había corrompido y que, si bien los antiguos rituales aún se recordaban, las palabras que los acompañaban habían degenerado hasta convertirse en una mera jerga, a menudo por entero ininteligible para sus destinatarios.

El oficio fue también objeto de una oleada antimasónica. Emblemático de esta situación fue el panfleto que circuló en Londres en 1698. Firmado por un tal Mr. Winter, advertía a "toda la gente piadosa" acerca de los "daños y maldades practicados ante la vista de Dios por esos que se hacen llamar masones", y proseguía: "Pues esta diabólica secta se reúne en secreto para jurar contra todos salvo sus seguidores. Son el Anticristo que ha de venir, apartando a los hombres del temor de Dios".

Enfrentados a una crisis que amenazaba el futuro de la masonería, miembros de las cuatro logias londinenses decidieron crear una gran logia que tuviera autoridad sobre todas las logias de Inglaterra. En febrero de 1717 se congregaron la logia N° 1, que se reunió en la taberna Goose and Gridiron, cerca de St. Paul; la N° 2, en la taberna Crown, en Parker's Lane, cerca de Drury Lane; la N° 3, en la taberna Rummer and Grapes, en Channel Row, Westminster. La mayor era la N° 4, con unos setenta miembros. El encuentro para organizar la gran logia se celebró en Apple Tree. Congregada nuevamente cuatro meses después, el 24 de junio de 1717 (el día de uno de los santos patronos de la masonería, San Juan Bautista) en Goose and Gridiron, eligieron como gran maestre a "un caballero de la Logia N° 3", Anthony Sayer.

Tras haber nombrado, año tras año, a un plebeyo como gran maestre, entre 1717 y 1721 confirieron el honor a un miembro de la nobleza, John Montagu, segundo duque de Montagu, que había sido alto condestable en la coronación de Jorge I, tenía el grado de coronel de la Guardia de caballería, y siendo muy joven había estado presente en el famoso sitio de Menin, bajo Lord Marlborough. (Con fama de ser el hombre más rico de Inglaterra, más adelante se casó con lady Mary Churchill, hija menor del héroe de guerra,[4] con lo que se convirtió en antepasado de Winston Churchill.) A partir de esta primera elección y durante los 278 años siguientes, esta exaltada posición siempre fue conferida a un miembro de la nobleza o a un miembro de la familia real.

Luego de obtener la protección de la aristocracia, los masones de Gran Bretaña se sintieron libres de proclamar sus principios fundamentales. Con el objeto de compendiar la "antigua constitución gótica" y codificarla de modo que sirviera a la masonería del siglo XVIII, recurrieron a un clérigo erudito de Escocia.

4. Se refiere a John Churchill (1650-1722), primer duque de Marlborough, general y estadista inglés, héroe de las guerras contra Luis XIV de Francia. (N. de la T.)

5

Las constituciones del doctor
James Anderson

Nacido en Edimburgo, Escocia, probablemente el 5 de agosto de 1662, el doctor en Teología James Anderson se había convertido en un héroe del nacionalismo escocés al publicar *Un ensayo que demuestra que la Corona de Escocia es imperial e independiente*. No se sabe en qué año se hizo masón, así como se ignora casi todo sobre su vida antes de que fuera convocado para escribir un nuevo código de masonería. En *A New Encyclopaedia of Freemasonry* (Nueva enciclopedia de la masonería), compuesta por Arthur Edward Waite, se lo describe como "un hijo de la ciudad de Aberdeen", que pudo haber obtenido su doctorado allí y luego sirvió "en alguna parte" como ministro presbiteriano, y "por último viajó a Londres, antes de 1710". Los registros cívicos muestran que alquiló una capilla hugotona situada en la calle Swallow. La prensa de la época lo describía como "un ministro rebelde". En resumen, poco se sabe de su vida más allá de varios sermones pronunciados en los años posteriores a su elección para la tarea que lo situó en la tradición del oficio como "el padre de la historia de la logia". Murió el 1 de junio de 1739 y fue enterrado con masónicas honras fúnebres.

Su legado es "La Constitución, la historia, las leyes, los deberes, las órdenes, los reglamentos y los usos de la correcta y venerable cofradía de masones aceptados, recopilados de entre sus registros generales y sus fieles tradiciones de muchas épocas". Gran parte de lo que se sabe acerca de su redacción proviene del relato del propio Anderson, quien apuntó que el 29 de septiembre de 1721 se le ordenó compendiar las antiguas constituciones góticas con un método nuevo y mejorado, y que el 27 de diciembre su trabajo fue examinado por "catorce hermanos eruditos", que le dieron su aprobación y le ordenaron que las "publicara y recomendara al Oficio".

No obstante, una versión contraria sostiene que en verdad parece ser que Anderson emprendió la obra por iniciativa propia y que fue aprobada por la gran logia porque era deseable que los reglamentos fueran publicados, aunque esto se llevó a cabo sin una cuidadosa revisión del texto. El resultado de tal apresuramiento fue la inclusión en las constituciones de "libertades injustificables" que se había tomado Anderson respecto de los tradicionales Antiguos Deberes.

Al elaborar el documento, Anderson se basó en varias versiones de los Antiguos Deberes. En una sección histórica, remonta la historia de la masonería hasta Noé y luego Salomón, a continuación salta a Francia y por último al establecimiento del Oficio en Inglaterra. Asimismo, remonta los orígenes del arte de la arquitectura hasta Caín, que habría construido una ciudad, iniciado en la geometría por Adán. Su relato afirma que Noé y sus hijos eran albañiles (*masons*), que Moisés fue gran maestre y que Hiram Abiff fue el gran maestre de la construcción del templo de Salomón.

En la sección titulada "Seis deberes" –supuestamente extraída de los antiguos archivos de las logias de ultramar y de las de Inglaterra, Escocia e Irlanda–, Anderson suprimió la antigua invocación de la Trinidad cristiana y toda otra declaración que pudiera haber habido acerca de creencias religiosas en la práctica de las logias, para reemplazarlas con una vaga declaración acerca de la obligación masónica para con "aquella religión en que todos los hombres convengan". Al reafirmar un deísmo general, el documento no se refería a Dios, sino al "gran arquitecto del universo".

Aunque la tolerancia religiosa había constituido la regla del Oficio, la gran logia de 1723 no estaba preparada para un cambio tan súbito de su histórica adhesión al cristianismo. No obstante, al quitar de la literatura del Oficio toda alusión religiosa definida, Anderson introdujo un principio de no confesionalismo que desde entonces ha sido la base de la masonería:

> Debido a su pertenencia, un masón está obligado a obedecer la ley moral, y si comprende el "arte" como es debido, nunca será un irreflexivo ateo ni un libertino irreligioso. Pero aunque en los antiguos tiempos los masones debían ser en cada país de la religión de ese país o nación, cualquiera fuera, ahora se considera más conveniente obligarlos sólo a aquella religión en que todos los hombres convengan, guardando para sí sus opiniones particulares; es decir, ser hombres de bien y leales, u hombres de honor y honestidad, cualesquiera sean las confesiones o creencias que puedan distinguirlos. De este modo, la masonería se convierte en el centro de unión y el medio de consolidar una verdadera amistad entre personas que quizás hubieran permanecido siempre separadas.

Sobre autoridad civil señaló que:

> Un masón es un individuo amante de la paz y sometido a los poderes civiles, dondequiera que resida o trabaje, y nunca debe involucrarse en conspiraciones contra la paz y el bienestar de la nación, ni comportarse en forma indebida ante magistrados inferiores; pues así como la masonería siempre se ha visto perjudicada por la guerra, los derramamientos de sangre y la confusión, así los antiguos reyes y príncipes han mostrado buena disposición para alentar a los artesanos, en razón de su lealtad y amor por la paz, con los cuales respondieron de hecho a los ataques de sus adversarios, y promovieron el honor de la cofradía, que siempre floreció en tiempos de calma. De tal modo, si un hermano se rebelara contra el Estado, no debe apoyárselo aunque pueda compadecérselo como a cualquier desdichado; y si no se lo condenara por ningún otro crimen –y aunque la leal hermandad tuviera el deber y la obligación de repudiar esa rebelión para no agraviar ni dar motivo alguno de sospecha política al gobierno que se halle en el poder–, no podrán expulsarlo de la logia y la relación de tal hombre con ésta seguirá siendo irrevocable.

Sobre la logia:

Una logia es un lugar donde los masones se reúnen y trabajan; de aquí que se llame de ese modo a la asamblea o sociedad de masones correctamente organizada. Cada hermano debe pertenecer a una y someterse a sus normas y reglamentos generales. Una logia es particular o general, y se la comprenderá mejor asistiendo a ella, y mediante los reglamentos de la logia general o gran logia, que aquí se adjuntan. En tiempos antiguos, ningún maestre ni compañero podía faltar a ella –en especial cuando se los había convocado– sin incurrir en severa censura, a menos que el maestre y los vigilantes consideraran que alguna necesidad imperiosa le había impedido concurrir. Las personas admitidas como miembros de una logia deben ser hombres de bien y leales, nacidos libres, de edad madura y discreta, ni siervos, ni mujeres, ni hombres inmorales o escandalosos, sólo aquellos de buena conducta.

Sobre maestres, vigilantes, compañeros y aprendices, se aclara que:

Todo ascenso entre masones se basa sólo en el valor real y el mérito personal, de tal modo que los señores sean bien servidos, los hermanos no resulten avergonzados, ni despreciado el arte real. Ningún maestre o vigilante es elegido por antigüedad, sino por su mérito. Es imposible describir estas cosas por escrito, y todo hermano debe ocupar su lugar y aprenderlas de su cofradía.

Sobre los masones y su trabajo:

Todos los masones trabajarán con honestidad los días laborables, a fin de aprovechar como es debido los días festivos; y deben observar el horario designado por la ley de la tierra o confirmado por la costumbre. El más experto de los compañeros artesanos será elegido o designado maestre o supervisor de los trabajos, y los que se desempeñan bajo su mando deberán llamarlo maestre. Los artesanos deben evitar el lenguaje inconveniente y no llamarse entre ellos por ningún apodo despectivo, sino llamarse "hermano" o "compañero", y comportarse de modo cortés tanto dentro como fuera de la logia. Conociendo su habilidad, el maestre emprenderá los trabajos de la manera más razonable posible, y administrará sus materiales como si fueran propios, y no dará a ningún hermano o aprendiz más salario que el que en realidad merece. Tanto el maestre como los albañiles −que deben recibir su justo salario− serán leales a su señor y terminarán su trabajo con honestidad, ya se lo realice por tarea o jornada. Ningún hermano mostrará envidia por la prosperidad de otro, ni lo suplantará ni lo apartará de su trabajo si aquel es capaz de terminarlo, pues ningún hombre puede terminar el trabajo de otro con beneficio para su propio señor.

Sobre el comportamiento personal en la logia:

No deben sostener reuniones privadas, ni conversaciones aparte sin autorización del maestre, ni hablar de nada impertinente o impropio, ni interrumpir al maestre o a los vigilantes o a ningún hermano que esté hablando al maestre. Tampoco es correcto comportarse de manera ridícula ni bufonesca mientras la logia trate temas serios y solemnes, ni emplear lenguaje indecoroso por ningún motivo. Por el contrario, deben manifestar la debida reverencia hacia el maestre y hacia los vigilantes y compañeros, y tratarlos con respeto. Si se planteara alguna queja, el hermano al que se encuentre culpable aceptará el juicio y la decisión de la logia, que es el juez debido y competente de toda controversia (a menos que apelen a la gran logia) y a quien deben estas presentarse. Pero si ello dificultara, ínterin, los trabajos para el señor, debe hacerse una referencia particular. Nunca deben llevar ante la ley lo que concierne a la masonería, a menos que sea absolutamente necesario a los ojos de la logia y cuando esta así lo apruebe.

Conducta después de la reunión de la logia:

Pueden disfrutar de inocentes regocijos, pero evitando todo exceso, y sin incitar a ningún hermano a comer o beber demasiado. Tampoco deben impedirle que se marche cuando sus asuntos lo requieran, ni hacer o decir algo ofensivo o que pueda perturbar una conversación natural y libre, pues ello destruiría nuestra armonía y echaría a perder nuestros loables propósitos. Por lo tanto, ningún resentimiento o riña particular debe traspasar las puertas de la Logia, y menos aún ninguna disputa sobre religión, naciones o políticas de Estado, pues, como masones, somos sólo de la mencionada religión católica, y somos también de todas las naciones, lenguas, pueblos e idiomas, y estamos contra toda política, pues nunca ha contribuido al bienestar de la logia, ni lo hará nunca.

Conducta de los hermanos al encontrarse fuera de una logia:

Deben saludarse de manera cortés, como se los instruirá, llamándose "hermano". Deben intercambiar libremente las instrucciones mutuas que juzguen útiles, sin ser nunca vistos ni oídos, y sin inmiscuirse uno en los asuntos del otro, ni desviarse del respeto debido a todo hermano, sea masón o no. Todos los masones son hermanos en el mismo nivel, aunque la masonería no priva a un hombre de los honores a los que con anterioridad ha tenido derecho sino que, antes bien, aumenta tales honores, en especial si los ha merecido por la cofradía.

Comportamiento entre masones cuando no se hallan en una logia reunida, y conducta en presencia de no masones:

Sean cautelosos en sus palabras y conducta, de modo que ni el extraño más perspicaz pueda descubrir o averiguar lo que no debe conocer. También podrán cambiar de conversación y conducirla en otro sentido con prudencia para resguardar el honor de la venerable cofradía.

Comportamiento en el hogar y el vecindario:

Actuarán como corresponde a un hombre moral y sabio; en particular no revelarán a su familia, amigos y vecinos los asuntos de la logia, y cuidarán su honor y el de la antigua cofradía en cuanto a razones que no han de mencionarse aquí. También deben cuidar su salud, evitando permanecer reunidos hasta muy tarde, o demasiado lejos de sus casas, una vez pasadas las horas de reunión en la logia. Deben evitar también la glotonería y la ebriedad, para no descuidar ni dañar a sus familias ni quedar incapacitados para el trabajo.

Comportamiento hacia un hermano masón desconocido:

Deben interrogarlo con cautela, según la manera que los aconseje la prudencia, de modo tal de no dejarse engañar por un impostor ignorante y falso, al que deben rechazar con desprecio y desdén, y cuidando de no darle ningún indicio de conocimiento. Pero si hallan que es un verdadero y legítimo hermano, deben respetarlo y, si está pasando necesidades, deben ayudarlo en la medida de lo posible, o bien indicarle cómo aliviar su situación. También es deber emplearlo por algunos días o recomendarlo a otro posible lugar. Pero no tienen obligación de hacer más de lo que les permitan sus propios recursos, sino sólo preferir a un hermano pobre, que sea hombre de bien y leal, a cualquier otra persona que se encuentre en la misma circunstancia.

Recapitulación:

Por último, deben observar todos estos deberes cultivando el amor fraternal, que es el cimiento, el cemento y la gloria de esta antigua cofradía, evitando toda disputa y riña, toda calumnia y murmuración. Tampoco deben permitir que otros calumnien a un hermano honesto, sino defender su reputación y prestarle ayuda en tanto lo permitan su honor y seguridad, y sin ir más allá. Y si alguno de ellos los daña, deben apelar a su logia o la de él, y también pueden apelar a la gran logia, en la asamblea trimestral, y de allí a la gran logia anual. Según la antigua y loable conducta, esto no debe hacerse sino en los casos que no pueden decidirse de otro modo, y escuchar con paciencia el ho-

nesto y amistoso consejo del maestre y los compañeros cuando traten
de evitar que comparezcan ante leyes de extraños o los exhorten a facilitar las acciones legales, de modo que puedan ocuparse de los asuntos de la masonería con mayor presteza y éxito. Con respecto a compañeros que tengan diferencias entre ellos, el maestre y los hermanos
deben ofrecer su mediación, a la que deberán someterse con gratitud
los hermanos en disputa, y aun cuando tal sumisión sea impracticable, deben llevar adelante su proceso, o juicio, sin ira ni rencor (que es
lo habitual), sin decir o hacer nada que pudiera dificultar el amor fraternal. Así, continuarán y se renovarán los "buenos oficios" y todos podrán ver la influencia benigna de la masonería, desde el principio del
mundo y hasta el fin de los tiempos.

RECEPCIÓN Y CRÍTICAS

En un análisis crítico de las constituciones de Anderson, H.L.
Haywood observa que "salvo en las manos del más experto en libros
masónicos antiguos" el documento ofrecía "escasos datos históricos
confiables" en cuanto a por qué debería aceptárselo como una "historia legítima del Oficio". Considera que la historia de Anderson perte-
nece "a la esfera de la fábula en su mayor parte, y los conocedores
nunca la han aceptado como otra cosa".

Haywood, que brinda su propia recapitulación de la historia de los
documentos masónicos, señala que en 1757 el rey Jorge II había presentado al Museo Británico una colección de 12.000 volúmenes, cuyo núcleo se debía al rey Enrique VII y que llegó a conocerse con el
nombre de Biblioteca real. Entre esos libros había un manuscrito redactado a mano en sesenta y cuatro páginas de pergamino fino, de un
tamaño de alrededor de diez por trece centímetros. Titulado "Un poema de deberes morales", lo descubrió James O. Halliwell en la década de 1830, por lo que se lo conoció como "el manuscrito Halliwell"
o "el poema Regius". Tras este hallazgo, en 1839 Halliwell presentó
un ensayo sobre el manuscrito ante la Sociedad de anticuarios.

David Casley, especialista en manuscritos, atribuye el Regius al siglo XIV. Otro experto lo sitúa a mediados del siglo XV, y un especialista alemán lo ubica entre 1427 y 1445. La mayoría de los expertos concuerdan en que 1390 es la fecha más probable.

Escrito en verso, quizá por un sacerdote, ofrece un panorama de los reglamentos del Oficio en esa época y se refiere a cosas "escritas en libros antiguos"; por todo esto, Haywood observa que es más un libro *sobre* masonería que un documento *de* la masonería.

El segundo en antigüedad después del Regius es un manuscrito publicado por R. Spencer en 1861 y editado por Matthew Cooke. Fechado alrededor de 1450, es probable que haya sido compilado y escrito en la parte sudeste de los *Midlands* occidentales de Inglaterra, quizá Gloucestershire u Oxfordshire. Según Haywood, con casi total seguridad estuvo en las manos de George Payne, en 1720, cuando compiló los reglamentos generales que Anderson incluyó en su propia versión de las constituciones, tres años después.

Por estas razones —escribe Haywood— las páginas históricas de Anderson deben leerse "con extrema cautela" porque la Constitución "en sí, o la parte que trata de los principios y reglamentos del Oficio, es una compilación hecha de extractos de otras versiones de los antiguos deberes, bastante mezclados con las ideas del doctor".

Empero, pese a todas sus "fallas como historiador", Haywood admite que "Anderson es una gran figura en nuestros anales", pues produjo un documento que fue "el trabajo de base" de una masonería simbólica, filosóficamente especulativa, sin carácter sectario en cuanto a religión o política.

Con la adopción y la publicación de las constituciones de Anderson, William Cowper, actuario de los parlamentos, fue designado secretario de la gran logia para llevar las actas de sus reuniones.[1] Hacia 1730, la gran logia tenía bajo su autoridad cien logias en Inglaterra y Gales y había comenzado a difundir la masonería en el exterior, incluso en Madrid y Calcuta.

---

1. Por razones históricas, se formaron grandes logias separadas en Irlanda (1725) y Escocia (1736).

Mientras la principal gran logia de Inglaterra continuaba desarrollándose en las décadas de 1730 y 1740 sin oposición alguna, sus reuniones se publicaban y se informaban en los periódicos que mostraban interés por las ceremonias masónicas. Los periodistas y panfletistas emprendedores estaban ansiosos por revelar los que creían eran los "secretos" de la masonería. La publicidad aumentó el interés, y un creciente número de aristócratas, terratenientes y profesionales comenzó a procurar su admisión. De hecho, en 1737 ingresó el primer masón de estirpe real, Frederick Lewis (Federico Luis), príncipe de Gales e hijo del rey Jorge II.

Las grandes logias difundieron la masonería en todo el mundo. A partir de la década de 1730, se establecieron logias en Europa continental, las Antillas y la India. A fines del siglo XVIII y principios del XIX, a medida que el Imperio Británico se expandía, la masonería inglesa llegó a Oriente Medio y Lejano Oriente, Australia, África y Sudamérica. Cuando las últimas colonias lograron su independencia, en la segunda mitad del siglo XX, en muchas se formaron grandes logias locales independientes, mientras que otras permanecieron vinculadas a la gran logia madre, lo que dio como consecuencia la constitución de la "gran logia unida de Inglaterra", compuesta por alrededor de 750 logias del exterior, sobre todo de países del *Commonwealth*.

Pero fue en las colonias británicas de América del Norte donde la masonería no sólo echó raíces y prosperó, sino también contribuyó en forma significativa a la primera guerra anticolonialista victoriosa y al surgimiento de los Estados Unidos de Norteamérica.

6

La masonería se afianza
en los Estados Unidos

l primer masón en establecerse en el continente americano
fue John Skene. Hijo de Alexander Skene y Lilias Gillespie, de
Newtyle, Inglaterra, nació alrededor de 1649. En 1682 llegó con
su familia por el río Delaware, a bordo del *Golden Lion* y se estableció
en Mount Holly, Nueva Jersey, en una plantación que llamó Peachland.
Llegó a ser vicegobernador colonial de West Jersey y murió en 1690.

El primer masón nacido en el continente americano fue Andrew
Belcher. Hijo de Jonathan Belcher –ex gobernador de Massachusetts
y New Hampshire que se había hecho masón en 1704–, Andrew fue
admitido en 1733. Tres años antes, en junio de 1730, el gran maestre
de Inglaterra había designado a Daniel Coxe, de Nueva Jersey, como
primer gran maestre del Nuevo Mundo, pero resultaba evidente que
a Coxe no le interesaba promover con extremoso afán la confraternidad en las colonias. El artículo sobre Nueva Jersey contenido en la
sección "Historia general de la masonería" del autorizado *Dictionary
of Freemasonry* (Diccionario de masonería) de Robert Macoy dice:
"No tenemos noticia de que el hermano Coxe haya ejercido ninguno
de los poderes delegados en él, ni se ha descubierto evidencia de acción alguna de su parte". Macoy señala también: "La primera información auténtica que tenemos es que se celebró en el Estado una
convención de masones, en la ciudad de New Brunswick, el 18 de diciembre de 1786".

Las primeras logias masónicas que se establecieron en Nueva Jersey, Nueva York y Pensilvania eran "irregulares", es decir, no habían sido aprobadas por la gran logia de Inglaterra. La primera en recibir una "carta de constitución" del gran maestre de Inglaterra, a la sazón Lord Montagu, fue la de Boston, Massachusetts. Tal aprobación fue presentada a Henry Price el 30 de julio de 1733. En una reunión realizada ese día en la taberna *Bunch of Grapes*, él y varios "hermanos" ya formalmente reconocidos ganaron el título de "primera logia de Boston" y la nombraron *St. John's Grand Lodge* (gran logia de San Juan). Ninguno de sus miembros se había desempeñado nunca en el oficio de la albañilería ni el trabajo en piedra. Fueron los aspectos intelectual, filosófico y religioso los que despertaron su interés por la masonería, así como las oportunidades de interrelación social y camaradería que la hermandad propiciaba. Pero estos sentimientos de fraternidad masónica serían puestos a prueba en 1752, cuando la gran logia de Escocia autorizó la apertura de una logia rival.

"Se escucharon las plegarias de los solicitantes –apunta la historia general de Macoy– que, con fecha del 30 de noviembre de 1752, recibieron la aprobación de Sholto Charles Douglas y Lord Aberdour –luego gran maestre– para constituirse en una logia regular bajo el título de *St. Andrew's Lodge* (logia de San Andrés) nº 82, en la bahía de Massachusetts". Fue nombrado gran maestre de la nueva logia un destacado militar, Joseph Warren. Entre sus miembros se contaban el platero Paul Revere y el abogado John Hancock.

Escandalizados por el grupo rival, los miembros de la logia de St. John "consideraron violada su jurisdicción" y rechazaron toda comunicación o visita de los miembros de St. Andrew. Tal situación continuó durante años. En 1769 la rivalidad se exacerbó con la creación de una "gran logia de Massachusetts", a la que concurrieron tres logias formadas entre las filas del ejército británico en Boston. En un festival celebrado el 30 de mayo de 1769, una comisión del conde de Dalhousie, en su calidad de gran maestre de masones en Escocia, designó a Warren gran maestre de masones en Boston y dentro de las cien millas a la redonda de la ciudad. La situación empeoró el 28 de agosto de 1769, cuando la logia de St. Andrew concedió un nuevo grado masónico que evocaba y honraba a los caballeros templarios. En su descripción de la competencia entre logias incluida en *The Temple and the Lodge* (El templo y la logia), los historiadores Michael Baigent y Richard Leigh observan: "De manera nada sorprendente, las cosas se tornaron ásperas, los ánimos se enardecieron, se desarrolló una situación del tipo 'ellos contra nosotros' y estalló una pequeña guerra civil de agravios masónicos. St. John miraba con recelo a St. Andrew y, con pasión vengativa, una y otra vez 'aprobaba resoluciones contra ellos'. Cualquiera fuera su intención, estas resoluciones no producían efecto alguno y St. John procedía a ofenderse y prohibir con petulancia a sus miembros visitar la logia de St. Andrew".

Tres años antes del establecimiento de la logia de St. John en Boston, un periódico de Filadelfia aludió al florecimiento de la masonería en las colonias. El 8 de diciembre de 1730, la *Pennsylvania Gazette* se refirió a "varias logias de masones erigidas en esta provincia". El dueño, editor e impresor de la *Gazette* era un ex habitante de Boston, Benjamin Franklin. Nacido en 1706, fue el décimo hijo de un fabricante de jabón y velas. Autodidacta, trabajó como aprendiz con su padre entre los diez y los doce años, y luego fue a trabajar para su medio hermano, James, impresor y fundador del *New England Courant*, el cuarto periódico de las colonias, al cual Benjamin contribuyó con catorce ensayos. A causa de ciertos desacuerdos entre hermanos, en 1723 partió de Nueva Inglaterra hacia Filadelfia, donde consiguió empleo como impresor. Al cabo de un año fue en barco a Londres. Dos años después, al retornar a Filadelfia, progresó con rapidez en su actividad y se hizo cargo de la *Pennsylvania Gazette*. Su empresa literaria más exitosa fue el anuario *Poor Richard's Almanac*. Iniciado en 1733, obtuvo inmediata popularidad en las colonias (segundo en ventas, después de la Biblia) y ganó tantos seguidores en Europa que su autor se hizo famosísimo. Durante ese período, Franklin vivía con su concubina, Deborah Read, con quien tuvo un hijo y una hija y con quien luego se casó (también se afirma que tuvo hijos extramatrimoniales con otra mujer). Hacia 1748 había logrado la independencia económica y era reconocido por su filantropía y por el estímulo que daba a causas cívicas como bibliotecas, instituciones educativas y hospitales.

Además, Franklin encontraba tiempo para cultivar su interés por las ciencias y la política. Entre 1736 y 1751 se desempeñó como secretario de la Legislatura y fue miembro entre 1751 y 1764. También fue administrador de Correos de Filadelfia entre 1737 y 1753 y subdirector general de Correos de las Colonias entre 1753 y 1774. En 1754, como representante de Pensilvania en el Congreso de Albany – convocado para unir las colonias durante la guerra entre Francia y los indígenas– obtuvo la aprobación de su "Plan de unión" que contemplaba un gobierno nacional. Sin embargo, este plan fue rechazado por las asambleas coloniales porque usurpaba sus poderes.

Entre 1757 y 1762 y luego entre 1764 y 1775, Franklin vivió en Inglaterra, en un principio como representante de Pensilvania y luego de Georgia, Nueva Jersey y Massachusetts. Durante este período de creciente desasosiego en su país, defendió los derechos americanos y advirtió al gobierno del rey Jorge III contra la imposición de una ley que exigía el sello real en todos los documentos coloniales. En mayo de 1775, a su retorno a Filadelfia fue admitido como miembro del Congreso continental. A los trece meses formó parte del comité creado para esbozar la Declaración de Independencia. Menos de un año y medio después de su regreso a América, viajó a Francia como uno de los tres enviados americanos que negociaron tratados de alianza y comercio.

Aunque no era masón cuando aparecieron los artículos sobre masonería en la *Pennsylvania Gazette* en 1730, Franklin parecía lo bastante interesado en la masonería como para utilizar el poder de la prensa con el fin de impulsar lo que quizás haya sido su propio deseo de integrar la confraternidad. Algunos historiadores dicen que se valió de esos artículos para hacerse conocer por la logia de St. John de Filadelfia, de modo que cuando se postulara no lo consideraran un extraño. Dos meses después de impreso el primer artículo sobre masonería en América, se convirtió en miembro de la logia de St. John. No habían transcurrido seis meses cuando, el 24 de junio de 1732, día de San Juan Bautista, fue nombrado primer vigilante de la gran logia de Pensilvania. A los dos años fue elegido gran maestre.

Once meses más tarde de la formación de la primera logia apro-

bada en América y seis años después de que se publicaran por primera vez en Inglaterra las *Constituciones* de Anderson, la *Pennsylvania
Gazette* de Franklin anunció, en sus números del 6 al 16 de mayo, la
futura publicación de un folleto sobre "Las Constituciones del masón,
con la historia, los deberes, los reglamentos de la más antigua y justa
y venerable confraternidad, impreso en Londres, reimpreso por B.
Franklin, en el año de la masonería 5734".[1]

Pese al aviso de Franklin sobre la inminente publicación de las
constituciones, estas no aparecieron hasta agosto. Setenta ejemplares
del "libro de los masones" fueron enviados a la logia de St. John en
Boston; otras, a una logia de Charleston, y luego, más a Boston.

El 28 de noviembre de 1734 Franklin escribió a la logia de Boston
en respuesta a una carta que le enviara el gran maestre de esta, Henry
Price. Tras comunicarle sus buenos deseos y "prosperidad para toda
su logia", abordaba la situación legal de la logia de Filadelfia. Decía
que había leído "en la prensa de Boston una noticia de Londres" acerca de que el poder de Price se había "extendido a toda Norteamérica",
y apelaba a este para que diera "a los procedimientos y resoluciones
de nuestra logia su debido peso". También pedía que se le concedie-
ra "una diputación o carta de constitución" y continuaba:

> Esto, si le parece a usted bueno y razonable, no sólo nos resulta-
> rá en extremo amable sino también, confiamos en ello, contribuirá
> en gran medida al bienestar, el establecimiento y la reputación de la
> masonería en estas tierras. Por lo tanto lo sometemos a su conside-
> ración y, como esperamos que se nos conceda nuestro pedido, de-
> seamos que se haga lo antes posible, y además acompañado de una
> copia de la primera diputación del J.V. gran maestre, y del instru-
> mento mediante el cual sería ampliada como se ha mencionado,
> atestiguada por sus vigilantes y firmada por el secretario; favores por

---

1. El calendario masónico se basaba en el cálculo de un clérigo que sostenía
que Dios había creado el mundo en 4004 a.C., pero para facilitar la cuenta lo
atrasó cuatro años en el calendario, de modo que los años masónicos comenza-
ran con un múltiplo de 1.000 (año 4000 a.C.).

los cuales esta logia no duda en comportarse de modo que no se la juzgue desagradecida.

Justo y venerable gran maestre y dignísimo hermano, somos sus afectuosos hermanos y humildes servidores. Firmado a pedido de la logia, B. Franklin, G.M. Filadelfia, 28 de noviembre de 1734.

Las asambleas de la logia de Franklin se celebraban en la taberna Tun. Entre 1769 y 1790 también se efectuaron, de vez en cuando, en un edificio de Videll's Alley, cerca de las calles Second y Chestnut. Fue allí donde la "logia de masones libres y aceptados" de Pensilvania declaró su independencia de la gran logia de Inglaterra, el 25 de septiembre de 1786. Desde 1790 hasta 1799 la logia se reunió en el *Free Quaker Meeting House* (templo de los cuáqueros libres).[2] En 1800 se congregaban en el segundo piso del Independence Hall (edificio de la Legislatura del Estado). Una vez inaugurada la residencia de los masones, en diciembre de 1802, la masonería de Filadelfia tendría su propio edificio en diversos sitios, hasta que se abrió el actual Templo masónico, en 1873. La taberna Tun ganaría otra distinción histórica en 1775: cuando el Congreso continental autorizó el reclutamiento de dos batallones de un "cuerpo de infantes de marina de los Estados Unidos", los primeros voluntarios se alistaron en esa taberna.

Cuatro años después de la publicación de la Constitución de los Estados Unidos, Franklin y la masonería de Filadelfia se vieron envueltos en un escándalo relacionado con una broma que tuvo como consecuencia la muerte de un joven. Cuando el boticario Evan Jones se enteró de que su aprendiz, Daniel Rees, quería ser masón, él y otros aprendices decidieron fingir ser miembros de la sociedad y montaron una falsa ceremonia de iniciación disfrazándose de diablos. Informado del plan, Franklin lo tomó como una buena broma,

---

2. Los "cuáqueros libres" o "cuáqueros combatientes" eran un grupo que durante la Revolución se escindió (y luego fue expulsado) del cuerpo principal de los cuáqueros, ya que, aunque los practicantes de esta fe eran pacifistas, decidieron tomar las armas y participar en la lucha por la independencia. Desde 1784 hasta 1834 se reunieron en este lugar, construido en 1783. (N. de la T.)

aunque pronto cambió de parecer. Trató de alertar a Rees, pero no consiguió encontrarlo. Durante la ficticia ceremonia, Jones pidió a Rees que jurara obediencia al demonio y sellara el pacto besando el trasero de los demás principiantes. En la culminación de la iniciación, Jones derramó coñac caliente sobre el aspirante pero las quemaduras resultantes fueron tan graves que se infectaron y Rees murió. Condenado por homicidio en un juicio en el que Franklin fue testigo de cargo, Jones fue castigado con la pena de marcarle la mano con un hierro candente.

En una declaración publicada más tarde, Franklin negó que Jones y los demás fueran masones, pero el incidente sirvió para alimentar las sospechas sobre la masonería como organización siniestra. El incidente fue explotado también por un rival de Franklin, William Bradford. Editor del *American Weekly Mercury*, Bradford utilizó la muerte de Rees como pretexto para atacar la relación de Franklin con los masones. Además, el suceso alarmó a la madre de Franklin. Para disipar temores, el 13 de abril de 1738 este escribió a su padre:

> En cuanto a los masones, no conozco ningún otro modo de dar a mi madre una mejor descripción de ellos que la que parece tener en este momento, puesto que en esa sociedad secreta no se admiten mujeres. Debo confesar que ella tiene cierta razón al sentir desagrado por ellos, pero en todo caso debo suplicarle que suspenda su juicio hasta estar mejor informada, y que me crea cuando le aseguro que son gente inofensiva y no siguen principios ni prácticas que no se compadezcan con la religión y las buenas costumbres.

En 1743, Franklin celebró la "comunión fraternal" con sus hermanos de la primera logia de Boston (la de St. John). Seis años después fue nombrado gran maestre provincial, designación que duró un año. En 1755 se hallaba presente en la asamblea trimestral de la gran logia de Massachusetts, y fue figura prominente en el aniversario y la inauguración de la Logia Masónica de Filadelfia, primer edificio masónico de los Estados Unidos. Dos años más tarde viajó a Londres en representación de Pensilvania y permaneció allí cinco años. Entabló amistad con importante intelectuales de Inglaterra y Escocia, entre ellos el teórico político y económico Adam Smith, y se contactó con masones ingleses. Tras un nuevo retorno a Filadelfia, donde permaneció dos años, volvió a Gran Bretaña en 1764. Designado negociador en nombre de las trece colonias a causa de las crecientes tensiones entre estas y el gobierno del rey Jorge III con respecto a los impuestos, vivió en Londres durante una década.

No obstante, el 29 de enero de 1774 fue convocado ante el Consejo del Rey. Denunciado como ladrón y juzgado como hombre sin honor, se le exigió que respondiera por un hecho ocurrido en el puerto de Boston seis semanas atrás. El suceso fue el siguiente: la noche del 16 de diciembre de 1773, un pequeño grupo de hombres disfrazados de indígenas *mohawk* abordó el buque mercante "Dartmouth", de la British East India Company (compañía británica de la India Oriental), para protestar contra un impuesto al té arrojando al agua una carga de 342 arcones de té, valuada en 10.000 libras. Denominado de inmediato "Boston Tea Party",[3] y consagrado en la historia estadounidense como un hito en el camino hacia la revolución, ese acto de desafío también ha sido orgullosamente atribuido por la masonería a la obra de miembros de la logia de St. Andrew. Tal afirmación se basa en una versión según la cual el motín se planeó en el "salón largo" de la residencia de los masones (antes taberna Green Dragon), sitio que también usaban grupos dedicados a resistir la "imposición sin representación". Aunque los registros históricos muestran con claridad que el motín fue planeado y llevado a cabo por los *Sons of Liberty* (Hijos de la libertad), que no eran masónicos, doce miembros de la logia St. Andrew se contaban entre los atacantes que arrojaron el té, y una docena de los otros participantes se hicieron miembros de la orden poco después del hecho.

---

3. Aunque algunos lo traducen como "fiesta del té de Boston", en realidad esta denominación es intraducible con fidelidad, ya que "tea party" no significa "fiesta del té" sino "reunión social donde se toma té". Por lo tanto, se ha preferido otra traducción más o menos corriente, menos literal pero más acertada: "motín del té". (N. de la T.)

Al día siguiente, fue Paul Revere, miembro de la logia de St. Andrew, quien montó un caballo para llevar la noticia a Nueva York. La noche del 18 de abril de 1775 volvería a hacerlo, para dar la alarma en "toda aldea y granja de Middlesex" de que las tropas británicas marchaban desde Boston para buscar reservas secretas de armas en Concord. Cuando se despejó el humo de las batallas de Lexington y Concord y los soldados británicos volvieron a Boston, el terreno estaba listo para que la masonería proclamara a su primer héroe americano: el gran maestre de St. Andrew, doctor Joseph Warren.

Nacido en Roxbury, Massachusetts, en 1740, se graduó en Harvard y se ordenó masón en la logia de St. Andrew el 10 de septiembre de 1761. Recibió el segundo grado el 2 de septiembre de 1761, pero sólo el 28 de noviembre de 1765 fue nombrado gran maestre masón. Descrito como un individuo "de naturaleza algo impetuosa, pero valiente en extremo", habló a una gran muchedumbre en la *Old South Church* (vieja iglesia del sur) de Boston en el aniversario de la masacre de Boston (3 de marzo de 1770). Warren sabía que era habitual la presencia de oficiales del ejército inglés en esas reuniones, con el propósito de interrumpir al orador. El acontecimiento fue descripto de este modo por el biógrafo masónico de Warren:

> Hacían falta una actitud calma y nervios bien templados para afrontar la situación, y el gran maestre Joseph Warren poseía ambas cosas. La multitud reunida en la iglesia era enorme; los pasillos, los escalones y el púlpito estaban llenos de oficiales y soldados de la guarnición, siempre presentes para intimidar al orador. Warren se mostró digno de la tarea, aunque entró en la iglesia por una ventana trasera, puesto que sabía que podían impedirle la entrada si lo hacía por el frente. En medio de su apasionado discurso, un oficial inglés sentado en los escalones del púlpito a la vista de Warren, sostenía varias balas de pistola en la mano abierta. El hecho fue significativo; aunque el momento era de peligro y exigía el ejercicio tanto de coraje como de prudencia, un titubeo o el temblor de un solo nervio o músculo habrían significado el fracaso —e incluso la ruina— de Warren y los demás. Todos los presentes conocían las intencio-

nes del oficial, pero Warren, sorprendido de su actitud, y sin la menor turbación o pausa en su discurso, simplemente se le acercó ¡y dejó caer un pañuelo blanco en la mano del hombre! Lo hizo de manera tan hábil y cortés que el oficial se vio obligado a permitir que el orador continuara en paz.

El 14 de junio de 1775, Warren fue designado general de división por el Congreso Provincial de Massachusetts. Sin instrucción ni experiencia militar, lo pusieron al mando de las fuerzas rebeldes de Breed's Hill (luego llamado Bunker Hill) cuando los "camisas rojas" (soldados ingleses) cruzaban la bahía desde Boston abandonando un sitio a la ciudad que habían impuesto después de las batallas de Lexington y Concord. Contra las protestas de los generales Artemis Ward e Israel Putnam, Warren cargó un mosquete para reunirse con sus hombres detrás de las barricadas.

El 17 de junio de 1775, se produjo un tiroteo que duró menos de una hora, pues los norteamericanos debieron retirarse en busca de municiones. Muerto de un disparo en la nuca, el cuerpo de Warren fue arrojado a una zanja por un oficial británico y enterrado junto con varios otros. Unos meses más tarde, tras descubrir la tumba común, Paul Revere identificó el cadáver de Warren por un diente postizo que él le había hecho. Los restos fueron trasladados a la bóveda familiar, en el cementerio de Forest Hill. El 8 de abril de 1777, el Congreso encargó una lápida que sin embargo nunca fue colocada. En 1794 la logia *King Solomon* (rey Salomón) de Charlestown erigió un monumento en Bunker Hill, en un terreno donado por el masón Benjamin Russell. Consistía en un pilar de cinco metros y medio de altura, ubicado sobre una plataforma de dos y medio metros cuadrados, rodeado de una cerca. En 1823 se constituyó la Asociación Monumento de Bunker Hill, con el fin de erigir "un monumento más adecuado y duradero en memoria de los valientes que cayeron allí en defensa de la libertad". El terreno fue donado en 1783 por la logia King Solomon, con la condición de que en la nueva obra se preservara "algún vestigio" de la existencia del monumento anterior. El 17 de junio de 1825 la gran logia de Massachusetts formó una procesión en

Boston Common[4] y desde allí se dirigió a Bunker Hill. En presencia del marqués de Lafayette, que se hallaba de visita en los Estados Unidos por primera vez desde su servicio en la revolución –del lado de los norteamericanos–, miembros de logias de todo el estado de Nueva Inglaterra (salvo Rhode Island), así como de la gran logia de Nueva Jersey, tomaron parte en la colocación de la piedra fundamental. El monumento fue inaugurado el 13 de junio de 1843. En 1896 pasó a formar parte de la jurisdicción del Servicio de parques nacionales de los Estados Unidos.

Un año, dos semanas y tres días después de la muerte de Warren en Bunker Hill, el Congreso publicó la Declaración de Independencia. Quince de los cincuenta y seis firmantes –es decir, el 27 por ciento– eran masones comprobados o probables. Era conocida la pertenencia a la orden de Benjamin Franklin, John Hancock, Joseph Hewes, William Hooper, Robert Treat Payne, Richard Stockton, George Walton y William Whipple. Aquellos de quienes existen indicios de membresía o afiliación eran Elbridge Gerry, Lyman Hall, Thomas Jefferson, Thomas Nelson hijo, John Penn, George Read y Roger Sherman.

En junio de 1776, mientras se discutía la Declaración, el Congreso se hizo tiempo para designar un comité que se ocupara de preparar esbozos de tratados "de comercio y amistad" con otros países. En septiembre el Congreso encargó esa tarea a tres "comisionados": Silas Deane –que ya estaba en Europa–, Thomas Jefferson y Benjamin Franklin.

Enviado a Francia, Franklin forjó afiliaciones con las logias masónicas del país. En 1777 fue elegido miembro de la *Loge des Neuf Soeurs* (logia de las nueve hermanas o nueve musas) de París, y en 1778 asistió a la iniciación de Voltaire. En 1782 ingresó como miembro de la logia de St. Jean de Jerusalem (San Juan de Jerusalén). Al año siguiente fue elegido *venerable d'honneur* de ese cuerpo y nombrado miembro honorario de la *Loge des Bons Amis* (logia de los buenos ami-

4. El primer parque público de los Estados Unidos. (N. de la T.)

gos) de Ruan. A estas y otras distinciones se rindió homenaje en un
sermón pronunciado en la iglesia de St. Paul, Filadelfia. El día de San
Juan de 1786, se aludió a Franklin como "un ilustre hermano cuyo
distinguido mérito entre los masones lo hace digno de la más elevada veneración". Un estudioso de las contribuciones de Franklin a la
masonería escribe que ninguna lista de sus cargos, servicios, fechas,
nombres y lugares podría dar una idea cabal de su importancia y las
"facetas de una joya de múltiples caras que exhibe de la mejor manera la influencia que la masonería tuvo en él". Asimismo, en la literatura de la masonería, se atesora este escrito de Franklin:

> La masonería tiene principios propios y exclusivos. Sirven pa-
> ra reconocer y dar testimonio de carácter y calificación personal, y
> se confieren tras el debido lapso de instrucción y examen. No son
> de poco valor; hablan un idioma universal y actúan como pasapor-
> te hacia las atenciones y el apoyo a los iniciados en todas partes del
> mundo. No pueden perderse mientras la memoria conserve su po-
> der. Sea su poseedor expatriado o encarcelado, naufrague o sea
> despojado de todo lo que posee en el mundo, esas cualidades per-
> manecen, y continúan disponibles para que se las use cuando las
> circunstancias lo requieran. De los buenos efectos que han produ-
> cido dan fe los más indiscutibles hechos de la historia. Han apla-
> cado la mano alzada del destructor; han suavizado las asperezas
> del tirano; han mitigado los horrores del cautiverio; han atenuado
> el rencor de la malevolencia y derribado las barreras de la animo-
> sidad política y el distanciamiento sectario. En el campo de batalla,
> en la soledad de los bosques agrestes o en los lugares concurridos
> de la ciudad multitudinaria, han hecho que hombres de los senti-
> mientos más hostiles, las regiones más distantes y las condiciones
> más diversas corrieran a ayudarse y sintieran una dicha y una sa-
> tisfacción especial por haber podido brindar alivio a un herma-
> no masón.

Franklin también escribió: "La labor masónica es puramente una
labor de amor. El que busque cobrar salarios masónicos en oro y pla-

ta se decepcionará. Los salarios de un masón se ganan y pagan en su trato con los otros; la compasión engendra compasión, la amabilidad engendra amabilidad, la buena voluntad engendra buena voluntad, y esta es la paga de un masón".

Durante la convención de Filadelfia que produjo la Constitución de los Estados Unidos, Franklin empleó un lenguaje que los masones interpretan como prueba de su pertenencia a la logia:

> Cuanto más vivo, más convincentes pruebas de esta verdad veo: que Dios gobierna en los asuntos de los hombres. Y si un gorrión no puede caer al suelo sin que Él se entere, ¿es probable que un imperio surja sin su ayuda? En las Sagradas Escrituras se nos ha asegurado que "a menos que el Señor construya la casa, en vano trabajan los constructores". Yo creo en esto con firmeza, y también creo que, sin su ayuda, no lograremos en esta construcción política más que los constructores de [la torre de] Babel.

Un biógrafo masónico de Franklin señala: "No nos compete decir qué habría sido él en su vida de no haber sido masón; sólo nos compete reverenciar al Franklin que estuvo entre los más grandes de todas las naciones y de todos los tiempos; congratularnos y sentir gratitud por nuestro país, por que este sabio filósofo, este conductor de hombres y de naciones, haya acogido en su corazón los inmutables y eternos principios del antiguo oficio".

OTROS MASONES DESTACADOS

Durante el período de la revolución estadounidense también se inició en la masonería el primer indígena. Llamado Thayendangea, era hijo del jefe de los *mohawks,* nacido en la década de 1750. Se crió en la casa de un prominente funcionario de la administración británica, Sir William Johnson, masón, que le dio el nombre de Joseph Brant. Tras participar junto a Johnson en varias batallas durante la guerra franco-indígena, llegó a ser el secretario personal de Johnson y, para el momento de la muerte de este último, en 1774, había sido aceptado por la administración británica. En 1775, cuando viajó a Inglaterra, fue incorporado como masón en una logia de Londres. Al regresar a América para alistar a los *mohawks* en la lucha contra los rebeldes norteamericanos, peleó al mando del coronel John Butler. Pero cuando unos prisioneros –entregados a los *mohawks* para ser torturados y asesinados– hicieron unas señas masónicas, los liberó. Después de la guerra se hizo miembro de la logia de amistad St. John nº 2 de Canadá, de la que Butler era maestre, y luego regresó a Ohio con los *mohawks*.

Aunque Franklin es una figura sobresaliente en la masonería estadounidense, en la tradición y la leyenda de esta última se alza también la figura de George Washington. Nacido en Virginia el 22 de febrero de 1732, se hizo masón en la logia de Fredericksburg, Virginia, el 4 de agosto de 1753. Cuando se autorizó una logia en Alexandria, en 1788, fue nombrado maestre. En 1790, mientras se desempeñaba como primer presidente de los Estados Unidos, escribió a una logia de Rhode Island: "Persuadido de que una justa aplicación de los principios en que se fundó la cofradía masónica podría servir para promover la virtud privada y la prosperidad pública, siempre me sentiré feliz de fomentar los intereses de esta sociedad y de que me consideren un hermano meritorio".

Los historiadores masónicos señalan que, si bien Washington admiraba los principios y las metas de la masonería, no estaba demasiado familiarizado con ellos ni intentaba aprender más sobre el oficio. Aunque escribió cartas que indicaban que se sentía conforme como masón, y nunca procuró renunciar ni repudiar su membresía, existen pocas pruebas, o ninguna, de que tras su iniciación en 1753 haya asistido a muchas reuniones masónicas. Los registros indican que participó, a lo sumo, en tres asambleas, y tampoco parece haber acudido a las reuniones de la logia de la cual era el primer maestre, hoy logia Virginia-Washington nº 22.

Como comandante en jefe del ejército, Washington se hallaba rodeado de masones. La mitad de sus generales pertenecían al oficio, entre ellos Lafayette y el oficial del ejército alemán barón von Steu-

ben. Mientras ellos combatían en tierra contra tropas regulares inglesas y mercenarios prusianos, John Paul Jones, joven marinero masón
que había nacido en Escocia pero abrazado la causa norteamericana,
llevó la lucha a alta mar al atacar buques británicos y asaltar puertos
ingleses. Reverenciado como padre de la marina de los Estados Unidos, dio a los estadounidenses uno de sus más conmovedores gritos
de guerra: "Todavía no empecé a pelear".

Aunque los masones muestran un justificado orgullo por los
compañeros que sirvieron con gallardía en la guerra de la Independencia, uno de sus más brillantes y heroicos generales les resultó motivo de vergüenza. En los inicios de la guerra, Benedict Arnold (iniciado en Connectitut en 1763) se distinguió al conducir un ataque contra
Quebec, Canadá. Herido en una pierna en la audaz acción que, sin
embargo, no logró la toma de la ciudad, salió del enfrentamiento convertido en héroe. En batallas posteriores libradas en Saratoga, Nueva
York, demostró ser un brillante estratega y una vez más hizo gala de
heroísmo. Pero el oficial a cargo, general Horatio Gates (también masón), le retiró el mando, en parte por insubordinación y en parte porque lo consideraba un "individuo pequeño y arrogante".

Este insulto se vio mitigado cuando los británicos abandonaron
Filadelfia, ocasión en que George Washington lo asignó al puesto de
comandante de la ciudad. Pero a esas alturas Arnold se había convertido en un sujeto amargado, que mostraba abierto desdén por sus camaradas y resentimiento hacia el Congreso por no haberlo ascendido
con anterioridad. Como era viudo, cortejó y desposó a Margaret
(Peggy) Shippen, veinte años más joven y a quien se ha descrito como "una joven talentosa, de buena familia", de diecinueve años e
ideas políticas inclinadas a favor de los británicos. Al sumergirse en
la vida social de la ciudad más grande y refinada del país, el militar
comenzó a ofrecer espléndidas fiestas, por lo que pronto se encontró
seriamente endeudado. Tales derroches lo arrastraron a dudosas maniobras financieras investigadas luego por el Congreso, que recomen-
dó se le sometiera a una corte marcial. Arnold se quejó a Washington
puesto que entendía que "tras haber quedado lisiado prestando servicio a mi país, no esperaba que se me retribuyera con tal ingratitud".

Enfrentado a la ruina económica y personal, ante un futuro incierto y sin ascensos, y disgustado con los políticos del Congreso, Arnold tomó una decisión aciaga –y desastrosa en última instancia– para superar sus dificultades: ofreció sus servicios a los británicos.

Comenzó por escribir al general inglés Sir Henry Clinton, masón, con la promesa de entregarle la guarnición de West Point, con 3.000 defensores y en la creencia de que la rendición provocaría el colapso de la causa norteamericana. Para ello, persuadió a Washington de poner el fuerte bajo su mando. En septiembre de 1780 estaba listo para ejecutar su plan. El británico eligió como intermediario al mayor John André, también masón, para que lo ayudara en el complot. Los hombres tenían en común algo más que la conspiración destinada a neutralizar West Point: antes de que Arnold se casara con Shippen, André la había pretendido.

André –que servía en el regimiento cincuenta y cuatro de Infantería como ayudante del general Clinton– también se hallaba a cargo de las operaciones británicas de espionaje. Para facilitar a sus aliados la toma del fuerte, Arnold dispersó sus tropas y con ello debilitó las defensas de West Point. Tras una reunión con Arnold, el 21 de septiembre de 1780, André se dirigió a las líneas rebeldes, vestido de civil y llevando papeles de identificación a nombre de "John Anderson". Tres norteamericanos que sospecharon de él lo detuvieron, lo llevaron al cuartel y descubrieron que era un espía. Al enterarse, Arnold se marchó a Nueva York, para refugiarse con sus aliados británicos.

Cuando estos expresaron el deseo de obtener la liberación de André, Washington envió al prominente líder político (y masón) Aaron Ogden a informar al general Clinton que liberaría a André sólo a cambio de Arnold. Clinton se negó y André –que facilitó la tarea del verdugo colocándose el lazo al cuello y vendándose los ojos con su propio pañuelo– fue ahorcado el 2 de octubre de 1780. Con el tiempo, su cadáver fue exhumado y enterrado como héroe con gran pompa, en la abadía de Westminster.

En 1781 Arnold continuó trabajando para los británicos, asestando golpes devastadores a los barracones de provisiones norteamericanos. En Virginia saqueó Richmond y destruyó depósitos de municiones y granos destinados al ejército que luchaba contra Lord Cornwallis. En su tierra natal, Connecticut, quemó barcos, depósitos y gran parte de la ciudad de New London, importante puerto para los corsarios norteamericanos. Una vez terminada la guerra y luego de asegurada la independencia, se estableció en Londres, donde murió en junio de 1801.

LA MASONERÍA Y LA CONFORMACIÓN DE LOS ESTADOS UNIDOS

En septiembre de 1777, poco después de que Arnold fuera considerado un héroe americano tras la batalla de Saratoga, el Congreso Continental de Filadelfia había concluido un largo debate de un año de duración acerca de la naturaleza del gobierno de los "Estados Unidos de América" proclamado en la Declaración de Independencia. El 15 de noviembre de 1777, representantes de las ex colonias votaron para adoptar trece artículos de Confederación y los enviaron a los distintos Estados para su ratificación. La aprobación no tuvo lugar hasta el 1° de marzo de 1781 porque Maryland se negaba a aceptar hasta que los Estados que reclamaban tierras occidentales las cedieran a la nueva nación. Ya asegurada la independencia con la rendición de las fuerzas británicas al mando del general Charles Cornwallis frente a George Washington, en Yorktown, Virginia, el 19 de agosto de 1782, los norteamericanos habían alcanzado su objetivo. Sin embargo, como apunta el historiador masónico H.C. Clausen en *Masons Who Helped Shape Our Nation* (masones que contribuyeron a formar nuestra nación), "aunque libres, aún no estábamos unidos. Los vagos artículos de Confederación no proponían un fuerte gobierno nacional, una moneda común ni un sistema judicial consistente. Hombres de visión se dieron cuenta de que debía darse otro paso si se pretendía que la débil Confederación de Estados Americanos llegara a convertirse en una nación fuerte y unificada".

En la convocatoria a una convención para decidir una nueva estructura de gobierno, y durante el debate que dio como resultado la redacción de la Constitución de los Estados Unidos, los masones desempeñaron un papel de importancia. El 25 de mayo de 1787, en Filadelfia, cuando comenzó la Convención Constitucional –con Benjamin Franklin, de ochenta y un años, como uno de sus delegados, y George Washington, elegido en forma unánime por cincuenta y cinco representantes para presidirla– la masonería no sólo era la única sobreviviente de las confraternidades prerrevolucionarias, sino también la única organización que operaba en todo el ámbito nacional, con logias en cada uno de los Estados. Entre los cinco hombres que guiaron el debate sobre la estructura del nuevo gobierno de la nación, había tres masones: Washington, Franklin y Randolph. Los otros, John Adams y Thomas Jefferson, aunque no eran adherentes al Oficio, sostenían puntos de vista similares. Veintiocho de los cuarenta firmantes de la Constitución eran masones o posibles miembros de la orden. Los más conocidos eran Franklin, Washington, Gunning Bedford hijo, John Blair, David Brearly, Jacob Broom, Daniel Carrol, John Dickinson y Rufus King. Aquellos de quienes existen pruebas de membresía o afiliación eran Alexander Hamilton, Abraham Baldwin, William Blount, Nicholas Gilman, James Madison, Roger Sherman, George Read y Robert Morris. Jonathan Dayton, James McHenry y William Patterson se harían masones luego.

Después de agregarle diez enmiendas (conocidas como *Bill of Rights*),[5] el 13 de septiembre de 1788 la Constitución se declaró ratificada por la cantidad requerida de Estados. El 4 de febrero de 1789, cuando se efectuó en cada uno de ellos la votación para el primer presidente de los Estados Unidos, George Washington fue elegido por unanimidad. Una vez que el resultado fue certificado por el Congreso, Washington abandonó su hogar en Virginia el 16 de abril rumbo a la nueva capital del país: Nueva York. El 30 de abril –en el Federal Hall,[6] situado en las calles Wall y Broad–, Robert Livingston (gran maestre de la logia) le tomó el juramento presidencial para la asunción del cargo.

5. Declaración (o lista) de Derechos (del ciudadano). (N. de la T.)
6. Antiguo edificio de Nueva York, ubicado en lo que es hoy el bajo Manhattan, que fue sede del primer Congreso de los Estados Unidos. (N. de la T.)

Benjamin Franklin no estuvo presente en el acto de asunción. Había muerto treinta días antes. La mitad de la población de Filadelfia asistió a sus funerales, pero, a causa de una escisión en la masonería, la logia que lo había acogido como miembro en 1730 le negó los ritos del entierro masónico.

La ruptura por diferencias en cuanto a los fundamentos, la estructura y las prácticas de la masonería, llamada "el cisma", habría de prolongarse durante seis décadas y tendría un efecto profundo y duradero en la naturaleza de la masonería en los Estados Unidos.

7

Hermanos divididos

En 1717, cuando las cuatro logias masónicas de Londres se unieron para revivir el Oficio, la primera gran logia de Inglaterra asumió autoridad en todos los aspectos de la masonería, codificados en 1723 en las Constituciones de Anderson. Para esa época, el número de logias había llegado a treinta. En forma gradual, aquellas situadas fuera de Londres cayeron dentro de su jurisdicción, y la gran logia autorizó nuevas organizaciones, incluidas una gran logia en Munster, Irlanda, en 1725, la gran logia de Irlanda en 1730, la gran logia de Pensilvania (la de Benjamin Franklin) en 1731, y la gran logia de Escocia, en 1736.

El cisma de la masonería inglesa comenzó en 1751, con la formación de una nueva gran logia, bajo el nombre de "gran logia de Inglaterra". Creada de acuerdo con los antiguos deberes, estaba compuesta por seis logias de masones irlandeses que no se habían afiliado a la gran logia de Inglaterra original. Los miembros se autodenominaban *Antient York Masons* (antiguos masones de York), en referencia a una asamblea de masones llevada a cabo en York en 926. La palabra *antient* (forma arcaica de escribir *ancient*, antiguo) se proponía transmitir la pretensión de la gran logia de que sólo su ritual preservaba los "antiguos usos y costumbres" de la masonería. En una irónica inversión de significado, los *antients* llamaban masones "modernos" a los de la gran logia de Inglaterra original, más antigua. Según observa un historiador de la masonería, los *antients* demostraron ser "mejores propagandistas" y estar más interesados en promoverse que los modernos. Esto se debió en gran medida a que su secretario, Laurence Dermott, autor del libro de las constituciones de la Gran Logia de los Antiguos (antients) –titulado *Ahiman Rezon* (ayuda a un hermano, en hebreo)–, trabajaba con ánimo incansable para aumentar la fuerza y la importancia de esta logia, con lo que logró el reconocimiento de las grandes logias de Irlanda y Escocia, así como de aquellas que se iniciaban en otros países y en las filas del ejército. Fueron estas logias militares las que dieron ímpetu a la difusión de la masonería en las colonias.

Durante la guerra franco-indígena, mientras servían en el ejército británico al mando de Lord Jeffrey Amherst, entre los jóvenes norteamericanos que aprendían las artes bélicas que habrían de servirles en la guerra revolucionaria se contaban Benedict Arnold, Israel Putnam, Ethan Allen y Philip John Schuyler. Esta afluencia de tropas británicas también tuvo como consecuencia que sus primos del Nuevo Continente tuvieran acceso a la masonería conocida como "rito escocés".

Pese a su nombre, no se originó en Escocia sino en Francia, donde fue introducida por escoceses que había huido de conflictos en las Islas Británicas. Los historiadores masónicos afirman que el comienzo del rito escocés puede rastrearse hacia 1754, durante el establecimiento del cabildo de Clermont, en las afueras de París, cuando Chevalier de Bonneville rindió homenaje al duque de Clermont, maestre mayor de la gran logia inglesa de Francia. Restituida por los caballeros de Oriente y los emperadores de Oriente y Occidente –conocida en Francia como el rito de Heredom, en la década de 1750–, esta ceremonia organizó el "rito de perfección", que comprendía veinticinco grados, veintidós de los cuales se denominaban los *haut grades*, o altos grados, a los que se sumaban los tres grados de la logia simbólica. Un documento perteneciente al rito de la perfección, conocido como las constituciones secretas de 1761, designaba a los oficiales inspectores generales del trigésimo tercer grado.

Con el surgimiento de este documento, se emitió una "carta patente" conjunta de la gran logia de Francia y los emperadores de

Oriente y Occidente, destinada a un comerciante llamado Étienne (Stephen, para los estadounidenses) Morin, con el propósito de establecer el rito de la perfección en las Américas. El documento concedía a Morin el título de inspector general, con autoridad para designar otros inspectores generales y establecer logias que trabajaran en "los perfectos y sublimes grados". Un año después se adoptaron las grandes constituciones de 1762, que contemplaban veinticinco grados, incluidos los tres de la masonería inglesa. A partir de la autoridad original de Morin se concedieron patentes (o cartas de constitución) para establecer el rito de la perfección en las Antillas, Albany, Nueva Orleans, Filadelfia y Charleston. Morin agregó varios grados más, el mayor de los cuales era el trigésimo tercero, soberano gran inspector general.

Las grandes constituciones de 1786, adoptadas en Berlín el 1 de mayo de ese año, contemplaban un rito que contenía treinta y tres grados, bajo el título de "rito escocés antiguo y aceptado", gobernado por un Consejo Supremo. Creaba la estructura y el gobierno del rito escocés que habrían de convertirse en la forma de la masonería practicada en la actualidad en los Estados Unidos.

Mientras el rito escocés evolucionaba en Francia, la masonería de Inglaterra que echó raíces en las colonias norteamericanas se nutría de las logias establecidas dentro de las filas del ejército del rey Jorge III. Al referirse a la masonería que los soldados británicos trajeron a América del Norte, describiéndola como "una atmósfera, una mentalidad, una jerarquía de actitudes y valores", los historiadores Michael Baigent y Richard Leigh, en *The Temple and the Lodge* (El templo y la logia), observan que fue en gran medida a través de las logias militares "que los colonos 'comunes' se enteraron de esa elevada premisa llamada 'los derechos del hombre' [y] del concepto de la perfectibilidad de la sociedad". Una consecuencia de la introducción del rito escocés en América del Norte fue la formación de la logia St. Andrew, de importante participación en la revolución por la independencia. En efecto, su líder, Joseph Warren, y otros miembros formaron parte del Motín del té; Paul Revere llevó la noticia a caballo; pelearon en la batalla de Bunker Hill; la mitad de los generales del ejército revolucionario eran hermanos masónicos, y lucharon bajo el mando de George Washington.

Fue también un período en que la masonería de Inglaterra continuaba desgarrada por el cisma. Hacia comienzos del siglo XIX, miembros tanto de los *Antients* como de los *Moderns* habían comenzado a reconocer las desventajas de la desunión y la conveniencia de la armonía. En 1809, la gran logia de los *Moderns* revocó una regla que prohibía la admisión de los *Antients* en sus logias. Al año siguiente los *Antients* hicieron concesiones similares y se constituyeron comités para idear modos y medios en pos de la reconciliación. Este movimiento cobró ímpetu cuando el duque de Atholl renunció como gran maestre de los *Antients* y fue sucedido por el duque de Kent, cuyo hermano, el duque de Sussex, era gran maestre de los *Moderns*. Ambos eran hijos de Jorge III. La ratificación final de la unión de los dos cuerpos tuvo lugar el 27 de diciembre de 1813, en el *Freemasons Hall* (salón masónico) de Londres. Las dos grandes logias se reunieron en salas contiguas y, tras abrir la sesión de acuerdo con los ritos y ceremonias de cada una, marcharon al vestíbulo principal, encabezadas por sus respectivos grandes maestres. Después marcharon lado a lado, elevaron plegarias y se leyó el acta de unión.

Tal acto proclamaba el establecimiento de la gran logia unida de antiguos masones de Inglaterra. Como anticipo de esta reunión, una logia de reconciliación había concebido una serie de ritos y ceremonias adoptados como sistema universal para la gran logia unida de Inglaterra. Los artículos de unión incluían concesiones de parte de ambos grupos, que implicaban renunciar a diversos puntos de ritualidad y procedimiento que los habían dividido durante las tres cuartas partes del siglo. La más significativa era una modificación a las constituciones de Anderson concerniente a "aquella religión en que todos los hombres convengan". Esto se cambió por "cualquiera sea la religión o el modo de adoración [de un hombre]", siempre que "crea en el glorioso arquitecto del cielo y la tierra, y practique los deberes sagrados de la moral". Como resultado de ello, los fundamentos judeocristianos de la masonería de las antiguas instituciones fueron reemplazados por un deísmo no específico.

El cisma de *Antients* y *Moderns* en Inglaterra tuvo una contrapartida en Norteamérica, donde predominaban los *Moderns*, salvo en Pensilvania, donde los *Antients* ejercían completo control. Durante la guerra revolucionara otras veintisiete logias se abrieron: nueve en Pensilvania (una en Filadelfia), dos en Nueva Jersey, tres en Maryland, dos en Carolina del Sur, una en Virginia, dos en Delaware, una en el ejército inglés y siete en el ejército norteamericano. La rivalidad entre *Antients* y *Moderns* se tornó evidente a causa de la cuestión de la independencia. Los *Moderns* tendían a ser *loyalists* (colonos leales a Gran Bretaña), mientras que una mayoría de los *Antients* apoyaba la ruptura. Hacia el final de la guerra, debido a que muchos *loyalists* se mudaron a Inglaterra y Canadá, la.mayor parte de las logias de los *Moderns* se desintegraron. El 25 de septiembre de 1786 en Pensilvania, durante la tenida trimestral de la gran logia, una resolución adoptada por unanimidad declaró su independencia de la gran logia de Inglaterra, según estos términos: "La logia que actuaba en virtud de una carta de constitución de la gran logia de Inglaterra ha cerrado para siempre".

Aunque Benjamin Franklin había sido un fervoroso defensor de la independencia, siguió siendo *Modern*. En consecuencia, como ya se ha dicho, cuando falleció, su logia –ahora *Antient*– le negó los honores de un funeral masónico. A su muerte, el cargo del masón más famoso de la época previa a la guerra revolucionaria pasó al general que había conducido el ejército continental a una victoria que aseguró la afirmación, contenida en la Declaración de Independencia, de que "estas colonias tienen el derecho y el deber de ser Estados libres e independientes".

Al asumir su cargo, mientras pronunciaba el juramento presidencial tal como lo requería la Constitución, la mano de George Washington descansaba en una Biblia abierta en el Génesis, capítulos 49 y 50, que contienen las profecías de Jacob sobre sus hijos, y la muerte de su hijo José. Impresa en Londres en 1767 por Mark Baskett –"impresor de su excelentísima majestad el Rey"– la primera página contenía un retrato grabado en acero del rey Jorge II. En la segunda página se escribió: "En este sagrado volumen, al día 30 de

abril, A.L. 5789, en la ciudad de Nueva York, se tomó a George
Washington, el primer presidente de los Estados Unidos, el juramento de defender la Constitución de los Estados Unidos. Esta importante ceremonia fue celebrada por el venerabilísimo gran maestre de los
masones libres y aceptados del Estado de Nueva York, el honorable
Robert R. Livingston, canciller del Estado" y seguía:

> Desplegó la Fama sus alas y anunció con sus trompetas:
> "El gran Washington se acerca". ¿Qué loas dedicarle?
> ¿Qué título otorgarle? Hizo una pausa y dijo:
> "Ninguno; su nombre solo a todo título da muerte".[1]

Dicha Biblia era una versión del rey Jacobo, que incluía los textos
apócrifos y un suplemento con datos históricos, astronómicos y legales de la época; contenía, además, numerosos grabados artísticos que
ilustraban los relatos bíblicos, inspirados en dibujos y pinturas de antiguos maestros, y grabados en acero del famoso artista inglés John
Stuart. Jonathan Hampton la había regalado a la logia el 28 de noviembre de 1770.

La misma Biblia se usó en la asunción de los presidentes Warren
Harding (1921), Dwight Eisenhower (1953), James Carter (1977) y
George H. W. Bush (1989). También debería haberse usado en la
asunción de George W. Bush en 2001, pero la lluvia lo impidió. Estuvo presente en numerosas ceremonias públicas masónicas, entre ellas
el cortejo fúnebre de Washington en Nueva York, el 31 de diciembre
de 1799; la inauguración en Nueva York del sistema de provisión de
agua de la cuenca del río Croton, el 14 de octubre de 1840; la inauguración del templo masónico de Boston, el 24 de junio de 1867, y en Filadelfia, en 1869; la inauguración del monumento a Washington, el 21
de febrero de 1885 (y su reinauguración en 1998); y la colocación de la
piedra fundamental del Hogar masónico de Utica, Nueva York, el 21

---

1. El original dice: "*Fame stretched her wings and with her trumpets blew / Great
Washington is near. What praise is due? / What title shall he have? She paused and
said / 'Not one —his name alone strikes every title dead'*".

de mayo de 1891. También se la usó en la apertura del *Masonic Hall* (salón masónico) de Nueva York, el 18 de septiembre de 1909, ocasión en que la logia de St. John celebró la primera reunión y confirió el primer tercer grado en el templo recién terminado. Se la exhibió en la Feria Mundial de Nueva York, en 1964; en la sede de la Agencia Central de Inteligencia (CIA), en Langley, Virginia; en la exposición *Famous Fathers & Sons* (padres e hijos famosos), en la *George H.W. Bush Memorial Library* (biblioteca conmemorativa George H.W. Bush) de Texas, en 2001. Cuando no la usa la logia St. John ni está de gira por el país, se halla en exposición permanente en lo que es ahora el *Federal Hall* de Nueva York, donde Washington prestó juramento.

El 25 de septiembre de 1793, Washington partió de Nueva York para asistir a la colocación de la piedra angular del edificio del Capitolio, en una ciudad a la que se nombró en su homenaje, en el distrito federal de Columbia. George Washington sería la figura central de un acto que el *Columbian Mirror & Alexandria Gazette* calificó de "una de las más grandes procesiones masónicas" jamás vistas. El periódico informó:

> Alrededor de las diez, la logia n° 9 fue visitada por esa congregación, tan predilecta al Oficio: la logia n° 22, de Virginia, con todas sus autoridades y vestiduras de gala. Después apareció en la orilla sur del gran río Potomac una de las mejores compañías de voluntarios de artillería que se ha visto en los últimos tiempos, y que desfiló para recibir al presidente de los Estados Unidos, al que poco después se pudo ver con su séquito —al que la artillería rindió honores militares— y su excelencia y su séquito cruzaron el Potomac, y fue recibido en Maryland por los oficiales y hermanos de la n° 22, Virginia, y la n° 9, Maryland, encabezados y precedidos por el presidente al son de una banda de música. Cerraban la marcha los voluntarios de artillería de Alexandria; con gran solemnidad procedieron hasta la plaza del presidente, en la ciudad de Washington, donde los recibieron con salvas los hermanos de la n° 15, de la ciudad de Washington, ataviados con sus elegantes vestiduras. Estos iban encabezados por el hermano Joseph Clark, J. y V. G.M., P.T., y los condujeron a una gran logia, pre-

parada para el propósito de su recepción. Después de un corto lapso, con la vigilancia del hermano C. Worthy Stephenson, gran mariscal, P.T., la hermandad y otros cuerpos fueron dispuestos en un segundo orden de procesión, que tuvo lugar en medio de una colorida multitud de espectadores de ambos sexos.

Entre las personas reunidas se contaban representantes del Departamento de Agrimensura de la ciudad de Washington; el alcalde y autoridades de George-Town; la artillería de Virginia; los comisionados de la ciudad de Washington y sus asistentes; cortadores de piedra; mecánicos; dos portaespadas; masones de primero, segundo y tercer grados; portadores de "Biblias sobre los grandes cojines"; senescales con bastones; una banda; la Logia n° 22 de Virginia; "dispuesta en su propio orden"; portadores de maíz, vino y aceite; el "gran maestre P.T. [con el grado de príncipe del tabernáculo] George Washington, V.M. [venerable maestre], n° 22, Virginia", y un "gran portaespada". El relato del periódico continuaba:

La procesión marchó de dos en fondo, en la mayor solemne dignidad, al son de la música, el redoble de tambores, los colores ondeantes y espectadores regocijados; desde la plaza del Presidente hasta el Capitolio, en la ciudad de Washington, donde el gran mariscal hizo un alto e indicó a cada fila de la procesión que diera dos pasos, uno a la derecha y otro a la izquierda, y quedaran enfrentados, así se formó un cuadrado hueco y oblongo, a través del cual el "gran portaespada" condujo la vanguardia, seguido por el gran maestre P.T. a la izquierda, el presidente de los Estados Unidos en el centro, y el venerable maestre de la n° 22, Virginia, a la derecha; y todos los otros, que componían la procesión, avanzaron en el orden inverso al de su marcha desde la plaza del Presidente, hacia la esquina sudeste del Capitolio; y la artillería se dirigió en fila a un terreno determinado a exhibir sus maniobras y descargar su cañón. El presidente de los Estados Unidos, gran maestre, P.T. y venerable maestre de la n° 22 ocupó su sitio al este de una enorme piedra; y todo el Oficio, formando un círculo hacia el oeste, quedó durante breves momentos en silencioso e imponente orden. La artillería disparó una descarga. El gran mariscal entregó a los comisionados una imponente placa de plata con una inscripción que decía:

"Esta piedra angular de la esquina sudeste del Capitolio de los Estados Unidos de América se colocó el decimoctavo día de septiembre de 1793, en la ciudad de Washington, en el decimotercer año de la independencia estadounidense, en el primer año del segundo término de la presidencia de George Washington, cuyas virtudes en la administración civil de este país han sido tan conspicuas y beneficiosas, pues su valor militar y su prudencia han servido al establecimiento de las libertades del país, y en el año de la masonería 5793, por la gran logia de Maryland, varias logias que se hallan bajo su jurisdicción y la logia n° 22 de Alexandria, Virginia. Thomas Johnson, David Steuart y Daniel Carroll, Comisionados; Joseph Clark, J.V.G.M. interino; James Hobam y Stephen Hallate, arquitectos; Colin Williamson, maestre masón".

La artillería disparó una descarga. La placa se entregó luego al presidente que, asistido por el gran maestre interino y tres venerabilísimos maestres, descendió a la zanja de excavación y depositó la placa sobre la piedra angular del Capitolio de los Estados Unidos de América, sobre la cual se depositaron maíz, vino y aceite; luego, todos los congregados se unieron en reverente plegaria, sucedida por cánticos masónicos y una salva de artillería.

Al finalizar, la compañía entera se retiró a un enorme pabellón donde se asó un buey de quinientas libras de peso. El festival concluyó con quince descargas consecutivas de la artillería... Antes de que oscureciera toda la compañía partió con jubilosas esperanzas en cuanto a su labor.

El registro más antiguo que existe de una ceremonia masónica formal y oficial es el de la colocación de la piedra angular del Nuevo Hospital Real de Edimburgo, por el conde de Cromarty –gran maestre de los masones escoceses– el 2 de agosto de 1738. Sesenta y seis años después, en 1804, Alexander Lawrie describió el acontecimiento en *History of Free Masonry* (Historia de la masonería libre). Allí cuenta una ceremonia sencilla, casi primitiva:

> Cuando la compañía llegó al terreno, el gran maestre y sus hermanos, los masones libres y aceptados, se tomaron de las manos para rodear el plano de los cimientos, y el gran maestre masón, junto con los representantes de los administradores del Hospital Real, colocaron la piedra en la esquina este de los cimientos. Luego de que el justo y honorable señor preboste hubo colocado una medalla debajo, cada uno, por turno, dio tres golpes a la piedra con un mazo de hierro, lo que fue sucedido por tres toques de trompeta, tres vivas y tres aplausos.

Las Constituciones de James Anderson ofrecen el relato de una ceremonia de similar sencillez, celebrada el 19 de marzo de 1721, aunque en apariencia la gran logia de Inglaterra no participó en ella. Anderson apuntó: "El obispo de Salibsury fue en ordenada procesión, con la debida concurrencia, y una vez nivelada la primera piedra, le dio dos o tres golpes con un mazo, tras lo cual sonaron las trompetas, y una vasta multitud lanzó fuertes exclamaciones de júbilo cuando su Ilustrísima colocó sobre la piedra una bolsa de cien guineas como obsequio de su Majestad para el uso de los artesanos".

La colocación de la piedra angular del Capitolio tuvo lugar en una fecha entre la publicación de la primera edición de *Ilustrosions of Masonry* (ilustraciones –o ejemplos– de masonería) de William Preston, en Londres en 1772, y la primera edición de *The Freemason's Monitor* (el monitor del masón, una versión de la obra de Preston, adaptada para la masonería estadounidense), de Thomas Smith Webb, publicada en 1797 en Albany, Nueva York. Los masones que planeaban la colocación de la piedra angular del Capitolio habían tenido acceso a la publicación de Preston. Más familiarizados aún deben de haber estado con *New Ahiman Rezon*, de John K. Read, publicado en Richmond, Virginia, en 1791 (dos años antes del acontecimiento del Capitolio), que se publicó a manera de guía de las logias de Virginia y dedicado a "Don George Washington, presidente de los Estados Unidos de América".

Las ceremonias de colocación de piedras angulares de Preston en 1772 y de Webb en 1797 eran simples. Preston limitaba la concurrencia a la gran logia; Webb acogía de buen grado a los miembros de logias privadas. El ritual de Webb incluía la ofrenda de maíz, vino y aceite, así como pruebas de legitimidad de la piedra, y la confirmación, de parte del gran maestre, con respecto a que la piedra era "de buena forma, legítima y confiable". Tanto Preston como Webb hacían alusión a la generosidad del rey para con los obreros y mencionaban una colecta voluntaria en favor de los trabajadores. Esto quizá se haya basado en la descripción de Esdras 3:7 de los preparativos para el segundo templo de Jerusalén, que decía: "Y dieron dinero a los albañiles y carpinteros, y comida, bebida y aceite a los sidonios y los tirios, para que trajesen por mar madera de cedro desde el Líbano a Joppa, conforme al permiso que les había otorgado Ciro, rey de Persia".

Otra prueba de que Washington era masón la ofrece un retrato pintado por William Williams en 1794. A pedido de la logia de Alexandria, Washington posó para la pintura vestido con su atuendo masónico. Existen documentos que demuestran que el 18 de marzo de 1797 recibió una delegación de la logia de Alexandria y el 1° de abril de 1798 asistió a un banquete de la logia y propuso un brindis.

Aunque el testamento y última voluntad de Washington expresaban su deseo de "que mi cadáver sea enterrado en forma privada, sin desfile ni oración fúnebre", se permitió a su logia hacer los preparativos para la procesión. El cortejo recibió instrucciones de llegar a Mount Vernon[2] el miércoles "a las doce, si el tiempo es bueno, o el jueves a la misma hora". El viernes 18 de diciembre la logia masónica de Alexandria inició la marcha hacia Mount Vernon, adonde llegó a la una del mediodía. Dos horas después se formó la procesión, conformada por soldados a caballo y a pie, clérigos, el caballo de Washington con la silla vacía, una banda militar, el féretro y decenas de asistentes.

---

2. Hogar de George Washington, situado en Virginia, sobre el río Potomac, cerca de Washington, D. C. Allí murió y fue enterrado. (N. de la T.)

En una humilde tumba de ladrillos rojos, cavada en una ladera por debajo de la mansión, el reverendo Thomas Davis –rector de la *Christ Church* (Iglesia de Cristo), Alexandria– leyó la Orden de entierro episcopal. A continuación, el reverendo James Muir, ministro de la iglesia presbiteriana de Alexandria, y el doctor Elisha Dick –ambos miembros de la logia de Washington– condujeron los ritos fúnebres masónicos tradicionales. Se retiró un breve instante la mortaja para verlo por última vez. Unos días después, Muir escribió:

> En el largo y majestuoso pórtico por donde salió el héroe en toda su gloria, yace ahora el amortajado cadáver. El semblante, aún compuesto y sereno, parecía disminuir la dignidad del espíritu que hasta hacía poco moraba en esa forma ya sin vida. Allí, aquellos que rindieron las últimas y tristes honras al benefactor de este país pudieron dedicarle una conmovedora mirada de despedida. Tres descargas generales de la infantería, la caballería y once piezas de artillería, que flanqueaba las orillas del Potomac por detrás de la bóveda, rindieron el último homenaje al sepultado comandante en jefe de los ejércitos de los Estados Unidos.

Henry *"Light Horse"* (caballo ligero) Lee, uno de los oficiales de Washington en la guerra de la Independencia, dijo de él: "Primero en la guerra, primero en la paz y primero en el corazón de sus compatriotas, era un hombre sin par". Thomas Jefferson diría: "En general, su carácter era perfecto, no era malo en nada, indiferente acerca de unos cuantos temas. Puede decirse con verdad que jamás la naturaleza y la fortuna se combinaron de manera más perfecta para hacer un gran hombre y ubicarlo en la misma constelación con todos aquellos personajes ilustres que han merecido el recuerdo eterno".

Masones de todas partes lamentaron su muerte en ceremonias públicas. Casi medio siglo después, el capitán Samuel De Wees recordó una de ellas con este vívido relato:

> Inmediatamente después de conocida la triste noticia [de su muerte], se celebró una reunión pública en el juzgado de [la ciudad

de] Reading, y se hicieron los preparativos para realizar un cortejo fúnebre. Los masones se reunieron en su logia y dispusieron unirse a la procesión. Un brillante y ejemplar hermano había partido de una logia mística sobre la tierra, a unirse en membresía con esa gran logia de esplendorosa e inconcebible brillantez, santidad y gloria en las alturas, y ahora que iba a rendírsele el último homenaje fúnebre, no podían permanecer ociosos. Se ordenó salir a dos compañías de voluntarios, una al mando del capitán Keims. La procesión se formó en el siguiente orden: los militares al frente, luego el ataúd, luego la orden de los masones, luego las autoridades civiles y por último los ciudadanos. La procesión medía una milla de largo. Avanzó hasta una gran iglesia de Reading, donde entraron los militares, los masones y muchos de los ciudadanos. Los militares (precedidos por la música) colocaron el ataúd en el pasillo, frente al púlpito. Cerca de veinte ministros religiosos estaban presentes. Se pronunció una oración fúnebre, tras la cual la procesión avanzó por la calle Philadelphia y algunas otras de las arterias principales de Reading hasta un cementerio donde el ataúd, llevado en la procesión, fue depositado en la tumba con honores militares, y con tanta solemnidad como si el cuerpo del bien amado Washington hubiera sido consagrado en su interior.

En el momento de la muerte de Washington, las logias de los trece Estados habían adherido al rito escocés. Sus primeros registros en los Estados Unidos, en la logia de Washington, la de Fredericksburg, datan del 22 de diciembre de 1753. Dos años después de su muerte, el 31 de mayo de 1801, se formó en Charleston, Carolina del Sur, el "supremo consejo madre del mundo"[3] y se estableció el trigésimo tercer grado, "la más importante y espléndida de todas las obediencias masónicas", según las palabras de C.W. Leadbeater en *Freemasonry and Its Ancient Mystic Rites* (La masonería y sus antiguos ritos místicos).

---

3. En inglés: Mother Supreme Council of the World; aquí *Mother* (madre) tiene el significado de "matriz", "principal", "original". (N. de la T.)

8

Los franceses, el Papa
y Prince Hall

Del mismo modo que en otros aspectos de la historia de la masonería, no existe certeza en cuanto a su posible origen francés. Cierta historia registra que unos caballeros ingleses viajaron a Francia a principios del siglo XVIII y fundaron logias especulativas en las que se acogía a caballeros franceses. Entre mayo y julio de 1728, todas las logias francesas se agruparon bajo el nombre de "Gran logia inglesa de Francia". Su gran maestre era el duque de Wharton, ex maestre mayor de la gran logia de Londres. Otra versión sostiene que las primeras logias de Francia fueron importadas del Reino Unido por las Guardias Reales de Irlanda y Escocia durante su exilio en St. Germain-en-Laye.

La "Gran logia Inglesa" de Francia tuvo su primer gran maestre francés en 1738, año crucial para la masonería. En una encíclica emitida por el Vaticano el 28 de abril, el papa Clemente XII afirmaba:

> Ha llegado a nuestros oídos que ciertas sociedades, compañías, asambleas, reuniones, congregaciones o conventículos denominados *Liberi Muratori* o *masones* en el habla popular –u otros nombres según las diversas lenguas– están difundiéndose por doquier y crecen día a día. Hombres de toda religión o secta, satisfechos con la apariencia de natural probidad, se reúnen, de acuerdo con sus leyes y los estatutos redactados por ellos, mediante un vínculo estricto e

inquebrantable que los obliga, con un juramento sobre la Sagrada Biblia y una multitud de gravosos castigos, a mantener un silencio inviolable sobre todo lo que hacen juntos en secreto. Pero forma parte de la naturaleza del crimen traicionarse a sí mismo. Así, estas sociedades o conventículos han despertado en la mente de los fieles la mayor de las sospechas, y todos los hombres rectos y prudentes han acabado por juzgarlos depravados y pervertidos. Pues si no estuvieran haciendo el mal no alimentarían un odio tan grande por la luz. En verdad, este rumor ha crecido hasta tales proporciones que en varios países estas sociedades han sido prohibidas por las autoridades civiles, debido a que atentan contra la seguridad pública, y desde hace algún tiempo parece que, prudentemente, se las ha eliminado.

Nacido en la nobleza, el papa Clemente XII (Lorenzo Corsini) estudió leyes en la Universidad de Pisa. Ascendió en la jerarquía eclesiástica hasta llegar a ser tesorero general y gobernador de Castel Sant'Angelo en 1696, cortesano del papa Clemente XI y cardenal (el 17 de mayo de 1706). Tras la muerte de Clemente XI, fue coronado Papa (el n° 246) en 1730. Casi ciego cuando ocupó el trono de San Pedro, al final de sus días perdió la vista y quedó postrado. En su trabajo de restauración de las finanzas vaticanas, obligó a los ministros corruptos a devolver aquello que habían robado bajo el mandato de sus predecesores. Esto hizo ingresar tanto dinero en las arcas que se embarcó en numerosos planes de construcción y embellecimiento en toda Roma, como adoquinar calles, respaldar a galerías de arte y construir un puerto en Ancona, Italia.

Refiriéndose al "gran daño que a menudo causan tales sociedades o conventículos [como los masones] no sólo a la paz del Estado temporario sino también al bienestar de las almas, y al darnos cuenta de que no respetan sanciones civiles ni canónicas", Clemente XII citó la advertencia de Jesús sobre el deber del "siervo fiel y el amo de la casa del Señor de vigilar día y noche para evitar que hombres como estos irrumpan en la casa como ladrones, y como zorros intenten destruir el viñedo".

Para "impedir que se pervierta el corazón de la gente sencilla, y

que los inocentes sean heridos por sus flechas, y para bloquear ese
ancho camino que podría abrirse al pecado, y por otros motivos justos y razonables", continuaba:

> Nosotros, por lo tanto, habiendo aceptado el consejo de algunos
> de nuestros venerables hermanos entre los cardenales de la Santa
> Iglesia Romana, y también por nuestra propia voluntad y con seguro
> conocimiento y maduras deliberaciones, con la plenitud del poder
> apostólico por el presente documento determinamos y hemos decre-
> tado que esas mismas sociedades, compañías, asambleas, reuniones,
> congregaciones o conventículos de *Liberi Muratori* o masones, o cual-
> quiera sea el nombre que se den, deben ser condenadas y prohibidas,
> y por nuestra presente Constitución, válida para siempre, las conde-
> namos y prohibimos.

Pese a un decreto de excomunión, en Francia la masonería continuó. En 1740 había más de 200 logias, de las cuales veintidós se hallaban en París. En 1754 el Chevalier de Bonneville –que afirmaba que
los masones eran descendientes de los caballeros templarios– fundó
en París una logia del rito escocés. En 1756, la gran logia inglesa de
Francia adquirió completa autonomía, se denominó la Gran logia
de Francia y declaró su adhesión al rito escocés. Al igual que en Inglaterra y los Estados Unidos, la masonería francesa se dividió en "antiguos" y "modernos". Resultado de ello, según escribe Robert Macoy
en *A Dictionary of Freemasonry* (Diccionario de la masonería), fue que
los maestres gobernaran las logias "según su propio capricho" y otor-
garan licencias a logias que constituían "capítulos, concilios, colegios
y tribunales", con lo que se creó tanta confusión que "no se sabía cuál
era en realidad el cuerpo legítimo". En 1772 la gran logia cambió su
nombre por el de "Gran Oriente de Francia" y adoptó "los estatutos
de la Real Orden de masonería de Francia". Los masones que se mos-
traron en desacuerdo con estas alteraciones, se separaron y continua-
ron usando el nombre de "gran logia de Francia". Cada grupo negaba la validez del otro, hasta que en 1789 la Revolución Francesa
impuso dramático silencio a la disputa. Durante el lapso que duró la

sangrienta lucha para acabar con la monarquía e instalar una república, las actividades de la masonería quedaron suspendidas.

El cisma entre antiguos y modernos se cerraría el 28 de junio de 1799, cuando un "acta de unión" absorbió a la gran logia dentro de la Gran logia de Oriente. Unificada, la masonería francesa habría de prosperar sin pausa bajo el gobierno del emperador Napoleón Bonaparte. De hecho, tras la histórica victoria napoleónica sobre los ejércitos austriaco y ruso en Austerlitz en 1805, un tal Brunet agasajó a los participantes en el tradicional banquete masónico de invierno —que se realiza en el día de San Juan Evangelista (27 de diciembre)— con los siguientes versos:

Tiemblen, pues los dioses traen a Napoleón.
Cedan, o pronto este noble grito de guerra penetrará el pecho
[*de Albión:*
¡Larga vida a Napoleón!

Tal exhortación, realizada durante una ceremonia masónica, prueba que, aunque el Gran Oriente de Francia era "moderno" —habiendo abrazado las constituciones de Anderson de 1723— los masones franceses seguían una política de *laissez-faire* con respecto a la directiva de no emitir opiniones políticas durante las reuniones de la logia. Aun así, Gran Oriente respetaba el requisito de las constituciones referente a que un masón "jamás será un estúpido ateo o un libertino irreligioso". La regla consistía en que los masones siguieran "aquella religión en que todos los hombres convengan" y guardaran para sí sus "opiniones particulares". Si bien nadie podía ser excluido de la orden a causa de sus prácticas religiosas, a todo masón se le exigía que profesara la creencia en "el glorioso arquitecto del cielo y la tierra".

Una limitación que dificultaba el ingreso a los creyentes no ortodoxos acabó por contribuir a una ruptura entre las masonerías inglesa y francesa. Ocurrió a fines de la década de 1870, cuando el Gran Oriente de Francia comenzó a admitir ateos. Ello generó también un ritual modificado como alternativa para aquellas jurisdicciones europeas que omitían toda referencia directa al "glorioso arquitecto" y los términos "ser supremo" y "principio creador". Al preferir no limitar-se a un solo rito, ofrecían a las logias francesas lo que un historiador masónico llama un "menú de ritos" (o una variedad de estos).

Esta diferencia crearía tensión en la masonería francesa de los Estados Unidos, con la llegada de miles de estadounidenses a Francia, para luchar en la Primera Guerra Mundial. Recordando el servicio que había prestado un francés en la guerra revolucionaria, exclamaban: "Lafayette, aquí estamos". Como muchos de los soldados de infantería eran masones, la admisión de ateos en las logias francesas constituyó un verdadero choque cultural, y así se lo denominaría más tarde.

Según señala con ironía el historiador masónico Paul M. Bessel (bibliotecario del George Washington Masonic National Memorial [Museo Nacional de la Masonería] y secretario de la Masonic Library [Biblioteca masónica] y la Museum Association [Asociación del Museo]) en un ensayo sobre la historia de las relaciones entre las masonerías estadounidense y francesa, "nada parece causar tanta controversia entre los masones estadounidenses como el tema del reconocimiento y la regularidad, con la posible excepción del tema de la masonería y la raza".

PRINCE HALL, LA MASONERÍA Y LOS NEGROS

La historia de los negros en la masonería de los Estados Unidos comenzó un año antes de la Declaración de Independencia, cuando un negro estadounidense llamado Prince Hall fue iniciado en la *Irish Constitution Military Lodge* (logia militar de la constitución irlandesa) junto con otros cuatro negros libres.

Poco se sabe de la vida de Prince Hall. Aunque no se ha encontrado registro alguno de su nacimiento, se cree que ocurrió en Barbados, Antillas, el 12 de septiembre de 1748. También se dice que llegó a Boston en 1765, procedente de África, y que fue vendido como esclavo a William Hall, quien lo liberó en 1770.

Durante la guerra revolucionaria sirvió en el ejército continental y se cree que luchó en Bunker Hill. Iniciado en la logia militar n° 441 junto con otros catorce negros, se les dio autorización para reunirse con el nombre de Logia africana n° 1. Otros miembros eran Cyrus Johnson, Bueston Slinger, Prince Rees, John Canton, Peter Freeman, Benjamin Tiler, Duff Ruform, Thomas Santerson, Prince Rayden, Cato Speain, Boston Smith, Peter Best, Forten Howard y Richard Titley. Después de la guerra, Hall solicitó una carta de constitución a la Primera gran logia de Inglaterra; le fue entregada en Boston el 29 de abril de 1787. Una semana después (el 6 de mayo) ya estaba organizada la logia africana n° 459.

En un ensayo sobre la masonería de Prince Hall –escrito para miembros de la actual masonería de Texas–, Robert E. Connors hijo, apunta que, como en esa época la jurisdicción territorial exclusiva no era una doctrina reconocida de la masonería inglesa, a la Logia africana de Boston se le permitió establecer otras, con lo que se convirtió en la logia madre que dio a Hall autoridad para emitir patentes sobre la misma base que los maestres de las logias de Europa. Así, se constituyeron logias africanas en Pensilvania, Rhode Island y Nueva York.

El 24 de junio de 1791 se organizó en Boston la Gran logia africana de América del Norte, con Hall como gran maestre. Esto tuvo lugar un año antes de la organización de la Gran logia unida de Massachusetts. En 1827, treinta y cinco años después de que lo hubiera hecho la Gran logia de Massachusetts, la Logia africana de Boston se declaró independiente de la gran logia de Inglaterra.

En su calidad de dueño de propiedades y de votante registrado, Hall organizó campañas a favor del establecimiento de escuelas para niños negros en Boston, abrió una escuela en su propia casa y solicitó, con éxito, que la Legislatura protegiera a los negros libres del secuestro y la venta como esclavos. Un biógrafo afirma que era ministro de la Iglesia episcopal metodista africana, pero no hay pruebas de ello. De hecho, en una disposición legal existente en el Registro de Escrituras del condado de Suffolk, Massachusetts, un tal Prince Hall declaró que era marroquinero de oficio y que en noviembre de 1762 había sido recibido en la plena comunión de la Iglesia congregacionalista.

Hall murió el 4 de diciembre de 1807. Al año siguiente, en un acto conmemorativo en su honor, y mediante un acta de la Asamblea general del Oficio, el nombre de la logia cambió de Gran logia africana de América del Norte a Gran logia Prince Hall de Massachusetts. En 1869, el fuego destruyó la sede de esta logia. Guardada en un tubo de metal en un arcón, la carta de constitución se salvó de las llamas y, chamuscada por el intenso calor, fue rescatada gracias al gran maestre S.T. Kendall, que entró a gatas en el edificio en llamas para recuperarla. En la actualidad se conserva en una bóveda de un banco de Boston.

Hoy en día, en todo el mundo existen cuarenta y cuatro grandes logias del venerabilísimo Prince Hall, alrededor de 5.000 logias subordinadas y más de 300.000 masones de Prince Hall. Durante muchos años, las iglesias y logias negras de los Estados Unidos fueron las dos organizaciones más fuertes de esta comunidad. Los salones de las logias masónicas se usaron para ofrecer servicios religiosos y enseñar a los negros a leer y escribir. Los masones de Prince Hall usaban sus recursos para conseguir becas universitarias para los jóvenes de su raza –tanto hombres como mujeres–, implementar diversas formas de caridad y colaborar con otros programas humanitarios en sus comunidades.

Tres años después del nacimiento del esclavo que habría de fundar la masonería negra en los Estados Unidos, otro Papa, Benedicto XIV, en una segunda bula reiteró la condena de Clemente XII a la masonería. Esta disposición fue recibida con la misma indiferencia que la primera en las logias francesas. Pero en otros lugares de Europa el edicto alimentó una ola de antimasonería por parte de monarcas que veían una amenaza en la actitud de los masones, puesto que abrazaban los ideales de libertad, igualdad y fraternidad de la Revolución Francesa y las ideas democráticas de la revolución estadounidense. La consecuencia de ese fervor fue un misterio que persiste hasta la actualidad: la muerte de un brillante joven austriaco, masón, dotado de inigualable genio para la música.

9

El misterio de *La flauta mágica*

ocas semanas después de la reconvención del papa Benedicto XIV, la masonería fue prohibida en España y en el reino de Nápoles, y en el Imperio Austro-húngaro fue objeto de ataques por parte de la emperatriz María Teresa, devota católica. La primera logia de Austria se había inaugurado en Viena en 1742, con una licencia de la gran logia de Alemania, aunque se vio obligada a cerrar enseguida por presión de la Iglesia. En 1762, veinte años después, varias logias se habían establecido en Viena y Praga, en abierto desafío a la Iglesia. En 1784, cuando las logias de Bohemia, Hungría y Transilvania declararon su independencia de la gran logia de Berlín, crearon una gran logia de Austria con asiento en Viena.

Es probable que Haydn y un joven genio de la música, Wolfgang Amadeus Mozart, se hayan conocido en Viena en 1781, en una tertulia organizada por el barón von Swieten para escuchar la música de Johann Sebastian Bach. Un historiador escribe que Mozart consideraba a Haydn "no sólo un compositor cuyos logros se situaban en el mismo nivel que los propios, sino también un afectuoso, comprensivo y confiable amigo". Mentor y alumno diferían en sus caracteres: mientras Mozart solía mostrar una impaciencia volátil, Haydn trabajaba con relativa lentitud. Haydn aconsejaba y criticaba a Mozart, y este daba más importancia a la opinión de Haydn que a la de cualquier otra persona, incluido su padre, Leopold. Aunque juzgaba que su ópera *Armida* era una de sus mejores composiciones, después de escuchar varias óperas de Mozart, Haydn reconoció la superioridad de este último y perdió todo deseo de dedicarse a ese género. El 7 de mayo de 1788, tras una función de *Don Giovanni*, Haydn declaró que Mozart era el más grande compositor del mundo.

Se cree que, según la tradición masónica, Mozart estuvo implicado en la decisión de Haydn de hacerse masón. Se cuenta que el 12 de febrero de 1784, Mozart ofreció una fiesta en su piso de Viena. Entre los invitados se contaban tres masones y también Haydn, que evaluaba unirse a una sociedad a la que pertenecían muchos de sus amigos y conocidos vieneses. El 29 de diciembre de 1784, Haydn solicitó, en forma oficial, que se le permitiera ser miembro. Así lo explicó en una carta: "La ventajosa opinión que me formé de los masones despertó en mí, hace largo tiempo, el sincero deseo de unirme a esta orden, con sus principios sabios y humanitarios. Recurro a usted, señor [el maestro de ceremonias de la logia], en la esperanza de que a través de su amable intervención en la logia de la cual es honorable miembro, pueda considerar mi sincero pedido".

La carta convirtió a Haydn en posible candidato para la logia *Zur Wahren Eintracht*, de la que varios músicos formaban parte. Las actas correspondientes al 1 de enero de 1785 muestran que se decidió hacer "circular entre las logias" los nombres de los aspirantes Franz Joseph Haydn y el barón Hallberg von Brussels. En la tenida del 24 de enero se fijó el 28 de enero como fecha de iniciación. Es probable que Mozart haya concurrido a presenciar la ceremonia y felicitarlo. Por desgracia, Haydn no pudo asistir. A causa de un compromiso inesperado para presentarse en el castillo del príncipe Nicolás Esterhazy, en Hungría. En su carta de disculpas por su ausencia, explicó que "debido a la ineficiencia de nuestros húsares, ¡la carta de invitación no llegó a tiempo!".

Las actas de la logia referentes a la iniciación de Haydn muestran la presentación de "el aspirante extranjero Joseph Haydn, hijo de Mathias, 51 años, nacido el 1 de mayo en Rohrau, Austria, de fe católica romana, de familia burguesa, en la actualidad maestro de capilla del príncipe Esterhazy. El aspirante no ha formado parte hasta la fecha de ninguna Orden conocida y afirma el sincero deseo y voluntad de hacerse miembro de la antigua y honorable sociedad de caballerescos masones, no llevado a esto por curiosidad, ni seducido, impulsado o persuadido por otra persona". Haydn fue "aceptado en la logia de esta Orden de San Juan como masón, aprendiz y hermano".

Un largo brindis por su iniciación ofrecido por el "hermano Joseph von Holzmeister, oficial mayor del Ministerio de Guerra", reconocía la contribución de Haydn al desarrollo de la sinfonía. "El propósito de la música es emocional y placentero", dijo, y destacó que el "hermano iniciado ha creado un nuevo orden en la orquesta". Continuó: "Si cada instrumento no considerara el derecho y las propiedades de los otros instrumentos, además de los suyos propios; si no disminuyera a menudo su propio volumen para no perjudicar la expresión de sus compañeros, nunca se alcanzarían la belleza y la armonía, que son su verdadero fin".

Aludiendo a la masonería, prosiguió:

> No conozco concepto más digno ni agradable que el de una sociedad de hombres rectos, cada uno deseoso de beber del manantial de la sabiduría para encontrar la verdad y compartirla con otros por el bien común. Una sociedad donde el brillo y la iluminación no den lugar a celos sino, antes bien, sean una fuente de emanación: donde el viril apretón de manos sea señal de un corazón ensanchado por la grandeza, y no la máscara de la falsa amistad; donde el hombre pueda abrir su corazón al hombre sin tener que temer prejuicios, odio o intrigas. Una sociedad en la cual las reuniones den dicha a cada miembro y constituyan un momento esperado con ansias y placer, que deje una profunda satisfacción.
>
> La armonía puede ser –y en verdad debe ser– la característica de la Orden en su conjunto. Debe ser el eje de cada logia, la fuerza esencial a través de la cual se defina la belleza en toda la naturaleza: sin ella la naturaleza misma cae, y el firmamento estrellado se hunde, con la tierra, en el caos. Usted, recién elegido "hermano aprendiz", conoce especialmente bien el don celestial de la armonía, de la cual es superfluo elogiar todos los encantos. Me contentaré con sa-

ber que, en esta charla fraternal, he despertado en usted el deseo de seguir consagrado en forma inquebrantable a su diosa (la armonía) en este círculo, nuevo, hermano mío, para usted.

Dado que su catolicismo entraba a menudo en conflicto con las prácticas de la masonería, el interés de Haydn por el Oficio resultó ser sólo social. De hecho, renunció en 1787, con lo que Mozart pasó a ser el compositor más destacado de la hermandad masónica.

EL JOVEN GENIO

Nacido en Salzburgo, Austria, en 1756, pronto se lo reconoció como un prodigio musical. A la edad de cuatro años mostraba ya tan extraordinarias capacidades de apreciación musical que su padre, Leopold, violinista muy estimado y compositor por mérito propio, lo inscribió en lecciones de clavicordio. A los cinco años ya componía música, y a los seis era maestro de instrumentos de teclado. En 1762 el padre lo llevó junto con su hermana, Maria Anna, en gira a Munich y Viena, donde tocó y compuso en forma constante y se convirtió en el mimado de la nobleza austriaca; dio muchos conciertos y recitales, incluida una función en el palacio Schonbrunn para la emperatriz María Teresa. Ya en su adolescencia dominaba el piano, el clavicordio y el violín, y componía no sólo oratorios sino también sinfonías y óperas. Su primera ópera importante, *Mitridate, re di Ponto* (Mitrídates, rey del Ponto), se presentó en Milán en 1770, cuando Mozart tenía catorce años. Un año después fue nombrado concertino de la orquesta del príncipe-arzobispo Segismundo, conde de Schrafttenbach de Salzburgo. Su relación con el arzobispo que lo sucedió, Hieronymous, conde de Colloredo, aunque muy fructífera en los primeros años, acabó por deteriorarse y tuvo como culminación su renuncia al cargo, contra los deseos de su padre.

Poco se sabe de la vida masónica de Mozart. Iniciado como aprendiz el 7 de diciembre de 1784 en la logia *Zur Wahrent Eintrach* (logia de la Beneficencia), luego ascendió a "compañero" en la logia *Zur*

Neugekronte Hoffhnung (logia de la verdadera armonía), el 1° de abril de 1785, junto con su padre. Cinco días después, Leopold fue promovido al tercer grado.

Dos años antes de entrar en la logia de la Beneficencia, Mozart había compuesto el "Adagio para dos clarinetes y tres cornos *di basetto*". Algunos biógrafos creen que estaba destinado a una procesión ritual masónica, porque su duración corresponde a la de una procesión desde la puerta de la logia hasta el sitial del maestre. Una cantata, *Dir, Seele des Weltalls* (1783), pudo habérsele encargado para una celebración masónica a la que asistirían invitados extraños a la cofradía. Como él aún no integraba la Orden, se conjetura que quien se la encargó le dio alguna información sobre el funcionamiento de la masonería y que eso fue lo que le despertó el deseo de unírseles. Otros estudiosos sostienen que el sistema con que se dató la música de Mozart es erróneo y que las obras masónicas se compusieron a fines de 1784 o comienzos de 1785, cuando ya era miembro.

Se considera que *Gesellenreise* (La jornada de la logia) fue su primera obra verdaderamente masónica. El manuscrito tiene fecha del 26 de marzo de 1785, y se supone que lo dedicó a la ocasión en que su padre fue ascendido al segundo grado. La letra fue escrita por el masón Joseph Franz von Ratschky. *Die Maurerfreude* (alegría masónica), compuesta en abril de 1785, era una cantata en honor a Ignaz von Born, maestre de la logia de la Verdadera Armonía, que acababa de recibir una distinción de parte del emperador José II, por sus descubrimientos en metalurgia. Una invitación a miembros de otras logias prometía "un ágape cordial y jubiloso" con el fin de "expresar sus sentimientos de camaradería a través de las artes de la poesía y la música".

Música fúnebre masónica se compuso en noviembre de 1785 para el funeral de dos hermanos masones, el duque Jorge Augusto de Mecklenburg-Strelitz y el conde Franz Eszterhazy von Galantha. Aunque Mozart se ganaba la vida componiendo por encargo, esta pieza no fue realizada de ese modo. Otras dos obras, *Zerfliesset heut, geliebte Brüder* (para la apertura de la logia) e *Ihr unsre neuen Leiter* (para el cierre de la logia) fueron escritas en diciembre de 1785, para la recién formada "logia de la esperanza recién coronada". Esta se creó

luego de promulgarse un decreto del emperador José II que ordenaba que las ocho logias vienesas se redujeran a no más de tres y que se
limitara el número de miembros de cada una a no más de 180. En
consecuencia, las dos nuevas logias, "verdadera armonía" y "esperanza recién coronada", se formaron mediante la fusión de la logia de la
Beneficencia, en la que se habían iniciado Mozart y su padre, y la de
la verdadera armonía. El mandato de José exigía también que las logias informaran a la policía los nombres de sus miembros y los hora-
rios y lugares de sus reuniones.

Hijo de María Teresa –que había muerto pero no recibió el homenaje de los masones a causa de su política represora–, José II se mostró tolerante para con la masonería, aunque no aceptó la invitación a
hacerse miembro. Esta cordial relación con el soberano del Imperio
se prolongó hasta su muerte, en febrero de 1790. Al heredar el trono
del Sacro Imperio Romano mientras la Revolución Francesa conmo-
cionaba todas las capitales de Europa, y ante las pruebas de que dicho
movimiento había sido fomentado por masones, Leopoldo II, hermano de José, prestó oídos al consejo de otros reyes, de su jefe de policía y de la Iglesia católica romana y comenzó a mostrarse más caute-
loso con los masones. También su hermana le hizo una advertencia
similar. La desventurada María Antonieta, cuya cabeza habría de caer
en la guillotina, le escribió suplicante desde París: "Ten mucho cuidado, allá, de toda organización de masones. Ya deben de haberte ad-
vertido que es por ese camino que todos los monstruos de aquí espe-
ran alcanzar los mismos fines en todos los países".

Más que urdir un levantamiento con el objeto de deponer a Leopoldo II antes incluso de su coronación formal –el 6 de septiembre
de 1791 con una ópera de Mozart escrita para festejar el acontecimiento–, el libretista de Mozart, Johann Emanuel Schikaneder, propuso aprovechar esa ópera para hacer propaganda masónica. (De
hecho, los historiadores especializados en música observan que la
ópera masónica no era una idea nueva en la época de Mozart. La ópera *Osiris*, de Johann Gottlieb Naumann, se desarrollaba en el antiguo
Egipto, un tema acorde a los puntos de vista de la masonería con respecto al bien y el mal.)

La relación de Mozart con Schikaneder se remonta a alrededor de 1780. Según Bernhard Beuer, investigador masónico, el lugar del libretista en la masonería era, por lo menos, "irregular". Al parecer, ingresó en el Oficio por "razones mundanas". La carta que redactó para solicitar su admisión decía:

> Muy venerados caballeros: Ni la curiosidad ni el egoísmo, sino la estima más sincera de su exaltada sociedad es lo que motiva mi humildísimo ruego de admisión en su santuario, del cual, pese al mayor de los secretos, irradia un resplandor de nobleza, humanidad y sabiduría. Ilumínenme con sus sabias enseñanzas, háganme a su imagen, y seguiré siendo siempre, con el más caluroso agradecimiento,
>
> Su más respetuoso y humilde servidor,
> Johann Emanuel Schikaneder

El doctor Beuer considera esta carta "reveladora", pues da cuenta de su necesidad de aceptación en una organización formal. También muestra un buen uso del elemento dramático y la autopromoción.

Cuando Mozart expresó renuencia a emprender la composición de *La flauta mágica*, Schikaneder le recordó sus deberes para con el Oficio. Tras obtener el consentimiento del músico, ambos hombres se pusieron a trabajar. El libreto abrevó de varias fuentes. La mayor parte de las investigaciones referidas al argumento de *La flauta mágica* rastrean hasta *Lulu oder Die Zauberflöte*, de Jakob August Liebeskind, publicado en *Dschinnistan*, de Christoph Martin Wieland. Contenía "relatos escogidos de hadas y espíritus, en parte nuevos, en parte recientemente traducidos y revisados", e inspiró obras similares, entre ella *Der Stein der Weisen*, de Benedict Schack. Schikaneder también habría conocido la obra *Meagra*, de Phillip Hafner (1763).

La flauta mágica relata la historia de Sarastro, el sabio sacerdote de Isis, que ha llevado a Pamina al templo con el buen propósito de liberarla de la influencia de su madre, la reina de la noche. La reina induce al joven príncipe Tamino a ir en busca de su hija y liberarla del poder de Sarastro. Tamino cumple con la misión, pero en el proceso se convierte en discípulo de Sarastro, cuya bondad y sabiduría ha aprendido a admirar. El príncipe y Pamina se unen.

En el acto I, ambientado en un bosque, Tamino se pierde, huyendo de una serpiente que lo persigue. Desconsolado, grita: "¡Socorro! ¡Socorro! ¡Me he perdido!" y luego se desmaya de cansancio. Aparecen tres damas, asistentes de la reina, vestidas con túnicas negras, y matan a la serpiente con sus lanzas. Luego todas se enamoran del príncipe y cada una hace planes para poseerlo.

Cuando Tamino se recobra, ve ante sí a Papageno, cubierto por completo de plumaje de aves. En un aria humorística, este canta: "Soy Papageno, cazador de pájaros". Mientras explica a Tamino que la reina de la noche anda cerca, Papageno se jacta de haber matado a la serpiente, pero las tres damas castigan su mentira cerrándole la boca con un candado. Las asistentes de la reina muestran luego al príncipe un retrato en miniatura de una joven doncella, que él contempla extasiado en el aria "Esta imagen es prodigiosamente bella".

Aparece entonces la reina de la noche, que exige que Tamino libere a su hija de las manos de Sarastro. Las damas dan a Tamino una flauta mágica, retiran el candado de la boca de Papageno y le regalan un campanil mágico. Así los hombres se disponen a cumplir su misión, guiados por tres muchachos, y escapan de todo peligro usando los instrumentos mágicos.

La escena siguiente se desarrolla en un salón del palacio de Sarastro. Pamina aparece arrastrada por Monóstatos, un moro que la persigue y acosa. Llega Papageno y anuncia a la muchacha que su madre ha enviado a Tamino en su ayuda. Monóstatos huye, aterrado por el extraño aspecto de Papageno.

En un bosquecillo por el que se accede al templo, los tres muchachos guían al príncipe hacia la entrada. Cuando Tamino alcanza el templo, se le niega el ingreso en dos de las puertas, y en la tercera un sacerdote le revela el carácter noble de Sarastro. Cuando aparece Papageno con Pamina, los tres muchachos hacen ademán de huir, pero Monóstatos se los impide. Entonces entra Sarastro, a cuyos pies cae Pamina para confesarle que trataba de escapar porque el Moro la importunaba con sus requerimientos amorosos. Sarastro acoge con amabilidad estas palabras, y le dice que, aunque no forzará sus sentimientos, no puede darle la libertad. Castiga al moro por su insolencia y lleva a Tamino y a Papageno hacia el templo de las pruebas.

Al comienzo del segundo acto –que tiene lugar en un palmar– el consejo de sacerdotes, que no desea devolver a Pamina a su madre –quien ya ha abrumado al pueblo de supersticiones–, determina que Tamino poseerá a la muchacha sólo si logra pasar las pruebas. La escena se traslada entonces al patio del templo de las pruebas, la primera de las cuales consiste en que Tamino y Papageno guarden silencio mientras son tentados. Así, aparecen las tres damas y los tientan a hablar, pero ambos se mantienen firmes. A continuación, mientras Pamina duerme en un jardín, Monóstatos se aproxima y la mira con arrobo, en el aria "Todos sienten las dichas del amor". Luego se presenta la reina de la noche, y entrega a Pamina una daga con la que matar a Sarastro. Monóstatos, que ha escuchado todo en secreto, intenta forzar el amor de Pamina a cambio de su silencio, pero Sarastro se lo impide.

La siguiente escena transcurre en una galería del templo de las pruebas. Tamino y Papageno deben sufrir otra vez la prueba del silencio. Papageno ya no consigue frenar su lengua, pero Tamino se mantiene firme, incluso cuando es Pamina quien le habla. Dado que él se niega a responderle, ella cree que ha dejado de amarla y se lamenta: "Ah, todo se ha perdido". En otro cambio de escena (que a veces se representa como un tercer acto), el coro, ubicado en las pirámides, canta: "Oh, Isis y Osiris, qué dicha". Sarastro fuerza a Pamina y Tamino a despedirse para siempre, mientras Papageno se lamenta porque desea tener una esposa. Pero el sufrimiento no dura mucho: si en la primera prueba se le había aparecido una vieja que se había declarado su novia, ahora reaparece, transformada en la joven y bonita Papagena. En la siguiente escena, que transcurre en el campo, los tres muchachos impiden que Pamina se quite la vida al creer que Tamino le ha sido desleal. También Papageno quiere matarse, aunque luego baila alegremente para hacer aparecer a Papagena por medio de las campanas mágicas, tal como los muchachos le aconsejaron.

Luego, se desarrolla una escena que tiene lugar en unas rocas con agua y una caverna con fuego, donde ciertos hombres de armadura traen a Tamino. Hasta allí llega Pamina, quien se estremece de alegría al encontrar a su amado, que ahora tiene permiso para hablarle. Ambos pasan ilesos la prueba final del fuego y el agua, con ayuda de la flauta mágica. En la entrada del templo principal, Sarastro da la bienvenida y une a los jóvenes amantes. Así concluye la ópera.

Es evidente que Mozart se proponía que *La flauta mágica* fuera vista por la mayor cantidad posible de público. En esa época, el teatro estaba exento de impuestos, situado en medio de un conjunto de casas de vecindad construidas alrededor de seis plazoletas en las afueras de Viena. Un historiador de ópera señala la importancia del variado público de Mozart, que "dice mucho de los ideales de la Ilustración, que la propia ópera ejemplifica". Por ejemplo, la igualdad y la capacidad humana para actuar de modo compasivo constituyen el núcleo del personaje de Sarastro.

La nobleza y la sabiduría relacionadas con Sarastro han causado mucha especulación sobre la relación de Mozart con Ignaz von Born, maestro del simbolismo masónico. La reina de la noche, concebida para evocar a María Teresa, "inunda el escenario con una pasión y coloratura que dejan muy clara su oposición a los ideales de la Ilustración". El personaje de Tamino se ha comparado con José II, que veía la igualdad entre las clases sociales, así como la unificación e iniciación entre hombres y mujeres del mismo modo que se las representa en la ópera. Estas ideas se cristalizan cuando Tamino y Pamina completan juntos su iniciación, mientras los sacerdotes cantan a Isis y Osiris.

El estreno de la ópera tuvo lugar en Viena, el 30 de septiembre de 1790. Sentado junto a Mozart se encontraba Antonio Salieri. Considerado su principal rival, Salieri nació en Legnano, Italia (entonces parte del imperio de Venecia) y estudió en Viena. En 1774 fue admitido en la Corte, y se labró un nombre como compositor y letrista para los teatros de ópera de Viena, París —donde fue aclamado por tres obras, incluido su mayor éxito, *Tarare* (1787)— y toda Italia. El 14 de octubre de 1790, en una carta a su esposa Constanze, Mozart decía que desde "la obertura del último coro" no había habido "un solo número que no provocara [en Salieri] un '¡bravo!' o un '¡bello!'".

Cuando envió esa carta, Mozart tenía pendiente un encargo del conde von Walsegg para escribir un réquiem. La obra se le había confiado a través de un intermediario anónimo que se había presentado en la casa de Mozart vestido con una capa gris con capucha. Los biógrafos del músico especulan que el hecho de tener que componer una obra fúnebre, en combinación con esa misteriosa figura, lo llevaron a cavilar sobre la muerte. Este ánimo aprensivo se profundizó en vísperas de un viaje a Ginebra, tras esa súbita y fantasmal aparición del hombre de gris. De acuerdo con Franz Niemetschek, su primer biógrafo, en Praga Mozart enfermó y requirió constante atención médica.

Al retornar a Viena, Mozart se puso a trabajar con "energía e interés" en el *Réquiem*, pero su familia y sus amistades observaban que su enfermedad empeoraba y se lo veía deprimido. Para animarlo, Constanze salió de paseo con él. Según lo informa Niemetschek, "Mozart comenzó a hablar de la muerte y declaró que estaba escribiendo su propio réquiem". Con lágrimas en los ojos, dijo a su esposa: "Siento con certeza que no viviré mucho más. Estoy seguro de que me han envenenado. No puedo quitarme esta idea de la cabeza".

Casi cuarenta años después, Constanze dijo a dos amigos que la visitaban –Vincent y Mary Novello– que Mozart creía que el veneno era *aqua toffana*, una sustancia cuyo principal ingrediente activo quizá fuera arsénico, y que derivaba su nombre de una mujer napolitana del siglo XVII, llamada Toffana, que lo había empleado para hacer aparecer a sus víctimas como aquejados por una inexplicable muerte súbita.

Sophie Haibel, la hermana de Constanze, brindó en 1825 un relato de la enfermedad del músico a un biógrafo de Mozart. Informó que, mientras trabajaba en el *Réquiem*, Mozart tenía fiebre alta y el cuerpo dolorosamente hinchado, lo que le tornaba difícil moverse en la cama. También hablaba del "gusto a muerte" que sentía en la lengua. La enfermedad comenzó con la hinchazón de las manos y los pies y una inmovilidad casi completa, seguida por súbitos ataques de vómitos. El último día de su vida, Sophie fue a verlo y lo encontró dando instrucciones a su alumno, Franz Xaver Sussmayr, para concluir el *Réquiem*.

Viendo que la vida de Mozart se apagaba, el doctor Nikolaus Closset fue convocado. Según Sophie, el médico ordenó que le pusieran compresas frías en la frente, pero le "produjeron tal *shock*" que Mozart no volvió a recuperar la conciencia. Lo último que hizo, de acuerdo con el relato de Sophie, fue imitar los timbales del *Réquiem*. Murió alrededor de la medianoche del 5 de diciembre de 1791.

Ni el doctor Closset ni los otros médicos que lo atendieron redactaron un acta de defunción que aclarara la causa de la muerte. Tampoco se le practicó autopsia. La semana siguiente, la publicación *Musikalisches Wochenblatt* incluyó un informe que mencionaba rumores de envenenamiento, lo que se deducía de la llamativa hinchazón del cuerpo. Basadas en el conocimiento público de que durante una década Salieri había sido un implacable rival de Mozart en Viena, las sospechas se volvieron contra él. Antes de la muerte de este último, en 1825, los rumores que sostenían que había envenenado a Mozart se reavivaron con un artículo que afirmaba que, al hallarse Salieri ya débil de salud, confesó su culpa e intentó suicidarse.

Una teoría alternativa culpaba a los masones. Esta sospecha se basaba en la conjetura de que *La flauta mágica* había ofendido a los masones, por su excesivo apego a la figura de la reina de la noche, y por haber incluido música cristiana en el coral de los "hombres de armadura", que –según se creía– estaban inspirados en masones. También se dijo que el asesinato había echado a perder un plan de Mozart para establecer su propia logia secreta, que habría de llamarse "La gruta".

De acuerdo con ciertas especulaciones posteriores (1861) a cargo de Georg Friedrich Daumer –investigador de antigüedades, fanático religioso y antisemita, de cuya obra habría de apoderarse un líder nazi en la década del treinta–, bajo la superficie pro masónica de la ópera, Mozart habría escondido una trama secreta en la cual Tamino era Mozart, Pamina, María Antonieta, y los secuestradores de Pamina, masones. Según esta versión, el asesinato del músico formó parte de una conspiración masónica para matar a Leopoldo II, así como a Gus-

tavo III de Suecia, quien, en efecto, fue asesinado en un baile de máscaras unos meses después de la muerte del compositor. El general
Erich Ludendorff, junto con su esposa, Mathilde, afirmaban que el secreto de la masonería eran "los judíos" y que la meta de la orden era
"robar a los alemanes su orgullo nacional y asegurar el futuro glorioso del pueblo judío".

En 1958, en *Gewiss, man hat mir Gift gegeben*, el doctor Gunther
Duda propuso una explicación "masónica" de la muerte del compositor. Presentado como un estudio exhaustivo del tema, el libro señala
que las logias masónicas tenían el derecho de sentenciar a muerte a
sus miembros desobedientes y que Mozart era un miembro díscolo
que había muerto según las reglas de la masonería. El libro sugiere
también que los masones causaron la muerte del libretista de Mozart,
Johann Emanuel Schikaneder, en 1812 y la de Carl Ludwig Gieseke
en 1833, quien pudo haber desempeñado algún papel en la concep-
ción de *La flauta mágica*.

Otra teoría sostiene que la muerte de Mozart fue resultado de una
conspiración, y agrega que el fantasmal mensajero de gris no era un
intermediario del conde von Walsegg sino un enviado de los masones
para anunciar la sentencia. La muerte del músico habría sido un asesinato ritual en que se lo ofreció en sacrificio a deidades masónicas,
o bien un castigo por el crimen de haber revelado secretos masónicos
en la famosa ópera. Casi dos siglos después del fallecimiento de Mozart, en *The Assassination of Mozart* (El asesinato de Mozart), el novelista David Weiss planteó que un reaccionario régimen austriaco dio
su tácita aprobación a Salieri para que lo matara y desviara luego la
investigación del crimen. Por último, en el filme *Amadeus*, de 1984,
basado en la obra teatral de Peter Schaffer, el asesinato es obra de Salieri, aunque aquí no se desarrolla ningún vínculo gubernamental ni
masónico.

No obstante estas profusas especulaciones y gracias a un grupo de
médicos y un erudito en Mozart, las teorías de conspiración con respecto a esta muerte se derrumbaron en febrero de 2000. En la sexta
Conferencia anual sobre patología clínica de casos históricos famosos

–realizada en la facultad de Medicina de la Universidad de Maryland–, luego de un análisis de los síntomas de la enfermedad de Mozart, el grupo concluyó que el músico no murió envenenado por Salieri ni por los masones, sino de fiebre reumática. Y agrega: "Aunque las teorías de conspiración constituyen interesantes ficciones –declaró Neal Zaslaw, erudito en Mozart– no existen pruebas históricas de que Mozart haya sido asesinado".

Si bien el homicidio se ha desechado como causa de la muerte de uno de los más grandes y amados compositores del mundo, en un misterio que tuvo lugar en los Estados Unidos treinta y cinco años después, las acusaciones se volvieron, una vez más, sobre la masonería.

10

¿Qué fue de William Morgan?

Luego de que Clemente XII emitiera su bula *In Eminenti* en 1738, donde se condenaba la masonería a causa de sus juramentos y su indiferencia religiosa, y puesto que se la consideraba como una posible amenaza para la Iglesia y el Estado, otros Papas la proscribieron específicamente: Benedicto XIV en *Providias* (1751), Pío VII en *Ecclesiam* (1821) y León XIII en *Quo graviora* (1825). Así, por ley de la Iglesia, a ningún católico se le permitía unirse a una logia masónica ni a otra organización similar, so pena de excomunión, y a todo miembro que deseara entrar en la Iglesia católica se le exigía cortar todo vínculo con la masonería. De hecho, la Iglesia del papa Juan Pablo II aún condenaba la masonería.

El primer país protestante que promulgó medidas restrictivas contra la masonería fue Holanda, en 1735. Le siguieron Suecia (1738) y las ciudades de Ginebra (1738), Zurich (1740) y Berna (1745). Después de la bula papal de 1738, también España, Portugal e Italia intentaron eliminar la masonería. A continuación lo hicieron Bavaria (1784), Austria (1795), y Rusia (1822). Estas restricciones se basaban más en consideraciones políticas y en el miedo a revoluciones que en motivos religiosos. No era tal el caso en las Islas Británicas, donde la masonería florecía con la aprobación real. Entre 1725 y 1733, la cantidad de logias aumentó de sesenta y tres a ciento veintiséis. A medida que la masonería inglesa se apartaba del deísmo para incorporar elementos de la ortodoxia cristiana, se nombraron capellanes de logia y se ganó el apoyo de miembros del clero protestante. Antes de la bula papal de 1738, varios católicos romanos sirvieron como grandes maestres. El duque de Norfolk, también católico, fue nombrado gran maestre en 1730. Otro prominente masón católico fue el vizconde Roberto Eduardo Montagu, noveno Lord Petre. Considerado el jefe de la comunidad católica en Inglaterra, fue gran maestre en 1772 y se mantuvo en el cargo durante cinco años.

En 1725, cuando se formó la Gran Logia de Irlanda –la segunda más antigua del mundo– preservó en su ritual algunos elementos cristianos, como el padrenuestro. En las logias católicas participaban laicos y sacerdotes, porque la bula de 1738 no se promulgó en Irlanda hasta fines de ese siglo. El patriota irlandés Daniel O'Connell fue iniciado en 1799 y sirvió como maestre en la Logia n° 189 de Dublín. Más adelante, cuando se conoció la actitud de la Iglesia, O'Connell renunció a sus vínculos masónicos. Hoy en día las logias irlandesas son patrocinadas por una minoría protestante. En los Países Bajos, la primera se reunió en La Haya en 1734. Aunque en un principio el gobierno la proscribió, la confraternidad sobrevivió y ganó cierto grado de respetabilidad. La gran logia de Escocia, de la cual recibirían sus cartas de constitución muchas logias estadounidenses, se organizó en 1736. Uno de sus miembros más famosos fue el poeta Robert Burns. Tras la formación de la primera logia alemana en Hamburgo, en 1737, Federico el Grande mostró cierto interés por el Oficio, y miembros de la familia Hohenzollern y algunos oficiales prusianos accedieron a grados masónicos. En Escandinavia, los monarcas llegaron a ser grandes maestres hereditarios y patronos de la masonería. La primera logia belga data de 1765. En España, las logias existieron bajo patentes inglesas hasta 1769, cuando su gran logia independiente cambió el nombre a Gran Oriente de España. Las logias portuguesas existen desde 1735. La masonería italiana comenzó con una logia en Nápoles en 1764. En Rusia, el emperador Pedro III sirvió como gran maestre de la Gran Logia Rusa, organizada en San Petersburgo en 1771. Sin embargo, atacada por la Iglesia ortodoxa rusa, fue vetada por Alejandro I, en 1822.

Dos años después de que Wolfgang Amadeus Mozart "pasara a la gran logia de lo alto" (en el lenguaje de la masonería de entonces), un edicto real disolvió todas las sociedades secretas en los dominios austríacos. La sospecha y la desconfianza en cuanto a las sociedades secretas comenzaron a difundirse entre los gobernantes del continente. En 1799 una ley del Parlamento inglés declaraba que debían considerarse ilegales todos los grupos que "exigieran un juramento" a sus miembros; constituían la excepción las logias de masones, en tanto cumplieran con las estipulaciones de la ley. Esta distinción puede haberse basado, con toda probabilidad, a que pertenecieran a ellas muchos miembros de las cámaras de los Comunes y de los Lores y numerosos integrantes de la nobleza.

En cuanto a la masonería estadounidense, al actuar dentro de una nación mayoritariamente protestante –y por lo tanto, sin el obstáculo de la voluntad papal– y gozar de una democracia que protegía la libertad de asociación y de expresión ya en la Declaración de Derechos, la cantidad tanto de logias como de miembros florecía. Entre la asunción de George Washington y el inicio de la guerra civil, se abrieron grandes logias en veinticinco Estados, desde Maine hasta Washington. Empero, esta proliferación habría de sufrir un duro golpe en 1826.

En un suceso que se ha descrito como "la historia más novelesca de la masonería", la misteriosa desaparición y el supuesto asesinato del autor de un libro que revelaría secretos de la masonería generó una oleada de histeria antimasónica que amenazó la existencia del "Antiguo Oficio" y provocó gran agitación en la política estadounidense.

La cadena de acontecimientos que culminaron con esa crisis de la masonería comenzó en 1824 con la llegada de William Morgan a la población de Batavia (Nueva York), cercana a la frontera canadiense. Nativo del condado de Culpepper, Virginia, Morgan había tenido varios empleos en Canadá y ahora se hacía llamar "capitán" aduciendo que había servido "con distinción" en la guerra de 1812. Refiriéndose a su pasado, un historiador de la masonería estadounidense escribe: "Los relatos sobre él difieren ampliamente, como ocurre con cualquier persona famosa. Algunos son tan malignos como para dar a entender que el hombre no tenía amigos, otros tan buenos que parecería que no tenía detractores. Por las versiones tanto de amigos como de enemigos, los años han arrojado una evaluación de Morgan que lo muestran como un holgazán sin domicilio fijo; carente de instrucción pero hábil; despreocupado por las obligaciones económicas; a menudo arrestado por deudas; ocioso e imprevisor; frecuente beneficiario de la caridad masónica".

Los registros históricos muestran que Morgan había recibido el grado de "arco real" en la Estrella Occidental de Le Roy, Nueva York, el 31 de mayo de 1825. La leyenda masónica sostiene que "por medio de mentiras se abrió camino en una logia de Rochester, importunando a un amigo y empleador, que fue inducido a responder por él". Lo que se sabe es que visitaba logias, se mostraba dispuesto a ayudar en el trabajo de éstas, pronunciaba discursos masónicos y participaba en los grados. Cuando unos compañeros de Batavia solicitaron un capítulo del arco real, él se contó entre quienes firmaron la petición. Pero, en apariencia, "comenzaron a crecer" las sospechas acerca de su comportamiento. Cuando se concedió el capítulo, se lo omitió como miembro.

Morgan tomó esta decisión como una afrenta y se vengó afirmando que había escrito un libro que revelaría secretos masónicos. Declaró que el 13 de marzo de 1826 había entrado en contacto con tres hombres, con la finalidad de publicarlo. Estos eran David C. Miller, aprendiz con veinte años de trayectoria a quien se había impedido progresar y que al parecer alimentaba rencor contra la confraternidad; John Davids, dueño de la casa donde vivía Morgan; y Russel Dyer. Se supone que ese acuerdo garantizaba a Morgan medio millón de dólares. Según un cronista del hecho, "Morgan se jactaba en bares y en la calle de sus progresos en la redacción del libro. Cuanto más fanfarroneaba, más se profundizaban los sentimientos en su contra, y mayor era la determinación que se generaba en cuanto a que esa revelación no apareciera nunca. Los hermanos estaban furiosos. Temerosos de que la Orden se extinguiera si se 'exponían' sus 'secretos', los ánimos se enardecían".

Las cosas llegaron a su punto crítico en septiembre de 1826. Morgan fue arrestado por robar una camisa y una corbata (quizás una acusación falsa). Fue absuelto, pero volvieron a arrestarlo y encarcelarlo de inmediato, por no pagar una deuda de 2,68 dólares. Después de pasar un día tras las rejas, alguien abonó la deuda. Cuando lo liberaron, partió en un carruaje con varios hombres, en contra de su voluntad. Lo llevaron a un fuerte abandonado (Niagara) y lo encerraron en un abandonado compartimento para municiones.

Cuando Morgan desapareció de Batavia, se difundió el rumor de que los masones lo habían secuestrado y asesinado para impedir la publicación del revelador libro. Por supuesto, los masones negaron, indignados, la acusación. A medida que pasaba el tiempo sin que se tuvieran noticias de Morgan, DeWitt Clinton, gobernador de Nueva York y ex gran maestre, emitió una proclama en la que ofrecía una recompensa de 300 dólares para que, "si vive, Morgan sea devuelto a su familia; si lo han asesinado, que los perpetradores sean sometidos a castigo".

Unas semanas después apareció un cuerpo flotando en las costas del río Niagara, a unos sesenta kilómetros del fuerte. Lo identificó por la ropa la viuda de Morgan. Pero el misterio se profundizó cuando se expresaron dudas sobre ciertas marcas, que el cadáver no presentaba. Se realizaron tres indagaciones, de las cuales la tercera decidió, sobre la base de la declaración de Sara Munro –que describió en detalle el cuerpo, sus marcas y la ropa que llevaba–, que el cadáver no era de Morgan, sino del esposo de ella, Timothy Munro, de Clark, Canadá. Sin embargo, no había duda de que Morgan había sido secuestrado. Mientras lo empujaban al interior de un carruaje, en la puerta de la cárcel, alguien lo había oído gritar: "¡Asesinato!". Permanecía sin responder la pregunta: ¿Qué le había ocurrido?

La respuesta llegó con el arresto de los principales sospechosos del secuestro. Todos masones, estos eran Lotan Lawson;, tres hombres llamados Chesbro, Sawyer y Shelton, y Eli Bruce, *sheriff* del condado de Niagara. Como en esa época el secuestro era un delito menor, ninguno fue sentenciado a más de dos años y cuatro meses Y, sin cuerpo, nadie fue acusado por el asesinato.

Una versión que ganó adeptos –si no credibilidad–, sostenía que un masón de nombre John Whitney había consultado al gobernador Clinton, en Albany, sobre los mecanismos viables para impedir que Morgan ejecutara su plan. El gobernador desechó toda medida ilegal y sugirió, en cambio, comprar el manuscrito de Morgan por el dinero suficiente como para permitir que este se mudara a un lugar inaccesible a la influencia, y a la probable animadversión, de sus asociados en la empresa de la edición del libro. Whitney se reunió con Morgan y le hizo una oferta de 500 dólares para que se marchara a Canadá y no regresara jamás. Alguien se encargaría de velar por su familia y, más adelante, enviarla con él. Para hacer plausible la historia, Morgan sería arrestado y secuestrado. Con este fin, él y sus "secuestradores" viajaron a un sitio cercano a Hamilton, Ontario, donde le pagaron quinientos dólares, a cambio de los cuales obtuvieron un recibo y un acuerdo firmado por el que se comprometía a no volver a pisar Nueva York.

La explicación más creíble es que Morgan fue secuestrado y llevado al fuerte Niagara por un tiempo, en la expectativa de que revelara dónde ocultaba el manuscrito. Con respecto a por qué la banda decidió matarlo, cómo lo hicieron y qué fue del cuerpo, nada se sabe, ni ha habido prueba alguna de que se lo haya asesinado. Pero el hecho de que desapareciera después de haber sido raptado, combinado con la publicación del libro, desató una explosión de expresiones antimasónicas en todo el territorio de los Estados Unidos. La "fama y la infamia del caso Morgan" –como lo expresa un historiador–, "crecieron y se desparramaron como fuego". Se organizaron reuniones antimasónicas; la Orden fue denunciada en la prensa y desde el púlpito. En Nueva York se publicó un periódico antimasónico, *The Anti-Masonic Review*; en Pensilvania, varios grupos, que ya se oponían a toda sociedad obligada por un juramento (cuáqueros, luteranos, menonitas, *Dunkards*, moravos, *Schwenkfelders* y la Iglesia reformada alemana), estallaron en "un paroxismo de sentimiento" contra aquellos a quienes llamaban "asesinos" y "secuestradores".

En 1903, Robert Freke Gould escribió en *History of Freemasonry*:

> Este país ha visto feroces y amargas controversias políticas, pero ninguna se ha acercado en intensidad a esta campaña contra los

masones. Ninguna sociedad, civil o militar, escapó a su influencia. Ninguna relación de familia o amistad fue una barrera para ella. El odio a la masonería se propagó por todas partes. No sólo fueron retirados maestros y pastores de sus puestos, sino que también se expulsó de las escuelas a sus hijos y a sus miembros de las iglesias. Por voto formal de la Iglesia, se negó el Sacramento a los masones, sin más motivo que su pertenencia a la logia. Las familias se dividieron. Un hermano fue enfrentado contra el otro, el padre contra el hijo, e incluso las esposas contra sus maridos. Se hicieron esfuerzos desesperados por quitar sus licencias a las corporaciones masónicas y aprobar leyes que impidieran a los masones celebrar sus reuniones y efectuar sus ceremonias.

John C. Palmer, capellán de la gran logia del distrito de Columbia, escribió en *Craft, Morgan and Anti-Masonry* (El Oficio, Morgan y la antimasonería):

> La presión era tan fuerte que numerosos individuos y cuerpos se retiraron. En 1827 había doscientas veintisiete logias representadas por la gran logia de Nueva York. En 1835, el número había decrecido a cuarenta y una. Todas las logias del Estado de Vermont entregaron sus licencias o entraron en estado de latencia; y durante varios años la gran logia se abstuvo de celebrar sesiones. Como en Vermont, también en Pensilvania, Rhode Island, Massachusetts, y en menor grado, en varios otros Estados. El templo masónico quedó hendido en dos, su hermandad dispersa, destrozadas sus herramientas de trabajo.

Típico de tal fiebre antimasónica fue el *Relato del salvaje tratamiento dado en el fuerte Niagara al capitán William Morgan, que fue luego asesinado por los masones y hundido en el lago Ontario, por publicar los secretos de la masonería*, escrito por el ex masón del arco real Edward Giddins. En la época del secuestro de Morgan, Giddins era el "guardián" del fuerte Niagara y, por lo tanto, cómplice en el encarcelamiento de Morgan. La introducción de su libro dice:

El capitán William Morgan, de Nueva York, hombre inteligente e inflexible republicano, convencido de los peligros de las sociedades secretas bajo un gobierno libre, resolvió emplear sus mejores esfuerzos en pos de suprimirlas. Siendo un masón del arco real, había sido testigo de la corrupción de la institución. Vio que era una máquina para el beneficio personal y el engrandecimiento político, que daba a sus miembros injustas ventajas y privilegios extra por sobre la comunidad desprevenida; que su insidiosa influencia se extendía a toda transacción de la sociedad, de modo que el conjunto masónico se elevó a un orden privilegiado que, bajo los títulos de Grandes Reyes, grandes soberanos y grandes altos sacerdotes, en la oscuridad y el secreto, gobernaban y saqueaban al pueblo.

El capitán Morgan era un soldado y un hombre valiente. Vio esta detestable conspiración y se atrevió a arriesgar su vida rompiendo sus cadenas y advirtiendo a un pueblo perjudicado. Lo capturó una banda de forajidos masónicos, que lo persiguieron sesenta millas, en la madrugada del 11 de septiembre de 1826, bajo un supuesto proceso judicial –a la manera en que el señor Jacob Allen fue llevado por masones en Reading– y fue dejado a buen resguardo en una cárcel del condado, al cuidado del carcelero masónico. De allí se lo llevaron en plena noche, gritando "¡Asesinato! ¡Asesinato!", lo transportaron cien millas más y lo dejaron en una fortaleza de los Estados Unidos, también al cuidado de un masón.

De tal modo, las cárceles de nuestro condado y nuestras fortalezas nacionales parecen estar todas al servicio de los masones, para que ejecuten sus sangrientos planes de secuestro y asesinato. ¿Un pueblo libre y patriota se someterá a esto en silencio? ¡Conciudadanos! Hombres atados por tales obligaciones y guiados por tales principios, ¿son los indicados para gobernar a la gente libre?

Lean este folleto y respondan la pregunta: ¿debe existir entre nosotros una sociedad secreta cuyos miembros pueden cometer asesinato y salir impunes? Los masones han hecho esto, y sus hermanos han jurado protegerlos.

En cuanto a la parte que él mismo desempeñó en el caso Morgan, Giddins mostraba arrepentimiento:

Permítaseme observar que no tengo más excusa para la parte que desempeñé en esta inmunda operación que el hecho de que yo era masón del arco real y que en ese entonces consideraba que mis obligaciones masónicas pesaban sobre mi conciencia. Ahora, desde que esta obligación se ha tornado pública, estoy dispuesto a admitir cuánto actué por principios y cuánto por miedo. Una cosa, empero, es cierta: que aunque nada hubiera podido ser más repugnante a mis sentimientos naturales, sin embargo el sentido del deber, y las horrendas consecuencias de negarme, tuvieron más peso que cualquier otra consideración.

Para hacer justicia a quienes tomaron parte en este asunto, he de observar que, en la medida en que tengo relación con ellos, me siento capaz de decir que se vieron urgidos a cometer esos excesos por un fuerte sentido del deber, que se creyeron obligados a cometerlo por temor a las más horrendas penas. Es de esperar que el mundo sea caritativo con ellos compadeciéndose de sus desgracias y atenuando sus faltas, si es que renuncian a esa inicua sociedad y con honestidad y valentía revelan su participación en las distintas partes de esta conspiración, y las causas que los urgieron a hacerlo. Pero, si persisten en su obstinado silencio, no deben esperar esa indulgencia.

Es de esperar que una institución cuyos mismos principios conducen directamente a tan horrendas atrocidades, y que está por entero constituida sobre la base de la ocultación y el fraude, sea por completo suprimida en este país y en todo el mundo, y que se instituya una barrera para impedirle volver a contaminar la Tierra con su insidiosa influencia. Pero el público no debe esperar lograr este deseable objetivo sin indeseados sufrimientos e incesante vigilancia; su tarea no está sino comenzando, y, si les faltara circunspección o perseverancia, el monstruo florecerá una vez más, con mayor poder, y cometerá las más atroces barbaridades imaginables.

La opinión popular de que los masones se creían por sobre la ley y habían formado un gobierno secreto acabó por provocar una campaña pública contra la masonería. Se dijo que sus secretos ocultaban actividades ilegales e inmorales, que los juramentos masónicos eran ilícitos y "sangrientos", y que los masones procuraban subvertir las instituciones políticas y religiosas del país. Muchas mujeres se unieron al movimiento antimasónico exigiendo que sus maridos renunciaran, a causa de la exclusión de las mujeres de la masonería. Numerosos estadounidenses integraron el grupo denominado "espíritu bendito" en la lucha para abolir la masonería.

Esta creciente animosidad pronto se extendió a la política y dio nacimiento al primer "tercer partido" de la historia estadounidense. Sin dejar espacio a la duda en cuanto a sus propósitos, se lo llamó Partido Antimasón. Creció con tanta rapidez y se volvió tan poderoso que de allí salieron los gobernadores de Vermont y Pensilvania, así como integrantes del Senado, la Cámara de Diputados nacionales y las legislaturas de varios estados. En 1832 el Partido Antimasón creó la Convención Nacional de Nominación [presidencial] y postuló a William Wirt como candidato a presidente. Además del candidato antimasón, en la contienda electoral se enfrentaron Andrew Jackson –demócrata y presidente en ejercicio–, y Henry Clay (Partido Nacional Republicano). Wirt ganó sólo en el Estado de Vermont. Para 1835, el Partido Antimasón constituía una fuerza sólo en Pensilvania, donde también se desvaneció con rapidez al poco tiempo. Entre los políticos prominentes que apoyaban ese partido –incluidos algunos masones– se contaban el ex presidente John Quincy Adams, William A. Seward (más adelante fundador del Partido Republicano y secretario de Estado durante la guerra civil), Daniel Webster y el ex gran maestre de Kentucky, Henry Clay.

Como consecuencia directa del movimiento antimasónico del siglo XIX, los masones abandonaron el tipo de ceremonias públicas que acostumbraban realizar. Los hombres ambiciosos y conscientes de su papel en la sociedad ya no se unían al Oficio. Éste se convirtió más en un grupo social que en una sociedad intelectual. La cantidad de masones estadounidenses se redujo de unos 100.000 a 40.000 en diez años. En Nueva York, decrecieron de 20.000 a 3.000, y las logias, de 480 a 82. En Vermont, Pensilvania, Rhode Island, Connecticut y Ohio, la masonería quedó devastada. En varios estados las grandes logias dejaron de reunirse. Sus autoridades renunciaron y no pudieron reemplazarse. Durante muchos años no hubo iniciaciones.

Pero los enemigos de la masonería, que se felicitaban por el éxito de sus esfuerzos por erradicarla, se apresuraban. Irónicamente, el país que en la primera mitad del siglo XIX se había vuelto contra la masonería, durante la segunda mitad habría de experimentar el renacimiento de nuevas "sociedades secretas", concebidas según el modelo de la masonería y su sistema de grados. Estos grupos incluían la Orden de *Odd Fellows, Knights of Pythias* y *Sons of Temperance*.

En 1859, después de tres décadas de decadencia hasta llegar casi a la extinción, una voz fresca dio nueva vida a los restos de la confraternidad en los Estados Unidos, y sería consagrado con las palabras: "Ningún hombre más puro ni más noble se ha erigido jamás en el altar de la masonería".

II

De cabaña de madera
a sólido templo

L
a masonería estadounidense había crecido mucho a principios del siglo XIX. A medida que avanzaba el siglo, una rama conocida como el "rito escocés antiguo y aceptado", sufría agitaciones que acabarían por dar una vigorosa consolidación a la confraternidad. Como ya se ha dicho, el rito escocés fue introducido en América en 1761 por Stephen Morin. Hacia 1763, Morin también había organizado su propio "rito de la perfección", de veinticinco grados, en las Antillas. Para 1767 éste fue llevado a América del Norte por un asociado, Henry Francken, que estableció una "logia de perfección" en Albany, Nueva York. Francken continuó propagando el rito después de la muerte de Morin, en 1771, y lo sucedió el conde de Grasse-Tilly, que había participado en la creación de las grandes constituciones de 1786 que formaron la base del "consejo supremo madre"[1] 33° , rito escocés antiguo y aceptado formado en 1801 por el reverendo Frederick Dalcho.

Nacido en octubre de 1770 en el municipio de Holborn, Londres, en la parroquia de St. Giles-in-the-Field, Dalcho llegó a Baltimore en un buque de vela el 23 de mayo de 1787, a los quince años, tras una tempestuosa travesía marítima de ocho semanas desde su salida de

---

1. *Mother Supreme Council.* Véase nota capítulo 7. (N. de la T.)

Londres. Fue a vivir con la hermana del padre, casada con el doctor Charles Frederick Wiesenthal, masón. El muchacho recibió educación clásica, aprendió botánica y comenzó sus estudios de Medicina bajo la tutela del tío. Nombrado teniente de artillería en el ejército, Dalcho fue trasladado al fuerte Fidius, Georgia, sobre el río Oconee. Luego de recibirse de médico fue designado ayudante de cirujano. En 1792 fue destinado a Savannah, Georgia. Allí fue donde se unió a una logia masónica, según se cree la Logia Hyram nº 2, "antigua de York". Trasladado del fuerte Johnson, Savannah, al puerto de Charleston en 1796, fue ascendido al Cuerpo de artilleros e ingenieros, pero una designación para que trabajara como cirujano de a bordo para la firma comercial McClure and Company lo llevó en varios viajes al África. Tras retornar al ejército para servir quince meses más, Dalcho se dedicó al ejercicio de la Medicina con un amigo, el doctor Isaac Auld. El 31 de mayo de 1801, junto a John Mitchell, fundó el primer "Consejo supremo del rito escocés" en América del Norte, en la taberna de Shepheard, de Charleston, Carolina del Sur. Fue elegido para el grado de teniente gran comendador.

El manifiesto del grupo le daba el nombre de "Consejo supremo del trigésimo tercer grado para los Estados Unidos de América", con jurisdicción sobre todos los estados y territorios de los Estados Unidos —en el país y en el extranjero—. Sin embargo, durante casi setenta años el rito escocés siguió un curso intrincado, signado por el caos, divisiones, rivalidades, cismas y hasta consejos supremos espurios.

Todo eso habría de cambiar en 1859 con la elección de un poeta, abogado, general de la guerra civil, místico y estudioso de los rituales masónicos, el talentoso Albert Pike, nuevo soberano gran comendador del consejo supremo (jurisdicción Sur).

Como se dijo en el capítulo 1, Pike nació en Boston el 29 de diciembre de 1809 en una familia humilde, y se instruyó en escuelas públicas de Boston. Aunque aprobó los exámenes de ingreso de Harvard, no llegó a estudiar allí, por no poder cumplir el requisito obligatorio de pagar dos años de matrícula por adelantado. De modo que se ganó la vida como maestro, enseñando en escuelas rurales de Massachusetts desde 1825 hasta 1831. Luego se aventuró al oeste del país, donde integró una partida comercial para ir de St. Louis a Santa Fe, y luego a México. A su regreso viajó por el "llano estacado" y el "territorio indígena" y se estableció en Van Buren, Arkansas, donde abrió una escuela.

En esa época el territorio se hallaba dividido entre el partido de Conway (demócratas) y el partido de Crittenden (Whigs).[2] Como Pike era whig, publicó, en el periódico Whig de Little Rock, artículos que llamaron la atención de John Crittenden. Este fue a buscar a Pike a su escuela rural y lo persuadió de mudarse a Little Rock para trabajar como redactor del periódico del Partido. Mientras así lo hacía, Pike estudió Derecho. Admitido en el Colegio de Abogados en 1834, ascendió con rapidez en la estima de sus colegas de Arkansas. Entre sus primeros logros se cuenta la preparación de la primera revisión de los códigos de ese Estado.

Al estallar la guerra mexicano-estadounidense,[3] Pike ingresó en el ejército y participó en la batalla de Buena Vista. Por criticar la conducta militar del gobernador del Estado, fue desafiado a un duelo que terminó en forma sangrienta. Al concluir esa guerra, volvió a Arkansas –donde llegó a ocupar un cargo en la Corte Suprema– y entró en la masonería. Nombrado maestre masón en la logia Estrella de Occidente n° 1 de Little Rock, lo fascinaba el simbolismo de la organización. En 1852, cuando se enteró de la existencia del rito escocés, le pareció que no guardaba relación alguna con la masonería que él conocía. Más adelante habría de comentar que se sintió como si fuera un puritano que asistiera a una ceremonia budista celebrada en una iglesia calvinista. Para aprender más sobre el rito escocés se dirigió a Charleston, y lo adoptó. Recibió los grados del cuarto al trigésimo segundo en 1853, y el trigésimo tercero en 1857 en Nueva Orleans. Al año siguiente pronunció un discurso sobre las malignas consecuencias de los cismas y las riñas en la masonería.

Elegido soberano gran comendador del Consejo Supremo (juris-

2. Predecesor del actual Partido Republicano. (N. de la T.)
3. Para los mexicanos, "invasión norteamericana". (N. de la T.)

dicción Sur) en 1859, Pike revisó las ceremonias y rituales que se observaban y encontró "una masa caótica" de "disparates y jerga incoherentes". Tanto se habían esforzado por ocultar el significado del simbolismo –dijo– que su verdadero significado se había perdido en su mayor parte y "la ignorancia o el tedio han provisto otros, inventados por ellos mismos". Observó que la jerga de algunos de los grados era tan "ininteligible como la de los alquimistas, lo que me convenció de que su verdadero significado se había comunicado en forma oral y que los rituales se habían formulado adrede para inducir a error a aquellos en cuyas manos pudieran caer de modo ilícito".

Pike copió todos los rituales "como para tenerlos de manera uniforme y accesible" y produjo "un libro de cuatrocientas páginas", que se conserva en los archivos del Consejo Supremo de Washington, D. C. Acerca de esa tarea monumental escribió: "Tras acumular una buena cantidad de material, leyendo y copiando, inicié el rito escocés. Lo encontré casi equivalente, en cuanto a los grados que seleccioné, a hacer algo a partir de la nada. Primero me esforcé por encontrar, en el grado que tenía en consideración, una idea guía, y luego desarrollarla y dar al grado el carácter más alto de que fuera yo capaz".

Más adelante rememoró:

> Estaba convencido de que muchos de los grados estaban construidos adrede de modo tal de ocultar su significado y los objetos de quienes los usaban como medio de unión y organización. Tales, creí, eran los [grados] quince y dieciséis, caballero de Oriente y príncipe de Jerusalén, pero no pude comprender su significado ni detectar la alegoría oculta. Parecían no enseñar nada y casi no ser nada. Después de reunir y leer cien volúmenes raros sobre antigüedad religiosa, simbolismos, los misterios, las doctrinas de los gnósticos y la filosofía hebrea y alejandrina y muchos otros de nuestro rito aún me resultaban enigmas tan impenetrables como al principio. Los monumentos de Egipto, con sus jeroglíficos, no me sirvieron de nada. En nuestros grados se han incorporado el estudio y la reflexión; cientos de volúmenes se han estudiado con el propósito de desarrollarlos e ilustrarlos, y la mera labor dedicada a ellos ha sido más de

la que invierten muchos profesionales en alcanzar la eminencia y amasar una fortuna.

El estudio del rito le dejó la impresión de que sus rituales eran "en su mayor parte un montón de basura sin valor". En 1887, en el folleto *Beauties of Cerneauism*[4] (Bondades del cerneauismo), decía que los rituales de los grados del rito escocés que encontró no eran impresionantes en lo más mínimo. También escribió que ningún hombre de intelecto y conocimiento podía tomarlos en serio o considerarlos "con algún respeto". Triviales, insípidos y carentes de originalidad, como "producciones literarias" eran "despreciables" colecciones de "lugares comunes chatos y aburridos".

Pike llevó el material a su casa, en Arkansas, y los copió en su totalidad. El resultado fue su *Morals and Dogmas of the Ancient and Accepted Scottish Rite of Freemasonry* (Moral y dogmas del rito escocés antiguo y aceptado de la masonería), publicado en 1859. Más obra filosófica que manifiesto, era un intento de brindar un marco para la comprensión de las religiones y filosofías del pasado antiguo. Pike consideraba que si no se comprendía la historia de un concepto, este no podía ser comprendido en forma cabal. Todas las ediciones de *Moral y Dogmas* que se han publicado desde la primera han llevado un prefacio que dice: "Cada cual es libre de rechazar y disentir de cualquier concepto aquí vertido que pueda encontrar carente de veracidad o solidez. Sólo se requiere del lector que sopese lo que se enseña y le preste justos oídos y juicio imparcial".

4. Se denomina *"cerneauism"* (cerneauismo) a un movimiento masónico clandestino y espurio, surgido en los Estados Unidos en el siglo XIX, que se opuso con violencia a la masonería del rito escocés. El término proviene de Joseph Cerneau, masón de origen francés que en 1807 estableció en Nueva York un Consejo Supremo, el "Consistorio de sublimes príncipes del secreto real, jefes supremos de la exaltada masonería, según el antiguo y constitucional rito escocés de Heredom, para los Estados Unidos de América y sus territorios y dominios", que fue denunciado por el Gran consejo supremo de Charlotte, Carolina del Sur. Entre ese año y 1919, en que expiró el último Consejo Supremo Cerneau, muchos otros hombres establecieron sus propios consejos, siguiendo su ejemplo. Cerneau fue también el fundador de la primera logia cubana. (N. de la T.)

Pike no afirmaba que *Moral y dogmas* contenía las creencias de la masonería, sino sólo información sobre antiguas culturas, religiones, credos y costumbres, reunida en un solo libro. Tampoco decía que eran sus creencias personales, ni daba a entender que se trataba de las bases de la masonería. Informaba acerca de lo que encontró en sus búsquedas, y dejaba que el lector sacara sus propias conclusiones. En consecuencia, según comentó Philip Elam, gran orador de los masones en Missouri, en un almuerzo del club de hombres del rito escocés en mayo de 2000: "Hoy en día algunos masones intentan disminuir la importancia de Pike, con el fin de desviar las acusaciones de los grupos antimasónicos. Otros masones –en particular aquellos que quizá no estén muy familiarizados con el genio y los éxitos de este hombre–, le restan importancia, considerándolo una figura insignificante en la historia de la masonería".

Hombre que representaba muchas de las cuestiones nacionales centrales en su época, Pike fue asimismo un autodidacta emblemático en un tiempo en que la mayoría de sus compatriotas lo eran. Los estadounidenses de su generación constituían un pueblo que valoraba el perfeccionamiento y el refinamiento. Las salas de conciertos y conferencias contaban con la asistencia popular; ser capaz de cantar, tocar un instrumento y escribir eran logros muy estimados. Pike cantaba, tocaba el violín y escribía elogiadas poesías. Muchos de sus discursos se reimprimieron en periódicos y libros. Pike, que llegó a convertirse en el masón más famoso de los Estados Unidos, así como su escritor y filósofo más prolífico, vivió en una época de personajes únicos, como Davy Crockett, Sam Houston, Harriet Beecher Stowe, Stephen Crane, Henry Wadsworth Longfellow y Abraham Lincoln. Conocido e incluso amigo de muchos de ellos, Pike constituía una figura familiar en la capital del país, individuo destacado en el ámbito social, excelente bailarín, anfitrión sin par, hombre de acción y dueño de una inquebrantable confianza en que lo mejor para su nación y para la humanidad aún estaba por venir.

Whig y antisecesionista declarado, también fue un abogado prominente y gran terrateniente en Little Rock, hasta 1861. Contra su voluntad, fue designado Comisionado Confederado ante las tribus del territorio indígena. Desde ese cargo logró forjar una alianza entre la Confederación y las naciones *Creek, Seminola, Choctaw, Chickasaw* y *Cherokee*. A causa de su designación como comisionado, también obtuvo un cargo de General de Brigada en el Ejército confederado. En la batalla de Pea Ridge comandó una brigada de indígenas, lo que lo convirtió en el único comandante confederado que llevara a la batalla tropas de nativos. Sin embargo, cuando éstas se negaron a perseguir a las fuerzas de la Unión más allá de sus propios territorios, Pike fue acusado de no lograr dominar o reorganizar sus tropas. Tras considerables hostilidades, renunció a su comisión en 1862. Al igual que la mayoría de los oficiales rebeldes, fue acusado de traición a los Estados Unidos, aunque luego se le restauraron sus derechos civiles.

Después de la guerra residió en Memphis y editó el *Memphis Appeal* hasta 1867. Al año siguiente se mudó a Washington D.C., y ejerció el derecho ante los tribunales federales hasta 1880. Durante el resto de su vida se dedicó a escribir tratados legales y promover la orden masónica. El 2 de abril de 1891 murió en su oficina del templo del rito escocés, en Washington D.C. Lo enterraron en el cementerio de Oak Hill.

Algunos de sus conceptos memorables fueron:

"El pensamiento humano es una verdadera existencia, y una fuerza y poder, capaz de actuar sobre la materia y sobre la mente y controlarlas".

"Un hombre debe relacionarse con sus superiores como lo hace con el fuego; ni demasiado cerca, para no quemarse, ni demasiado lejos, para no congelarse".

"La guerra llevada a cabo en pos de un gran principio ennoblece a una nación".

Único soldado confederado al que se ha rendido homenaje en Washington D.C. (hay una estatua en su honor en Judiciary Square), también se lo conmemora en la autopista Albert Pike, que va de Hot

Springs, Arkansas, a Colorado Springs, Colorado. Además, un parque nacional y varias escuelas llevan su nombre. La gran logia de Arkansas otorga en la actualidad el premio Albert Pike a la excelencia al mejor diseño y contenido de páginas Web sobre masonería.

La masonería estadounidense lo recuerda como un líder sobresaliente que "encontró el rito escocés en una cabaña de troncos y lo dejó convertido en un sólido templo".

12

Hermanos en el campo de batalla

Cuando estalló la guerra civil en los Estados Unidos, existían treinta y ocho grandes logias autónomas en este territorio. Cada una era independiente y soberana dentro de sus límites jurisdiccionales. Esta falta de liderazgo nacional es una de las principales razones por las cuales la masonería en su conjunto no se fracturó según las fronteras geográficas, como ocurrió con muchas de las otras organizaciones en vísperas de la guerra. En esos casos, grupos como las iglesias bautistas o presbiterianas contaban con algún tipo de consejo dirigente nacional, constituido por representantes de todas las diversas regiones del país. Cuando la guerra dividió la nación, también fracturó los comités nacionales de muchos grupos.

Dado que no había ninguna "gran logia de los Estados Unidos", no existía tampoco comité nacional alguno y las logias individuales se hallaban libradas a sus propios medios. No obstante, esto no significó que los masones no sintieran el dolor de la división. En una carta esbozada en junio de 1861, la gran logia de Pensilvania respondía así a una carta de la gran logia de Tennessee:

> En cuanto al actual y deplorable estado de este país, los masones no podemos dejar de tener fuertes opiniones en cuanto a la causa que lo produjo. Es de temer que algunos de nuestros hermanos están en armas contra la unión de los estados; otros se hallan en las fi-

las de sus defensores. Como les ha enseñado la historia de la Orden... han llevado estos principios a la formación de opiniones sobre la actual crisis de nuestra historia nacional. Pero si bien en tanto masones, han recibido tal influencia y actúan en armonía con esas opiniones, la masonería como entidad es un silencioso, desapasionado, abstraído observador de los hechos.

Hermanos: nosotros, con ustedes, deploramos la situación presente, antinatural y profundamente angustiante, de nuestros asuntos nacionales. Pero aunque este torbellino amenace con abrumarnos, aun en este último extremo se oirá la pequeña voz de la fe masónica, diciendo: "Hermanos, hay ayuda al alcance de la mano en estos momentos de necesidad. Sin duda su Dios es nuestro Dios; su fe, nuestra fe; sus linderos,[1] nuestros linderos; su dicha, nuestra dicha; su prosperidad, nuestra satisfacción". Trabajemos, entonces, unidos en pos de la preservación y perpetuidad de una herencia común... Todos ayudaremos a mantener la unidad, la paz y la concordia, entre los hermanos y ciudadanos de los Estados soberanos unidos y nuestra gloriosa Unión. Si todos los vínculos se rompieran, si todos los lazos se partieran; si la discordia, la disensión y el trastorno marcaran la decadencia y la caída del más sabio y maravilloso de los gobiernos de la humanidad, que el templo masónico, en todos los Estados, reinos, tierras, pueblos o confederaciones, sea el refugio común de una indestructible confraternidad masónica.

Allen E. Roberts apunta en *House Undivided: The Story of Freemasonry and the Civil War* (Casa indivisa: La historia de la masonería y la guerra civil) que, mientras la guerra bramaba en torno de ellos, los masones se aferraban a "los vínculos y el idealismo que los había unido en sus comienzos". Miles de masones lucharon en el conflicto y

---

1. En inglés, *landmarks*, término que normalmente se traduce como "hito", "mojón", "señal", "marca", "guía", según el contexto. En la masonería hispanohablante, sin embargo, se lo traduce como "lindero" y se refiere a las normas inalterables a que debe ajustarse la acción y el desenvolvimiento de la Orden. (N. de la T.)

muchos murieron. Pero los principios del Oficio lograron superar la animosidad generada por los enfrentamientos.

A este respecto los historiadores masones citan varias razones: en primer lugar, las creencias y los ideales de la logia, anteriores no sólo a la guerra civil sino también a la Constitución, al descubrimiento del Nuevo Mundo y, según algunos, incluso al nacimiento de Cristo. Una segunda razón posible es el mecanismo de incorporación a la orden: ser miembro de una logia masónica era cuestión de elección personal, las logias no reclutaban adeptos porque las reglas prohibían tal reclutamiento. Un hombre interesado en volverse masón debía "por su propia voluntad" procurar activamente el permiso de la logia a la que quería afiliarse y solicitar la membresía. La tercera razón reside en la estructura del Oficio. Sus reglas y costumbres internas ayudaron a las logias a eludir las turbulencias políticas y las divisiones de la guerra, al tiempo que les permitían continuar funcionando como lugar al que sus miembros podían acudir cuando necesitaban ayuda, o como un refugio de los conflictos habituales fuera del Oficio.

El ejemplo más famoso de tales vínculos de confraternidad tuvo lugar en Gettysburg. Punto crucial de la guerra, esa batalla provocó más de 35.000 muertos y heridos en los tres días de lucha, entre el 1 y el 3 de julio de 1863. Entre los que lucharon había 17.930 masones, de los cuales murieron 5.600. El último día, en el ataque de la infantería confederada llamado *Pickett's Charge* (carga de Pickett), el líder, general de división George Pickett, miembro de la Logia Dove n° 51 de Richmond, Virginia, condujo cerca de 12.000 hombres por campo abierto hacia el centro de las filas de la Unión, en Cemetery Ridge. Uno de los líderes de la carga, el general de brigada Lewis Addison Armistead, pertenecía a la logia masónica Alexandria-Washington n° 22 de Alexandria.

Oriundo de Carolina del Norte, Armistead había asistido a West Point y luchado con el ejército estadounidense durante varios años antes de renunciar a su cargo para pelear por la Confederación. Durante esa época había tenido ocasión de servir con Winfield Scott Hancock, de la *Charity Lodge* (logia de la caridad) n° 190 de Norristown, Pensilvania. Los dos hombres se habían hecho buenos amigos, aunque después de la renuncia de Armistead pasaron casi dos años desde el último contacto entre ellos.

En Gettysburg, Hancock –ahora general de división– había tomado el mando de las tropas fragmentadas de la Unión en Cemetery Ridge el 1 de julio. Las organizó en un frente que resistió durante tres días las descargas de los cañones confederados. El 3 de julio sus tropas estaban en el centro de las líneas de la Unión y eran el objetivo de la carga de Pickett. Durante la acción, Armistead recibió una herida mortal que lo lanzó del caballo. También Hancock resultó herido, cuando un proyectil alcanzó la silla de su cabalgadura incrustándole clavos y astillas de madera en el muslo. Armistead mostró la señal masónica de la angustia, que fue reconocida por el capitán Henry Harrison Bingham, auditor de guerra del Segundo Cuerpo de Hancock y miembro de la Logia Chartiers nº 297 de Canonsburg, Pensilvania. Mientras ambos hablaban, Armistead se dio cuenta de que Bingham tenía acceso directo a Hancock. Le dio entonces sus efectos personales, incluidos su reloj masónico y la Biblia sobre la cual había jurado sus obligaciones masónicas. Bingham se despidió y regresó al campamento de la Unión, a entregar los objetos a Hancock. Armistead murió a los dos días.

Existen numerosas anécdotas documentadas de hombres que dejaron de lado la guerra para celebrar funerales masónicos. En Galveston, un comandante confederado de nombre Tucker efectuó los servicios fúnebres en honor de un capitán de la Unión llamado Wainwright que había muerto en la prisión de Tucker. En una procesión pública conformada por amigos y enemigos que llevaban la insignia de la orden y acompañada por la debida escolta militar, llevaron el cuerpo de Wainwright hasta el cementerio episcopal. En otro caso, un comandante naval masónico de la Unión de nombre Hart, fue muerto a bordo de su buque durante un largo bombardeo. Una pequeña embarcación partió hacia el puerto de Louisiana, bajo bandera de tregua, y preguntó por un masón. W.W. Leake respondió de inmediato, y organizó una logia para brindar a Hart los ritos debidos.

Algunos masones llevaban señales y símbolos del Oficio en sus uniformes, en la esperanza de que un masón del otro bando lo reconociera como hermano y lo salvara de sufrir daños. Los masones también actuaban en hospitales y unidades de atención médica en los sitios de las batallas más importantes, o en hospitales montados en granjas o en edificios propiedad de masones. El templo masónico de Vicksburg fue utilizado para este fin por los confederados, y después por la Unión, tras la caída de Vicksburg.

Otros masones que desempeñaron papeles destacados en la batalla de Gettysburg fueron:

- Coronel Joshua Lawrence Chamberlain, Logia Unida nº 8 de Brunswick, Maine, al que se otorgó la Medalla de Honor del Congreso por su heroísmo en Little Round Top.
- Capitán Henry H. Bingham, Logia Chartiers nº 297 de Canonsburg, Pensilvania, y miembro vitalicio de la Logia de la Unión nº 121 de Filadelfia. Recibió la Medalla de Honor, fue electo para el Congreso en 1878 y sirvió durante treinta y siete años.
- General de división Henry Heth, primer vigilante de la Logia de Rocky Mountain nº 205 del territorio de Utah. Amigo de Robert E. Lee, sobrevivió a una gran herida en Gettysburg.
- General de brigada Solomon Meredith, comandante de la Brigada de Hierro (también llamada Brigada del sombrero negro); tenía tres hijos en el ejército de la Unión, dos de los cuales murieron. Era miembro de la Logia Cambridge nº 105 de Indianapolis, Indiana.
- General de brigada Alfred Iverson, Logia Columbian nº 108 de Columbus, Georgia. Su padre había sido senador por Georgia antes de la guerra.
- General de división Carl Schurz: nació en Colonia, Prusia, y abandonó Europa tras apoyar fallidas revoluciones. Prominente político, respaldó a Lincoln en la elección de 1860. Designado general para comandar el gran número de alemanes del ejército de la Unión, después del conflicto fue embajador en España, senador por Missouri y secretario del Interior. Murió en 1906 en la ciudad de Nueva York, donde en la actualidad un parque lleva su nombre. Fue miembro de la Logia Herman nº 125 de Filadelfia.

- General de brigada John B. Gordon, del condado de Upson, Georgia; estudió Derecho en la Universidad de Georgia. Lo hirieron ocho veces. Después de la guerra fue elegido senador por Georgia. Algunas publicaciones lo dan por integrante de la logia *Gate City* nº 2 de Atlanta, aunque sus miembros dijeron que no existían registros que sustentaran tal afirmación.
- General de brigada George T. *"Tige"* Anderson; abandonó la universidad para participar en la guerra contra México. Herido de gravedad en Gettysburg, se sabe que era masón pero no se conocen detalles de su membresía.
- General de brigada John H. H. Ward, de la ciudad de Nueva York; peleó en muchas batallas de la guerra civil pero fue retirado del ejército en 1864 por mala conducta y ebriedad ante el peligro del enemigo. Luego de la guerra sirvió como secretario judicial en Nueva York. En 1903, mientras se hallaba de vacaciones en Monroe, Nueva York, murió atropellado por un tren. Era masón de la Logia Metropolitan nº 273 de la ciudad de Nueva York.

Otros masones que participaron en Gettysburg fueron:

General de brigada Rufus Ingalls, Logia Williamette nº 2 de Oregon

General de brigada Joseph B. Kershaw, Logia Kershaw nº 29 de Carolina del Sur

General de brigada Alfred T. A. Torbert, Capítulo del Templo nº 2 de Delaware

General de brigada William Barksdale, Logia Columbus nº 5 de Columbus, Mississippi

General de división David B. Birney, Logia Franklin nº 134 de Pensilvania

General de brigada Harry T. Hays, Logia Louisiana nº 102 de Louisiana

General de división Daniel Butterfield, Logia Metropolitan nº 273 de Nueva York

General de brigada John W. Geary, Logia de la Filantropía nº 255 de Pensilvania

General de división Alfred Pleasonton, Logia Franklin n° 134 de Pensilvania

General de brigada George J. Stannard, Logia Franklin n° 4 de Vermont

General de brigada James L. Kemper, Logia Linn Banks n° 126 de Virginia

General de división George E. Pickett, Logia Dove n° 51 de Virginia

General de brigada John D. Imboden, Logia Staunton n° 13 de Virginia

En 1993, la gran logia de Pensilvania inauguró un monumento que muestra al "hermano Bingham, oficial de la Unión, ayudando al hermano Armistead", en el cementerio nacional de Gettysburg, con la colaboración y apoyo del gobierno de los Estados Unidos. La estatua se llama "Conmemoración de un amigo masónico a otro". En palabras de Sheldon A. Munn (uno de los masones que contribuyó a cristalizar su construcción), tiene el propósito de "demostrar al mundo que la masonería es, en verdad, una cofradía única; que sus vínculos de amistad, compasión y amor fraterno resistieron la peor de las pruebas durante el período más trágico y decisivo de la historia de nuestra nación; tan válido entonces como ahora el lema de 'Una hermandad indivisa'".

Abraham Lincoln no era masón, pero el historiador Paul M. Bessel señala que "poseía y mostraba todas las cualidades importantes de la masonería: fe, esperanza y caridad, creencia en Dios, en la igualdad de todas las personas y en que toda persona tiene la capacidad de mejorar". También añade que "entró en contacto con muchos masones". En una ocasión en que la gran logia de Illinois concluyó una asamblea que se celebraba durante la campaña presidencial de 1860, algunos de sus integrantes fueron a visitar a Lincoln. Según se cuenta, este respondió: "Caballeros, siempre he tenido un profundo respeto por la confraternidad masónica y hace mucho que albergo el deseo de hacerme miembro". Cuando un masón le dijo, durante la campaña, que sus opositores eran masones, y observó en especial que Stephen A.

Douglas era uno de los primeros miembros de la logia masónica de Springfield, la ciudad natal de Lincoln, se cuenta que este respondió: "No soy masón, doctor Morris, aunque tengo gran respeto por la institución".

Tras la muerte de Lincoln, uno de sus amigos y gran maestre de masones del distrito de Columbia, Benjamin B. French, escribió al editor de *The Masonic Trowel*, quien era también gran secretario de la gran logia de Illinois: "[Lincoln] me dijo una vez en cuán alta estima tenía a nuestra Orden y que en una oportunidad estuvo decidido a solicitar su admisión en ella". También escribió al gran maestre interino de la gran logia de Nueva York, para narrarle que "en un momento se había decidido a solicitar la admisión en nuestra confraternidad pero decía que temía ser demasiado perezoso para cumplir sus deberes como masón como le gustaría, y que por eso no había llevado a cabo sus intenciones".

Carl Sandburg, biógrafo de Lincoln, afirma: "Aunque no era masón, tenía a mano un gran ejemplar personal de la edición 'Procedimientos del capítulo del gran arco real del estado de Illinois', que compilaba informes de convenciones de la orden masónica entre los años 1851-1857".

El 14 de abril de 1865, asesinado Lincoln, lo sucedió en la presidencia Andrew Johnson, oriundo de Tennessee, masón desde 1851. Es probable que fuera miembro del capítulo Greeneville n° 82 de los "masones del arco real". En 1859 se afilió a la "Comandancia de caballeros templarios" de Nashville n° 1. Ya presidente, en 1867, Johnson recibió los grados del rito escocés en la Casa Blanca. Como los republicanos radicales del Senado lo consideraban débil y demasiado blando en su política con respecto al Sur, procuraron removerlo del cargo mediante *impeachment*.[2] Con este fin utilizaron como pretexto la decisión de Johnson de echar del gabinete al secretario de Guerra Edwin M. Stanton (masón), de postura antisureña declarada. Encabezado por el antimasón Charles Sumner (miembro de la Cámara de Representantes),

2. Acusación formulada contra un alto cargo por delitos cometidos en el desempeño de sus funciones. (N. de la T.)

el general masón Benjamin F. Butler y Thaddeus Stevens (ex líder del Partido Antimasón, que había participado en el caso Morgan), el intento fracasó en el Senado aunque sólo por un voto.

Fuera del ámbito del gobierno, se formaban sociedades para promover la supremacía blanca en el Sur, entre ellas *Men of Justice* (hombres de justicia), *Pale Faces* (carapálidas), *Constitutional Union Guards* (custodios de la unión constitucional), *White Brotherhood* (hermandad blanca) y *Order of the White Rose* (Orden de la rosa blanca). Pero fue el Ku Klux Klan que destacó entre todos. Engendrado por soldados confederados en Pulaski, Tennessee, en mayo de 1866, hasta 1867 el Klan fue un grupo desorganizado. En abril de ese año, en Nashville, Tennessee, el general Nathan Bedford Forrest –heroico jefe de caballería de la Confederación– fue elegido "gran mago del imperio". Cada Estado constituía un "reino" bajo la autoridad de un "gran dragón", cada uno con un personal de ocho "hidras". Varios condados formaban un "dominio" controlado por un "gran titán". Una "provincia" era regida por un "gran gigante" y cuatro "halcones nocturnos". Una "guarida" local estaba gobernada por un "gran cíclope" con dos halcones nocturnos en calidad de asistentes. Los miembros se denominaban "necrófagos".

Escribe un historiador del Klan: "Sus extraños disfraces, sus desfiles silenciosos, las incursiones nocturnas, el lenguaje y sus órdenes misteriosos resultaban muy eficaces para explotar y fomentar miedos y supersticiones. Los jinetes envolvían en paño los cascos de sus caballos y los cubrían con túnicas blancas. Ellos mismos, vestidos con ondeantes sábanas, las caras cubiertas con máscaras blancas, y llevando calaveras en el borrén de sus monturas, parecían espíritus de confederados muertos que volvían del campo de batalla". Aunque con frecuencia el Klan podía cumplir sus objetivos únicamente mediante el terror, los linchamientos y azotainas se usaban no sólo contra los negros sino también contra políticos y contra los blancos del Sur que apoyaban a los republicanos durante la "reconstrucción".

Preocupado por los cabecillas locales, temerarios y descontrolados, Forrest ordenó la disolución del Klan y, en enero de 1869, renunció a su cargo de "gran brujo". Al año siguiente el Congreso aprobó una ley para combatir el Klan, que en efecto logró acabar con sus actividades hasta unos años antes de la Primera Guerra Mundial. Liderado por William Simmons, ex ministro religioso y promotor de órdenes de hermandad, el Klan sostuvo entonces su primera reunión en Stone Mountain, Georgia. De una forma u otra, el Klan no ha cesado de existir desde entonces.

Aunque no se discute que la masonería ejerció influencia en la estructura del Klan después de la guerra civil, se prolonga hasta la actualidad la controversia acerca de si Pike ocupó el cargo de jefe de justicia en la época en que era soberano gran comendador del rito escocés (jurisdicción Sur). Los que así lo afirman citan la declaración de Pike donde señala que se sentía "obligado para con los hombres blancos, no los negros", y había jurado: "Si tengo que aceptar a negros como hermanos, abandonaré la masonería".

Los defensores masónicos de Pike sostienen que es imposible de corroborar o refutar su pertenencia al Klan, pues no existen fuentes originales sobre el tema. Dicen que "el único escrito que se acercaría a la calificación de 'fuente original'" es un folleto redactado en 1884 (quince años después de los hechos) por el capitán John C. Lester, uno de los fundadores del Klan, en el que el único nombre apuntado es una referencia al "general Forrest".

Los que defienden este argumento observan, además:

> No fue hasta que el doctor Walter L. Fleming volviera a publicar el folleto de Lester, en 1905, que se incluyó en un prefacio la lista de nombres de los integrantes clave del Klan. En 1924, la señora Susan L. Davis publicó su *Auténtica historia*, en la que contradice una cantidad de declaraciones de Lester, denigra a Fleming por su conocimiento superficial del Klan y condena al coautor de Lester, David L. Wilson, por sugerir que el Klan había fracasado. Cualquier otro libro o artículo que promueva la asociación de Albert Pike con el Klan cita por toda fuente a Fleming o a Davis. Tanto Fleming como Davis aceptaron, en forma incondicional, los cincuenta años de viejas memorias de varios de los miembros fundadores del Klan. No existe documentación original ni testimonio alguno que implique a Albert

Pike con el Klan. Además Pike había muerto hacía catorce años cuando Fleming publicó por primera vez, y no se hallaba en situación de replicar.

Esta defensa de Pike sostiene que la idea de que desempeñó un cargo o un papel de liderazgo en el Klan se basó en "rumores y habladurías", y alega que su "racismo, aunque no sea motivo de orgullo, era leve según los principios de sus contemporáneos". La aseveración de que no existen registros que conecten a Pike con el Klan fue confirmada por el doctor en filosofía Walter Lee Brown en una tesis sobre el tema. Brown, considerado una autoridad, plantea que "no existe ninguna fuente original que pruebe que Pike estuvo involucrado con el Klan". Los defensores de Pike señalan también que en 1872 el Congreso efectuó una investigación del "estado de cosas en los últimos territorios insurrectos" y que se descubrió que había "referencias a presuntos cabecillas del Klan en varios estados, pero ninguna mención a Pike".

De haber surgido tales datos, es improbable que el Congreso hubiera autorizado la colocación de una estatua a Pike en tierras federales en Washington D.C., como lo hizo el 9 de abril de 1898. El monumento fue erigido por el Consejo supremo del rito escocés (jurisdicción Sur) frente a lo que era entonces la "Casa del templo del rito escocés". La legislación que así lo permitió omitió la referencia al servicio de Pike en el ejército confederado.

El debate continúa hasta la actualidad. Si bien este reconocimiento por parte del Congreso a la contribución de Pike a la masonería estadounidense, y la falta de pruebas sobre una supuesta pertenencia al Klan, no constituyeron obstáculo para los grupos de manifestantes que se reunieron en torno de la estatua en septiembre de 1992 para denunciarlo como "el principal fundador" del Ku Klux Klan en Arkansas. Tales manifestantes estaban dirigidos y organizados principalmente por seguidores de Lyndon LaRouche, figura política controvertida. Según los masones, el principal promotor fue Anton Chaitkin, afiliado al Schiller Institute, una entidad de LaRouche.

Los masones declararon que "los señores LaRouche, Chaitkin y sus partidarios arguyen que el Klan se fundó con el fin de ser el brazo terrorista del rito escocés, como parte de una amplia conspiración masónica destinada a mantener el Sur en manos confederadas" y que Chaitkin parecía creer "que los historiadores masónicos se han dedicado a reescribir la historia estadounidense, también respondiendo a una conspiración masónica. Cree que el rito escocés es un complot del Imperio Británico, urdido en Charleston, Carolina del Sur, para perpetuar la esclavitud, y de no resultar esto, para perpetuar el Ku Klux Klan; y que todo el sistema legal estadounidense está controlado en gran medida por este rito".

Durante ese período de protestas semanales, los manifestantes pintaron la estatua, la dañaron y la vistieron con una túnica del Klan. El 20 de abril de 1993 Chaitkin y un asociado, el reverendo James Bevel, fueron condenados por treparse al monumento. En el juicio, los dos acusados atacaron al juez porque se creía que había sido miembro de un capítulo Albert Pike DeMolay en San Antonio, Texas; mientras, fuera de los tribunales los seguidores de LaRouche llevaban grandes carteles que decían: "¡Abajo Pike!".

Si bien la conexión de la masonería con el Ku Klux Klan sigue siendo tema de controversia, no existen dudas de que el resurgimiento de la masonería en la segunda mitad del siglo XIX es producto de ciertos cambios en las costumbres y actitudes de los estadounidenses. Los historiadores mencionan la influencia del "movimiento de temperancia" para explicar que la masonería adoptara aspectos de "un club de hombres del siglo XVIII que separaba con cuidado su reunión ritual de los banquetes y funciones sociales". Aún sensibles a las críticas por parte de hombres del clero, producidas durante el período antimasónico, las enseñanzas de la masonería pasaron de la filosofía de la Ilustración del siglo XVIII y el deísmo, a una perspectiva más religiosa en el siglo XIX.

Esta también fue una época en que el divisionismo provocado por la experiencia de la guerra civil daba lugar al nacimiento de otras organizaciones similares. En 1864 se organizó en Washington D.C. el grupo de los "caballeros de Pitias", por iniciativa de un grupo de secretarios judiciales federales que sentían que la nación necesitaba con urgencia recomponer el espíritu fraternal. El ritual, concebido por Justus H. Rathbone, se basaba en la historia de la amistad entre Damón y Pitias que tuvo lugar en el siglo IV a.C. Por supuesto que Rathbone, como masón, incorporó aspectos de la masonería. Aunque el lema de la sociedad ("Amistad, caridad y benevolencia") guardaba resonancias de la masonería, un escritor especializado en los caballeros de Pitias, James R. Carnahan, decía en su libro *Pythian Knighthood*: "Nosotros, al contrario de la masonería, no contamos en nuestro santuario con el abrazo de la hiedra de los siglos, ni se han entretejido en torno de nuestros altares las leyendas misteriosas que se remontan a oscuras y mohosas épocas antiguas. Nosotros acudimos a brindar alivio presente a las necesidades de los hombres de hoy".

Luego de la guerra civil, tras realizar una gira por el Sur para el Departamento de Agricultura, el masón Oliver Hudson Kelly ayudó a fundar la Orden de los Patronos de la Agricultura. Llamada popularmente *The Grange* (el cortijo), era una hermandad destinada a promover la agricultura mediante "la cooperación, el beneficio mutuo y el perfeccionamiento". A instancias de la sobrina de Kelly, Caroline Hall, "The Grange" fue una de las primeras organizaciones de su tipo en admitir mujeres.

La *Benevolent and Protective Order of Elks* (benéfica y protectora orden de los alces) se originó como un grupo de actores en la ciudad de Nueva York. Al principio se encontraban para compartir almuerzos y refrigerios y se denominaban *Jolly Corks* (corchos alegres), pero pronto se organizaron como una hermandad secreta, social y benévola, simbolizada por el alce, que comenzó a aceptar miembros ajenos al ámbito del espectáculo. Los *Elks*[3] incorporaron muchas influencias masónicas y al fin instituyeron programas de beneficencia destinados a "extender la cornamenta de la protección".

En 1888 se organizó en Louisville, Kentucky, la *Loyal Order of Moose* (leal orden de los alces americanos). Aunque al principio no prosperó, el grupo comenzó a expandirse en 1906, bajo la dirección

---

3. Así se los llama en la actualidad, incluso en castellano. (N. de la T.)

de John Henry Wilson, político y activista laboral. En 1911 adquirió
una granja lechera en Illinois, donde estableció una escuela y un asi-
lo para niños huérfanos. Incorporada a la aldea de Mooseheart, se
convirtió en la sede de la organización.

La *Order of Knights of Labor* (orden de los caballeros del trabajo),
fundada en Filadelfia en 1869 por Uriah Stevens y otros trabajadores
de la industria de la confección, fue la primera organización masiva
en representar a la clase obrera estadounidense. Stevens, masón, incluyó muchas características de la masonería en su ritual. La sociedad
pudo atraer grandes cantidades de trabajadores entre los artesanos de
Filadelfia en la década de 1860, sumó mineros en la de 1870 y comer-
ciantes urbanos en la década de 1880. Los *Knights of Labor* fueron una
de las organizaciones laborales que acogieron de buen grado a miembros negros después de la guerra civil.

Los historiadores de la masonería encuentran una conexión entre los ideales de la masonería y los grupos sociales formados por los
inmigrantes europeos que llegaron en grandes contingentes a
los Estados Unidos a fines del siglo XIX y principios del XX. Entre di-
chos grupos se contaba el *Workmen's Circle* (círculo de trabajadores)
(1894), que contribuyó a asimilar a los judíos estadounidenses brin-
dándoles asistencia y lecciones de inglés. En 1900 se formó en
Woonsocket, Rhode Island, la unión de St. Jean Baptiste (Unión de
San Juan Bautista), "para unir en un espíritu común de hermandad
a personas de origen francés que viven en los Estados Unidos y para promover su bienestar individual y colectivo". De las muchas pequeñas sociedades que proporcionaban actividades y beneficios sociales, los *Sons of Italy* (hijos de Italia), fundada en 1905, llegó a ser
la mayor y más influyente, que pronto contó con 125.000 miembros
en todo el país.

Organizados en 1882, los *Knights of Columbus* (caballeros de
Colón), ofrecían a hombres de religión católica de diferentes extrac-
ciones sociales una hermandad aceptable. Los estadounidenses católicos se vieron imposibilitados de participar en las muchas organizaciones de ese tipo que brindaban beneficios de asistencia, porque la
Iglesia condenaba las sociedades secretas. Fundados por Michael J.

Mc Givney, cura párroco de New Haven, Connecticut, los *Knights of Columbus* imitaban la estructura de la masonería en sus rituales, grados, contraseñas y en el lema "caridad, unidad, fraternidad y patriotismo".

Mientras los *Knights of Columbus* gozaban de la aprobación de la Iglesia católica romana en 1884, la posición del Vaticano con respecto a la masonería seguía siendo la misma que había definido el papa Clemente XII en 1739. Una encíclica de León XIII, emitida en 1884, convocaba a todos los miembros del clero a ayudar a derrotar el viejo enemigo del catolicismo, con estas palabras:

> Oramos y les suplicamos, venerables hermanos, que sumen sus esfuerzos a los nuestros, y nos ayuden a extirpar esta inmunda peste, que se escurre por las venas del cuerpo político... Deseamos que atiendan ante todo el deber de arrancar la máscara de la masonería, para que se la vea como en realidad es; y que con sermones y cartas pastorales instruyan al pueblo acerca de los artificios que emplean las sociedades de este tipo para seducir a los hombres y atraerlos a sus filas, y acerca de la depravación de sus opiniones y la malignidad de sus actos.

En el momento en que la jerarquía católica leía la última bula papal en las ciudades estadounidenses, la cantidad de grandes logias establecidas en el país desde el final de la guerra civil (incluido el "territorio indígena" que luego sería Oklahoma) llegaba a apenas diez. Hacia fines del siglo XIX el rito escocés predominaría en treinta y seis estados de la Jurisdicción Sur y catorce de la Norte. Haciendo una comparación de la democracia masónica en la "gran tierra del Oeste" y la "exclusividad" de clase social de la alta masonería inglesa y sus vínculos con la realeza y la aristocracia, Arthur Edwin Waite, en *A New Encyclopaedia of Freemasonry* (nueva enciclopedia de la masonería), considera que el rumbo tomado por los estadounidenses fue el más acertado. Si debía llegar algún día un momento en que "ocurriera algo grande y fundamental en el mundo del ritual", habría de ser en los Estados Unidos. La "generosa confraternidad de los Estados Unidos" cosecharía su recompensa y "la masonería recibirá su corona".

Sin embargo, a causa de la codiciada y simbiótica relación de la gran logia de Londres con la monarquía británica, la masonería se hallaría envuelta en una red de misterio en torno de la identidad y las motivaciones del primer y más famoso asesino serial del mundo.

13

¿Era masón Jack el Destripador?

El viernes 31 de agosto de 1888 en Buck's Row, distrito de Whitechapel, en la parte este de Londres se encontró a la prostituta Mary Ann Nichols asesinada. Ocho días después, el sábado 8 de septiembre, en un patio trasero de la calle Hanbury 29, en el sector de Spitalfields, se descubrió el cuerpo de la prostituta Annie Chapman. El domingo 30 de septiembre hallaron a Elizabeth Stride, en un patio lateral de la calle Berner 40. El mismo día fue asesinada Catherine Eddowes, en Mitre Square, Aldgate. Todas ellas tenían cortada la garganta y mutilado el abdomen. El asesino se había llevado el útero de Chapman, así como el útero y el riñón izquierdo de Eddowes. El viernes siguiente, en un cuarto de una pensión de Miller's Court 13, calle Dorset 26, Spitalfields, se encontró a Mary Kelly, cruentamente asesinada en su cama.

Considerando que la investigación era "demasiado amplia" para que la llevara sólo el inspector Edmund Reid, de la división Whitechapel del Departamento de Investigaciones Criminales (CID) de la Policía Metropolitana, llamada Scotland Yard, la Oficina Central la asignó a los inspectores Frederick Abberline, Walter Andrews y James McWilliam, con un equipo de agentes subordinados. Aunque al principio no tenían ningún sospechoso, el 29 de septiembre conocieron el nombre del asesino. En una carta fechada cuatro días antes y firmada por "Jack el Destripador", su autor declaraba: "Odio a las putas y no dejaré de destriparlas hasta que me atrapen".

Después de los asesinatos del 30 de septiembre llegó otra carta, que aludía al "doble hecho" y estaba firmada con sangre, por un sujeto que se refería a sí mismo como "*Saucy Jack*" (Jack el descarado). (Cabe aclarar que la autenticidad de esta carta todavía es objeto de debate entre los expertos en el tema.)

Los testigos habían descrito al elusivo asesino como un "caballero venido a menos", de ropa oscura y sombrero flexible, que llevaba un lustroso maletín negro. Docenas de "sospechosos" fueron interrogados, la policía buscó pistas casa por casa; circularon volantes y se unieron a la cacería los detectives y miembros del Comité de vigilancia de Whitechapel. El 16 de octubre el presidente de ese grupo, George Lusk, recibió una caja de cartón que contenía medio riñón humano y una carta. Garabateado en letra de trazos finos se leía "Desde el infierno" y una afirmación de que su autor había freído y comido la otra mitad del riñón, que estaba "muy rico".[1] Al final decía: "Atrápeme cuando pueda, señor Lusk".[2] Los detectives y un cirujano de la policía pensaron que era muy probable que se tratara de una broma de un estudiante de medicina.

Los investigadores tenían pocos indicios, aunque luego del asesinato de Eddowes habían encontrado un pedazo de su delantal ensangrentado en un umbral de la calle Goulston, Whitechapel. Encima del pedazo de tela, escrito con tiza en la pared de ladrillo, se leía el mensaje: "Los *juwes* son aquellos a los que no se acusará de nada".

Convocado al lugar, Sir Charles Warren, jefe de la Policía Metropolitana, hizo borrar el mensaje. Explicó que lo hacía por miedo a que el público interpretara "*juwes*" por "*jews*" (judíos) y eso provocara disturbios antisemitas. Dado que Sir Warren era uno de los masones más prominentes de Inglaterra, ese hecho constituiría la base de la teoría, expresada casi cien años después en un libro, y luego en dos películas, que afirmaba que Jack el Destripador era una ficción crea-

---

1. En el original estas palabras figuran mal escritas, con faltas de ortografía imposibles de reproducir en castellano: riñón aparece escrito "kidne" (en lugar de *kidney*), y rico, "nise" (en lugar de *nice*). (N. de la T.)

2. Nuevamente, mal escrito: "Mishter" en lugar de *Mister*. (N. de la T.)

da por los masones para ocultar una conspiración destinada a preservar la monarquía británica, así como que todos los asesinatos se cometieron de acuerdo con el ritual masónico.

Warren –soldado, explorador y arqueólogo– recibió educación en Sandhurst, la Academia Militar de Inglaterra. En su calidad de agente del Fondo de Exploración de Palestina, en 1867 visitó el Templo de Herodes, erigido en el emplazamiento del Templo de Salomón, hizo significativas excavaciones en Jerusalén y escribió dos libros sobre ellas, *The Temple or the Tomb* (El templo o la tumba) y *Under Jerusalem* (Debajo de Jerusalén). Iniciado en la masonería el 30 de diciembre de 1859, pasó a ser maestre aprobado en 1863, perteneció a la *Royal Lodge of Friendship* (logia real de la amistad) nº 278 de Gibraltar y fue gran diácono aprobado de la gran logia unida de Inglaterra en 1887. En la época de los asesinatos del Destripador, era venerable maestre de la logia *Quatuor Coronati* nº 2076, cuyas asambleas se celebraban no muy lejos de la escena del asesinato de Kelly. Warren había sido elegido maestre fundador de esa logia en 1884, por carta de constitución concedida el 28 de noviembre de aquel año. A causa de la partida de Warren a Buchuana, África, la logia no volvió a reunirse hasta su regreso, a fines de 1885, y él presidió una asamblea el 12 de enero de 1886. Cuando la logia fue consagrada, Warren asistió a tres de las siete asambleas convocadas durante su duración en el cargo, de casi tres años.

El 7 de noviembre de 1888, quizás a causa de un conflicto con Henry Mathews, ministro del Interior, Warren renunció a su puesto de jefe de Scotland Yard. Ese mismo día, unas horas antes, Mary Kelly se había convertido en la última víctima de los asesinatos en Whitechapel atribuidos a Jack el Destripador.

En *Jack the Ripper: The Final Solution* (Jack el Destripador: La solución final), Stephen Knight pregunta: "¿Qué razón pudo haber tenido [Warren] para destruir una prueba en forma tan flagrante?", y continúa: "La totalidad del episodio sigue siendo incoherente hasta que nos damos cuenta de que existe una razón por la cual un alto oficial de la policía iría hasta tal extremo para desviar los fines de la justicia: que el oficial debe lealtad a un amo más elevado que la justicia..."

¿Pero qué había en ese mensaje garabateado que llamara la atención sobre un masón? La respuesta reside en la palabra '*Juwes*'".

Knight plantea que no se trataba de la palabra "*jews*" (judíos) mal escrita, sino de una referencia a los tres aprendices de Hiram Abiff (Jubela, Jubelo y Jubelum, o "*juwes*"),[3] y posiblemente una señal de que el asesinato era obra de masones. Al reconocerlo como tal, Warren se vio obligado, como masón del arco real, a "ayudar y asistir a un compañero masón del arco real que se encuentra en alguna dificultad, y abrazar su causa, hasta sacarlo de ella, si está en su poder, esté él en lo cierto o no". Según Knight, esto incluía "el asesinato y la traición".

Entre los sospechosos que surgieron durante la investigación figuraban un judío polaco pobre, de nombre Kosminski, de Whitechapel; Montague John Druitt, de treinta y un años, abogado y maestro de escuela que se suicidó en diciembre de 1888; Michael Ostrog, ladrón e informante nacido en Rusia que había sido internado en manicomios en varias ocasiones; y el doctor Francis J. Tumblety, falso médico estadounidense de cincuenta y seis años, que fue arrestado en noviembre de 1888 por ultraje contra la moral pública y deportado a su país durante ese mismo mes. Los tres primeros sospechosos fueron llamados a declarar por Sir Melville Macnaghten, que ingresó en la Policía Metropolitana como subjefe y en junio de 1889 era el segundo oficial a cargo de la CID. Macnaghten basó su decisión en un informe del 23 de febrero de 1894, en el cual el doctor Robert Anderson, jefe de la CID en ese momento, y el inspector jefe Donald Swanson, el oficial a cargo del caso, se inclinaban por considerar sospechoso principal a Kosminski. Al parecer, Druitt era el sospechoso por el que se inclinaba Sir Melville. En cuanto a por qué Macnaghten convocó a Ostrog, sigue siendo un misterio. El cuarto sospechoso, Tumblety, estaba –según declaró John George Littlechild, ex jefe de la rama especial de Scotland Yard en 1888 y ex inspector jefe– "entre los sospechosos" en el momento de los asesinatos. Sea como fuere, nadie fue castigado por los asesinatos de Jack el Destripador.

3. Es decir, los "Ju" (aquellos cuyos nombres comienzan con "Ju"). (N. de la T.)

Casi un siglo después, Knight sostiene que ha solucionado el caso. Así, cuenta que el nieto de la reina Victoria, el príncipe Alberto (Eddy), de veinticuatro años en ese entonces, había engendrado en secreto un hijo y desposado a la madre, una "tendera" analfabeta y católica llamada Annie Crook. Un amigo del príncipe Eddy, testigo del matrimonio secreto, contrató una niñera para que cuidara del bebé real. Como Gran Bretaña se hallaba sumida en agitaciones políticas, se temía que, si se llegaba a saber que el segundo en la línea sucesoria al trono se había casado y tenido un hijo con una plebeya ignorante, para peor una católica de clase baja, el pueblo derrocara la monarquía y tomara revancha contra los que se hallaban en el poder, incluidos los masones que ocupaban influyentes cargos gubernamentales.

Según esta teoría, la niñera se convirtió en prostituta y contó a otras tres la información acerca del matrimonio y el hijo del príncipe Eddy. Las mujeres amenazaron con dar a conocer la historia. El primer ministro británico —o la propia Reina— acudió al médico real para eliminar la amenaza. Sir William Gull, masón, decidió matarlas y para ello pidió ayuda a sus hermanos masónicos. Confiado en que se sentirían obligados por su juramento de fraternidad, Gull averiguó los nombres de las mujeres que conocían el secreto del príncipe Eddy; él y sus secuaces se ofrecieron a llevarlas en carruaje como si las contrataran para servicios de prostitución, las asesinaron, mutilaron sus cuerpos en formas rituales y abandonaron los cadáveres a plena vista.

La base de la versión de Knight fue la confesión del artista Walter Sickert (amigo del príncipe Eddy y testigo del matrimonio) a su hijo Joseph, quien se la repitió a Knight. En la película *Murder by Decree* (Asesinato por decreto), de 1976, esa misma conspiración era descubierta por Sherlock Holmes. En su escena culminante, el primer ministro convoca al sabueso de la calle Baker para exigirle que desista de la investigación. Holmes lo hace callar haciendo una señal masónica. Recita el asesinato de Hiram Abiff por "Jubela, Jubelo, Jubelum" como fundamento de los asesinatos ritualistas de las prostitutas, prueba de una conspiración masónica que implica a las más altas autoridades del gobierno. En la película *From Hell* (Desde el Infierno), de 2001, la conexión masónica es deducida por el inspector Fred Abberline (Johnny Depp).

Al ver que los lectores de Knight y millones de espectadores de cine creen en esta versión de los asesinatos del Destripador, los masones han intentado refutar tal versión explicando "los verdaderos hechos". El historiador masónico Paul M. Bessel señala que toda conjetura de la implicación masónica en los asesinatos del Destripador se basa por entero en una historia indirecta y de fuentes dudosas. En efecto, como destaca Bessel en un artículo aparecido en el *Sunday Times* de Londres (18 de junio de 1978), se cita una declaración de Sickert en que dice de la confesión de su padre: "Fue una broma; yo lo inventé todo".

La teoría de Sickert también fue discutida por Donald Rumbelow, experto en Jack el Destripador. En su riguroso libro *Jack the Ripper: The Complete Casebook* (Jack el Destripador: la historia completa), declara: "Aquellas partes del relato del señor Sickert que pueden someterse a análisis han resultado ser falsas". Comentando el libro de Knight, pregunta: "¿Dónde están las pruebas? La respuesta, desde luego, es que no existe ninguna... El libro se torna cada vez más frustrante a medida que se buscan datos contundentes... Allí donde se mire, no existe la más mínima prueba que respalde la teoría de Knight". En cuanto a la explicación de Knight sobre la masonería, Bessel apunta:

Aquellos que estén familiarizados con el ritual masónico saben que la mutilación de los cuerpos de las víctimas no refleja ninguna práctica, regla, ritual o ceremonia masónicos. Cualquier aparente similitud es apenas ligera, imprecisa y circunstancial... Knight dijo que entre los castigos masónicos –que en todo caso, son puramente simbólicos, no reales– se menciona el arrancar el corazón y arrojarlo por encima del hombro *izquierdo*. Pero admite que fueron los intestinos, no el corazón, lo que se había colocado encima del hombro *derecho* de algunas de las víctimas del Destripador.

Sea lo que fuera que haya significado ese "Juwes" del mensaje encontrado en una pared cercana a una de las escenas de los crímenes –continúa Bessel–, ese término

> jamás se ha empleado en rituales o ceremonias masónicas, y la historia de los tres rufianes [que mataron a Hiram Abiff: Jubela, Jubelo y Jubelum] se había quitado del ritual masónico en Inglaterra (aunque no en los Estados Unidos) setenta años antes de que tuvieran lugar los asesinatos de Jack el Destripador. El hecho de borrar el mensaje de "Juwes" cerca del sitio de un asesinato pudo haber sido un bienintencionado intento de impedir violentas manifestaciones antisemitas contra gente inocente, puesto que algunos ya pensaban en acusar de esos asesinatos a los inmigrantes judíos.

Dato aún más significativo, la niña que supuestamente habría sido la hija del príncipe Eddy nació el 8 de abril de 1885, lo que significa que fue concebida mientras el príncipe se encontraba en Alemania. Knight afirma también que Eddy y Annie Crook se conocieron en 1888 en el estudio de Sickert, lo cual es imposible, ya que el edificio había sido demolido en 1886, y en 1887 se construyó allí un hospital. En cuanto a la afirmación de que el doctor Gull haya sido el hombre clave en los asesinatos del Destripador, tenía setenta y dos años en ese momento y ya había sufrido un ataque cardíaco y quizás una apoplejía. "Sin embargo, se conjetura –observa Bessel– que asesinó en forma brutal a cinco mujeres jóvenes y fuertes, en un carruaje, en calles públicas, y mutiló y arrojó sus cuerpos en zonas públicas, todo ello sin que lo viera ni oyera la gran cantidad de londinenses que buscaban y esperaban atrapar a Jack el Destripador".

Por último, bajo la ley británica –tanto entonces como en la actualidad– todo matrimonio de un miembro de la familia real puede ser anulado por el monarca, y todo miembro de la realeza que se case con un católico está imposibilitado de heredar la Corona. Por lo tanto, no hacía falta cometer ningún asesinato, ni siquiera en el caso de que la versión del casamiento del príncipe Eddy con Annie Crook fuera cierta. Es más, según investigaciones realizadas por estudiosos de Jack el Destripador y sus crímenes, Annie Crook no era católica.

La versión de Knight se basa en la teoría de que el público británico se habría escandalizado tanto con el chisme concerniente al príncipe Eddy que se habría rebelado contra la familia real y la clase gobernante británica. Bessel conjetura que "es probable que el supuesto encubrimiento de la policía se haya debido simplemente a la falta de experiencia con asesinatos como esos, así como a cierto grado de incompetencia policial y gubernamental. Lo más posible es que estos factores, y no una conspiración masónica, hayan impedido la captura de Jack el Destripador". En 2003, la famosa novelista policial Patricia Cornwall publicó *Portrait of a Killer: Jack the Ripper – Case Solved* (Retrato de un asesino: Jack el Destripador – Caso cerrado), en el que afirma que su investigación del caso Destripador demuestra que "Saucy Jack" no era otro que Walter Sickert.

El hecho de que los masones sean sospechosos de cometer asesinatos seriales, incluso hoy en día, se debe a la intriga en cuanto a lo que sucede tras las puertas cerradas de la logia masónica.

14

La logia

Ya se ha señalado que una logia es tanto un grupo de masones como el salón o edificio donde se reúnen. Algunos edificios masónicos también se llaman "templos". Como se ha observado, solía llamarse "logia" (*lodge*) a las estructuras construidas por los pedreros en la Edad Media, cerca de las catedrales que se hallaban en construcción. Una de las primeras descripciones de una logia que se conoce la describe como "un conjunto de hermanos y compañeros reunidos con el propósito de meditar sobre los misterios del Oficio con la Biblia, la escuadra y el compás, el Libro de las Constituciones y la patente que los autoriza a actuar". Más tarde, la logia se definió como "un conjunto de masones, justos, perfectos y regulares que se reúnen para explayarse en los misterios de la Orden; justa, porque contiene el volumen de la Ley Sagrada; perfecta, por su número, pues toda orden de la masonería se encuentra virtualmente presente mediante sus representantes, para ratificar y confirmar sus procedimientos; y regular, por su carta de constitución, que implica la sanción del gran maestre para el país donde se celebra la logia".

En *A Dictionary of Freemasonry* (Diccionario de masonería), Robert Macoy señala que una logia "es un cuadrado oblongo" formado por tres "hermanos bien informados de una logia legal" y que "cinco la mejoran, y siete la hacen perfecta". Su lugar de encuentro, llamado "salón (o taller) masónico", debe estar aislado y, de ser posible, rodeado de paredes altas y apartado de otros edificios, para eliminar la posibilidad de que los vean profanos [no masones] o escuchas furtivos; pues siendo la masonería una sociedad secreta, la curiosidad de la humanidad está siempre alerta para husmear en sus misterios y obtener, por medios ilícitos, ese conocimiento que se comunica libremente a todos los aspirantes dignos. Empero, tal situación rara vez puede lograrse en forma conveniente en las grandes ciudades donde suele practicarse la masonería, por lo cual la logia debe formarse en un piso alto; y si hubiere edificios contiguos, las ventanas deben estar en el techo, o muy altas con respecto al suelo.

La logia se extiende de Oriente a Occidente (horizonte a horizonte) y entre Norte y Sur. Lo que la cubre es el "dosel celestial" (o "dosel del cielo"). El Oriente no significa necesariamente ese punto cardinal, sino que invoca el lugar donde se ubica el sitial del venerable maestre, desde el cual se dispensa "luz e instrucción". Los "soportes" de una logia son tres pilares (sabiduría, fuerza y belleza), relacionados con tres "joyas inamovibles" de la logia: la escuadra, la plomada y el nivel.

Otras características de la logia se denominan "ornamentos" y consisten en el "pavimento mosaico" (o piso de mosaicos), la "orla dentada" y la "estrella flamígera". Estos objetos representan opuestos: bien y mal, noche y día, calor y frío, amor y odio.

Abierta sólo a sus miembros, una logia celebra dos tipos de reuniones (llamadas "tenidas"). En las sesiones de trabajo se realiza una lectura de las actas de la reunión anterior, se vota acerca de las peticiones de hombres que desean unirse a la confraternidad, se planean actividades de beneficencia y se comparte información sobre otros miembros (hermanos) que están enfermos o sufren algún tipo de necesidad. El segundo tipo de logia realiza rituales de iniciación en niveles de membresía llamados "grados".

Las logias de los Estados Unidos se denominan "azules" por el color del cielo raso de su salón de reuniones. Toda logia azul debe contar con la patente o carta de constitución de la gran logia de su Estado o región; de lo contrario, se la considera irregular o clandestina. La autoridad suprema de una logia se llama "gran maestre" (o gran maestro)[1] y se lo elige por el término de un año. Puede asistir a cualquier tenida, en cualquier lugar, en cualquier momento, y puede dirigir las actividades de esa logia. Como una logia azul puede definir la masonería de cualquier modo que desee, las descripciones varían. Algunos la interpretan como la difusión del conocimiento a través del estudio y el aprendizaje de todos los temas. Otra opinión sostiene que el propósito de la masonería es la perfección de la humanidad mediante la organización de los sentimientos morales y el mejoramiento de las leyes y el gobierno. También se la ha descrito como el estudio de las tradiciones de la filosofía y la religión con el fin último de conocer a Dios y sus obras. Albert Pike decía que la masonería es un método para estudiar principios básicos con la meta de revelar el "principio universal". Para dominar el universo ("lo absoluto"), se requiere de los masones que estudien las alegorías y los símbolos del Oficio hasta que les revelen "la luz".

A principios del siglo XVIII, la masonería se proponía preservar, desarrollar y transmitir a la posteridad la insistencia en "la universalidad de la humanidad y la transmisión de una tradición inmemorial de solidaridad entre los hombres". El teórico masónico William E. Hammond habla de "disciplina moral" mediante la cual la masonería "produce el mejor tipo de carácter y cultura a través de la camaradería y la ayuda mutua". Otro líder masónico, Joseph Fort Newton, la define como "una forma de servicio público e inclinación pública que impone el deber moral de ayudar al prójimo trabajando en comunidades para promover la libertad de la mente y la educación para mantener la democracia y unir al pueblo en servicio común a la humanidad". Allen E. Roberts y Albert G. Mackey dicen que la masonería es

1. En la actualidad existe una tendencia a traducir (en los textos referidos a francmasonería) *master* por "maestro". Si bien no es incorrecto, aquí se ha optado por el término "maestre", no sólo porque refleja mejor la antigüedad y la dignidad de este cargo en la masonería sino también para diferenciarlo de *teacher*, "maestro" (en su sentido más corriente). (N. de la T.)

"un sistema de ética y hermandad, que mejora a los hombres no sólo para sí mismos sino para con los demás, enseñándoles el significado de la vida y la muerte" con la búsqueda de la "palabra perdida", en un intento de encontrar "la verdad de Dios en nuestra vida".

Arthur Edward Waite y W. L. Wilmhurst se refieren a la masonería como a una actividad espiritual. Waite la describe como el misticismo de "una experiencia de primera mano con Dios, con símbolos destinados a aquellos que aún no son capaces de comprender sus misterios". Wilmhurst habla de la vida espiritual como "el significado del ritual y los símbolos masónicos, todos los cuales llevan hacia una vida más elevada que la cotidiana; un mundo interior donde deben aprenderse los antiguos misterios de nuestro ser". J.S.M. Ward ve en la masonería una combinación de pensamiento político, social, ritualista, arqueológico, histórico y místico que se funde en la "gran idea". W. Kirk MacNulty la describe como un método para aprender más sobre nuestra propia mente y transformar nuestro ser, llevándolo a un plano más alto donde renacemos en un estado más elevado. Para H.L. Haywood, es un sistema de ética que muestra a cada hombre el camino hacia un nuevo nacimiento de su naturaleza (simbolizado en el drama de Hiram Abiff) con el objeto de conferir poder divino al individuo. Para todos estos hombres, la masonería significa el derecho de todas las personas a usar su mente, sus habilidades, su libertad, y a gobernarse a sí mismos, aun cuando a veces cometan errores.

La masonería también se describe como "una orden fraternal de hombres obligados por un juramento, derivada de la hermandad medieval de masones operativos, adherentes a muchos de sus antiguos deberes, leyes, costumbres y leyendas". Leal al gobierno civil bajo el cual existe, inculca virtudes morales y sociales mediante la aplicación simbólica de las herramientas de trabajo de los antiguos albañiles y pedreros y a través de alegorías, alocuciones y "deberes". Sus miembros están obligados a observar principios de amor fraternal, igualdad, mutua ayuda y asistencia, secreto y confidencia. Por eso, los masones tienen maneras secretas de reconocerse entre ellos, tanto en público como en logias.

Hoy en día la confraternidad se halla difundida por todo el globo y ha experimentado mutaciones en su organización, su doctrina y sus prácticas. Las logias se hallan subordinadas a grandes logias presididas por grandes maestres, cada una de ellas soberana en un determinado país, Estado u otra subdivisión política. En general, exigen a todo aspirante que procure la admisión por su propia voluntad y exprese creer en un "Ser superior" y en la inmortalidad del alma. En las logias se exhibe la Santa Biblia u otro volumen de "ley sagrada", que se usa en cada paso (grado) de iniciación: aprendiz, compañero, y maestre –o maestro– masón.

Un historiador escribe:

> En su sentido más amplio y abarcador, la masonería es un sistema de ética moral y social y una filosofía de vida, toda ella de carácter simple y fundamental, que incorpora un amplio humanitarismo, y, tratando la vida como una experiencia práctica, subordina lo material a lo espiritual. No pertenece a ninguna secta sino que busca la verdad en todas; es moral pero no farisea; exige sensatez más que santidad; es tolerante pero no abúlica; busca la verdad pero no la define; urge a sus devotos a pensar pero no les indica qué pensar; desprecia la ignorancia y proscribe a los ignorantes; fomenta la educación pero no propone programas de estudios; además abraza la libertad política y la dignidad del hombre pero no tiene plataforma ni propaganda; cree en la nobleza y la utilidad de la vida; es modesta y no militante; es moderada, universal, y tan liberal como para permitir que cada individuo forme y exprese su propia opinión, incluso con respecto a lo que la masonería es o debería ser, y lo invita a mejorarla si puede.
>
> La masonería es una confraternidad compuesta de hombres morales, mayores de edad, que creen en Dios y que, por su propia voluntad, reciben en logias grados que representan un sistema moral que, a medida que crecen en madurez, les enseña a ser tolerantes para con las creencias de los demás, a ser patriotas, respetuosos de la ley, moderados en todas las cosas, a ayudar a los desdichados, practicar el amor fraternal y aceptar y cumplir lealmente las solemnes obligaciones.

La masonería estadounidense semeja dos grupos de estrellas (o constelaciones) que comienzan y terminan juntos. El primer paso es el del aprendiz iniciado; luego se asciende a compañero, y por último se alcanza el tercer grado, de maestre masón. Si se desea ascender más, se ingresa en el rito escocés o el rito de York. En el primero, se asciende treinta y tres grados, cada uno de los cuales tiene un nombre (Rey Salomón, Rey Ciro, George Washington, etcétera) y enseña una moraleja. El trigésimo tercer grado es otorgado por el Consejo Supremo. En el rito de York, un masón asciende diez grados, también denominados por nombre y no por número: obrero del templo, maestre aprobado, miembro de la tribu de Israel, alto sacerdote de los Judíos, Rey Hiram de Tiro, caballero de Malta y caballero Templario, que es igual en prestigio al grado 33 del rito escocés.

En los Estados Unidos, hasta mediados de la década de 1840 todos los masones desarrollaron sus actividades en logias abiertas al primer grado. Durante los cincuenta años siguientes, todas las logias estadounidenses fueron obligadas a actuar sólo a partir del tercer grado, con exclusión de aprendices y compañeros. En años recientes, algunas grandes logias del país han cambiado sus reglas para permitir tenidas abiertas a cualquier grado, pero con la votación restringida a los maestres masones. (Hasta enero de 2000 había doce [24 por ciento] donde esto se permitía.)

Una logia debe estar gobernada por un maestre. Llamado "venerable maestre" o "justo y venerable maestre", el cargo es equivalente a una presidencia. El primero y el segundo vigilantes funcionan como vicepresidentes. Hay un secretario y un tesorero. Los diáconos sirven de mensajeros. Los asistentes están a cargo de los refrigerios. Cuando se hallan "trabajando", todas las logias deben estar a cubierto; lo cual significa que la puerta es custodiada para asegurar que no entre ningún no masón (profano) ni "espía" o escucha furtivo.

Los rituales de grado se han definido como representaciones que enseñan la importancia de la integridad y el honor, la confianza, el autodominio, la honradez, la aceptación de la naturaleza humana tanto espiritual como física o animal, saber amar y ser amado, y la importancia de guardar confidencias. Dado que el método de enseñanza masónico es ritual, los masones no están dispuestos a revelar su contenido a los "profanos". Por otra parte, las palabras del ritual masónico dependen de la gran logia en cuya jurisdicción se realiza. Por esto el ritual masónico siempre se lleva a cabo a puertas cerradas; sólo se permite la entrada a aquellos que han demostrado ser masones y a los que están pasando el proceso de iniciación.

Las enseñanzas masónicas autorizadas se imparten mediante pequeños libros que se entregan a los miembros cuando se han "elevado" al grado de maestre masón. Llamados "catecismos", estos libros deben contar con autorización de las grandes logias para ser distribuidos en su jurisdicción. Contienen explicaciones del significado de los principales símbolos y pasajes del ritual masónico. Un texto muy utilizado se derivó de los escritos de Albert G. Mackey en 1862. En *Manual of the Lodge* (Manual de la logia), Mackey escribe:

> El único objeto de todos los antiguos ritos y misterios practicados en el seno mismo de la oscuridad pagana era el de enseñar la inmortalidad del alma. Este sigue siendo todavía el gran designio del tercer grado de la masonería, su alcance y la meta de su ritual. El maestre masón representa al hombre, cuando la juventud, la madurez y la vejez y la vida misma han pasado como sombras fugaces, y sin embargo se elevan de la tumba de la iniquidad hacia una existencia mejor. Por medio de su leyenda y su ritual, se da a entender que hemos sido redimidos de la muerte del pecado y el sepulcro de la contaminación. La conclusión a que llegamos es que la juventud, debidamente dirigida, [nos] conduce [a la honorable y virtuosa madurez, y que] la vida del hombre, regulada por la moral, la fe y la justicia, será recompensada, en su hora final, por la perspectiva de la dicha eterna.

El designio del grado, continúa Mackey, "es el de simbolizar las grandes doctrinas de la resurrección del cuerpo y la inmortalidad del alma. Por consiguiente, un docto escritor de nuestra orden ha subrayado que el maestre masón representa a un hombre salvado de la tumba".

Ese viaje comienza como aprendiz aprobado.

15

El ingreso en la hermandad

"En su sentido primitivo, la palabra 'grado' significaba 'paso' –escribe Albert G. Mackey en *An Encyclopaedia of Freemasonry*–. Los grados de la masonería son, entonces, los pasos por los cuales el candidato asciende en el conocimiento."

Cada uno de los pasos requiere que el candidato participe en un drama que se encuentra en lo que se ha dado en llamar "catecismo masónico". Consiste en una serie de preguntas y respuestas –que deben memorizarse– correspondientes a cada grado específico. Con el fin de prepararse para ingresar a la orden, el candidato se reúne con un miembro de la logia que conoce bien el catecismo y que lo ayuda a memorizarlo. El primer grado es el de "aprendiz iniciado" (o "aprendiz aprobado"). Para poder acceder a él, el aspirante debe ser mayor de edad (dieciocho o veintiún años), no tener antecedentes de condenas penales por delitos graves, ser persona moral y de buenas costumbres y afirmar la creencia en un Ser Supremo y la inmortalidad del alma.

Después de que el candidato ha solicitado la membresía y se han investigado a conciencia sus antecedentes, los miembros de la logia efectúan una votación secreta para aceptarlo o rechazarlo. Esta votación, una de las antiguas costumbres del Oficio, se denomina la "prueba". La elección exige votos afirmativos de todos los miembros de la tenida, que los emiten con cubos o bolas blancos y negros. Si un solo miembro arroja un cubo o una bola negros, no se concede la admisión. Se aceptan muchos más aspirantes que los que se rechazan.

La masonería niega ser una religión, aunque sus ceremonias guardan semejanza con los ritos cristianos del bautismo, la confirmación y otros sacramentos. Al igual que quien se convierte a una religión, el aspirante a masón debe estar "debida y verdaderamente preparado" mediante el aprendizaje del catecismo. Para la ceremonia del primer grado –llamada en algunos lugares rito de indigencia–, la logia le suministra prendas especiales que enfatizan el interés por sus cualidades internas, en lugar de logros mundanos. El aspirante no debe entrar en el salón de la logia llevando su ropa habitual ni "sus pasiones ni prejuicios, para no destruir la armonía, que es uno de los principales intereses de la masonería".

Vestido con el atuendo requerido, se le pone una venda en los ojos o una capucha en la cabeza. Este simbolismo subraya el velo de secreto y silencio que rodea los misterios de la masonería y representa la oscuridad mística –o ignorancia–, de los no iniciados. Cuando se retira la venda o capucha, en un momento específico, el gesto muestra que se considera que el aspirante se encuentra con la actitud apropiada para recibir "luz".

Mientras está con los ojos vendados, se guía al candidato con una cuerda que simboliza la voluntaria y completa aceptación de toda exigencia masónica y su compromiso a cumplirla. Al dar el primer paso en el salón de la logia, el aprendiz iniciado comienza a abandonar "la oscuridad, la indigencia y la indefensión del mundo, por la luz y el calor de una nueva existencia".

Un masón da fe de que esta "no es una formalidad ociosa, sino una legítima experiencia, el comienzo de una nueva carrera en que los deberes, los derechos y privilegios son reales". Si el candidato no va a ser un aprendiz sólo nominal, debe disponerse a efectuar en su propia naturaleza el trabajo que hará de él un hombre diferente. Son, entonces, "obreros", y las logias son "canteras" y "talleres". La masonería no ofrece "ningún privilegio ni recompensa, salvo a los que se los ganan". Hacerse masón es "una empresa solemne y seria" que puede cambiar el curso de la vida de un hombre.

La recepción del candidato en el salón de la logia encierra la intención de simbolizar la seriedad y confidencialidad de los rituales y las serias consecuencias que trae aparejado la violación de esa confianza. También se recuerda al candidato que "su acto tiene una consecuencia", ya sea como recompensa o como castigo. Se destaca, asimismo, "la virtud necesaria para obtener la admisión en los misterios de la masonería". En un rito llamado "circunambulación" (o "cuadrar el templo"), que se practica en el sentido de las agujas del reloj, imitando el movimiento del Sol como se lo ve desde la Tierra, de Este a Oeste pasando por el Sur, el candidato encapuchado y llevado por la cuerda se desplaza alrededor del altar, lo que permite a los hermanos observar si está correctamente preparado.

El elemento principal de la logia es el altar (o ara), cuya ubicación central simboliza el lugar que ocupa Dios en la masonería. El candidato se aproxima allí en busca de luz y asume su "obligación". Ante "Dios y sus Hermanos" se ofrece al servicio del "supremo arquitecto del universo y de la humanidad". La "obligación" es el corazón del grado; cuando el candidato la asume, queda ligado a la masonería y acepta ciertos deberes para el resto de su vida, entre ellos el de proteger los secretos de reconocimiento e instrucción simbólica de la hermandad.

En el centro del ritual del aprendiz iniciado están las "tres luces de la masonería": un "volumen de ley sagrada" (en los Estados Unidos, la Biblia), una escuadra y un compás. La Biblia, abierta, implica que los masones deben regular su conducta de acuerdo con sus enseñanzas. La escuadra es un símbolo de moral, veracidad y honradez. El compás alude al uso de la acción y es símbolo de circunspección, habilidad y conocimiento. La Escuadra y el Compás –en masonería se escriben con mayúscula– se han convertido en el símbolo de la orden.

Las tres grandes luces concuerdan con el sistema de tres grados de la masonería de la logia azul, en la que la naturaleza humana se divide en cuerpo (escuadra), mente (compás) y alma (volumen de Ley Sagrada). Las herramientas del aprendiz iniciado recuerdan las que empleaban los antiguos artesanos operativos. Para el masón teórico, representan los hábitos y fuerzas morales por las que un hombre ha modelado y remodelado la esencia de su naturaleza humana.

Como es tradicional que una piedra angular se coloque en la esquina nordeste de un edificio, el aprendiz es situado en la esquina nordeste de la logia, a partir de la cual "erigirá su propio templo mediante los principios de la masonería". Esta ubicación muestra también que, en la masonería, el Norte es la "oscuridad"; el Este la "luz", y el Noreste el "equilibrio", puesto que está en el medio.

El venerable maestre ofrece al candidato un discurso en que se explican las fases del ritual y se le da mayor información acerca de las ceremonias y las virtudes cardinales de templanza, fortaleza, prudencia y justicia. Al cierre de la ceremonia, se "encarga" al candidato que cumpla sus deberes masónicos. Luego debe memorizar el "nivel de competencia", que lo introduce en el lenguaje de la masonería, las enseñanzas y la estructura del grado, le inculca en la conciencia los diferentes puntos de la "obligación" y le infunde un "antiguo método" para contemplar los significados ocultos del grado.

El lenguaje de la masonería es producto de las primeras décadas del siglo XVIII y contiene muchos elementos del habla de ese período. Se cree que, si dedica tiempo y esfuerzo a estudiar las palabras del ritual, el candidato descubrirá que los pensamientos y enseñanzas impartidos no pueden expresarse en menos palabras sin perder parte de su significado.

Por otra parte, la tradición masónica prohíbe discutir sobre política y religión en la logia. Una vez que un tema se ha sometido a voto y se ha tomado una decisión, todos los miembros deben aceptar el resultado.

El término "venerable maestre" proviene del inglés "*Worshipful Master*", título que en inglés antiguo se empleaba con el significado de "digno de respeto". El que ocupa este cargo es considerado la fuente del conocimiento masónico cuando los hermanos "se acercan a Oriente en busca de luz". Como símbolo de su rango superior lleva sombrero.

A modo de reconocimiento por haber completado el ritual del primer grado, el aprendiz iniciado recibe un mandil (delantal) de piel de cordero. En el ritual masónico, éste simboliza la condición del alma. Cuando un masón asciende en los grados de desarrollo espiritual, se introducen en el mandil cambios que muestran el progreso alcanzado. El del aprendiz iniciado es blanco y liso, lo cual indica inocencia y, en términos masónicos, pensamiento y vida limpios, leal obediencia a las leyes del Oficio y sincera buena voluntad para con los hermanos. El mandil recuerda también que los masones son trabajadores y constructores. De hecho, un historiador masónico observa que el cordero siempre ha sido símbolo de inocencia y sacrificio (Abraham sacrificó un cordero a Dios en lugar de su hijo, y Jesús es llamado el "cordero de Dios"). Un mandil era también una señal de distinción en antiguas organizaciones que incluían ritos de iniciación, como los esenios, los cultores de los misterios mitraicos, los egipcios, griegos y romanos. El mandil masónico consiste en un cuadrado y un triángulo que representan los números cuatro y tres y que suman otro significativo número masónico, el siete.

Los derechos de un aprendiz iniciado son limitados. No puede votar ni ocupar cargos, pero sí tiene derecho a un funeral masónico. Tampoco se le permite organizar actividades de beneficencia masónica, aunque no se le impide recibir asistencia de un masón. Su responsabilidad consiste en guardar en secreto todo lo que se le ha confiado, conducirse con el debido decoro, trabajar para aprender su Competencia y prepararse para avanzar al grado siguiente.

16

Compañero de oficio

El segundo grado de la masonería es el de "compañero de oficio", que simboliza la etapa de la adultez y la responsabilidad durante la vida de un hombre en la Tierra. De un compañero de oficio se espera que adquiera conocimiento y lo aplique a formar su carácter y mejorar la sociedad en la que vive. El líder y teórico masónico William Preston ve la masonería como "un medio para educar a los hombres en las artes y ciencias liberales". Durante el ritual de grado correspondiente, se urge al compañero masón a avanzar en su educación en estos campos. El simbolismo del grado de aprendiz iniciado se relacionaba con el comienzo, el nacimiento espiritual y la orientación hacia la Luz. El de compañero de oficio simboliza los métodos para desarrollarse y progresar en el Oficio y el surgimiento a la hombría espiritual. "El hombre que pasa al grado de Compañero de Oficio –explica un escritor– es investido con la capacidad de escuchar las enseñanzas de la confraternidad y guardarlas muy cerca de su corazón." En el segundo grado, los símbolos de progreso, el pasaje, la instrucción y la elevación al aproximarse al "Oriente" profundizan la conexión con la hermandad y suman nuevos cometidos. El símbolo central es la "escalera de caracol", cuyos peldaños llevan a la "Cámara del Medio del Templo". Las escaleras, escalas, cuerdas verticales extendidas y montañas constituyen símbolos del ascenso a nuevas alturas. Alcanzar este nivel permite el acceso a ciertos beneficios de los que no goza un aprendiz iniciado. Estos "salarios" se simbolizan con maíz, vino y aceite.

La tenida de iniciación del segundo grado está abierta sólo a miembros admitidos en el grado de compañero de oficio. El ritual sigue procedimientos casi idénticos a los del aprendiz iniciado (ojos vendados, cuerda y circunambulación de la logia).

"Desde el comienzo de este grado –escribe otro experto en el tema– el candidato debe tener claro que, aunque gran parte le resulte familiar, también es muy diferente y algunos aspectos hasta parecen opuestos a los del grado anterior. Hay ciertos caminos de nueva exploración que se abren en este punto. En general, en varias conferencias se nos da una explicación de casi todas las partes del ritual".

Las herramientas del grado de compañero de oficio son la escuadra (símbolo de moral, veracidad y honestidad), el nivel (símbolo de igualdad) y la plomada (rectitud de conducta). Otros símbolos importantes son los "pilares" (o columnas), que representan la fuerza y el orden establecido y, por extensión, el poder y el control. Recuerdan los pilares de la historia de Hiram Abiff y significan vigilancia del templo y conexión entre el cielo y la tierra. Algunos investigadores especulan que, antes del Templo de Salomón, estos pilares representaban el pilar de la nube y el pilar del fuego, que llevaron a los israelitas a través del desierto hasta la tierra prometida. Los dos pilares corresponden a las tres grandes columnas (o soportes) de la masonería: sabiduría, fuerza, y belleza/equilibrio.

El número tres es de gran influencia en la masonería. Hay tres grados, también hay tres grandes luces, las tres columnas, tres oficiales, tres grandes maestres y tres principios básicos de la masonería. Este número se refiere asimismo a las tres virtudes teologales: fe, esperanza y caridad. También el número siete es de importancia central: por ejemplo, los siete escalones de la escalera de caracol simbolizan las artes y ciencias liberales. Formuladas ya en 330 d.C., y adoptadas por los eruditos cristianos, se las consideraba un medio para alcanzar el conocimiento de Dios. Este principio se expresó en la construcción de la catedral gótica de Chartres, que fue la primera en incluir (en su puerta occidental) representaciones esculpidas de las siete artes liberales. Un historiador masónico escribe: "Los maestres de Chartres enseñaban que el apropiado estudio de las siete artes liberales guiaba el intelecto para acercarse a la luz oculta detrás del mundo. La invisible estructura subyacente de la realidad, la verdad, podía aprehenderse de este modo".

A mediados del siglo XIII, el humilde masón que había dominado las siete artes tenía derecho a la designación de "arquitecto" y "maestro de artes". Por esto el compañero de oficio debe adquirir competencia en las siete artes liberales, y se le exige el estudio de estos temas para ganar la admisión en la "Cámara del Medio", proceso en el cual el compañero de oficio recibe el maíz, el vino y el aceite. El maíz representa el alimento y el sustento de la vida; el vino, el refrigerio, la salud, la espiritualidad y la paz; el aceite, la alegría, la dicha y la felicidad. Juntos, el maíz, el vino y el aceite representan las recompensas temporales de vivir una buena vida y son, como apunta un masón, "la compensación intangible, pero no menos real, por un uso leal e inteligente de las herramientas de trabajo", la fidelidad a las obligaciones masónicas y el "interés inagotable por el estudio de la estructura, el propósito y las posibilidades de la hermandad".

El maíz o cereal –a veces también se usa trigo– representa el concepto de resurrección. El vino simboliza los logros místicos y el éxtasis. El aceite ha sido siempre uno de los elementos de la consagración o unción religiosa.

El candidato a compañero de oficio también recibe iluminación sobre el tema de la exhibición en la logia de la letra G. Un erudito en masonería escribe:

> Como la esfinge ante las pirámides, [la letra G] se alza ante nosotros en silencio y misterio. No se la exhibe en forma constante en todo el mundo masónico, y hay estudiosos masónicos que consideran que habría que dejarla de lado. La razón por la que se la muestra se da con claridad al candidato a este grado. Se nos dice que es la inicial de geometría, así como la inicial del nombre del ser supremo. Desde la época de los "antiguos deberes" y otros manuscritos hasta el presente, se ha establecido sin lugar a dudas la naturaleza sinónima de geometría y masonería. También es evidente que la

"G" es la inicial de Dios.[1] Esto podría ser razón suficiente para su presencia.

Hay otras consideraciones que debería tener en cuenta el estudiante masónico. La pregunta inmediata podría ser: ¿por qué se da a la geometría un estatus tan exaltado? Se podrá observar también que la palabra *God* (Dios) no es un nombre en sí, sino una categoría de ser, como "ser humano". El nombre del ser supremo depende de la tradición que siga cada persona, y no sería incorrecto afirmar que el verdadero nombre del ser supremo no puede conocerse.

El candidato a compañero de oficio aprende la importancia de la geometría para alcanzar un pleno conocimiento de la masonería. Se le informa que la geometría es la base de la masonería. Esta conexión se remonta a los antiguos egipcios, que desarrollaron la agrimensura porque las crecidas anuales del río Nilo destruían las señales divisorias de los campos, por lo que debían calcularlas de nuevo cada año. Los griegos dieron el nombre de "geometría" a este modo de medir la tierra y lo extendieron a la ciencia teórica llamada razonamiento deductivo (lo cual se atribuye a Pitágoras). Más adelante, Platón elevó la geometría a la jerarquía de ciencia sagrada, destinada a descubrir la naturaleza de la realidad y, a través de ésta, a la deidad. Si se la aborda de la manera debida –sostenía–, la geometría es el conocimiento de lo eterno y "debe siempre atraer el alma hacia la verdad". En *Elementos de geometría* –tratado que comenzaba con cinco postulados acerca de líneas, ángulos y figuras– Euclides usaba sólo el compás y líneas rectas para sus dibujos, pruebas y soluciones.

Como los filósofos de la Antigüedad creían que la geometría tenía el poder de elevar la mente desde el mundo de las apariencias hacia la contemplación del orden divino, las enseñanzas del grado de compañero de oficio subrayan la importancia del estudio de números, orden, simetría y proporción. Estas leyes se descubren en la práctica de las siete artes liberales, así denominadas porque su práctica liberaba la mente.

1. *God*, en inglés. (N. de la T.)

Presentado ante el venerable maestre por un primer diácono, el candidato debe hincarse sobre la rodilla derecha, con el pie izquierdo formando una escuadra, el cuerpo erguido, la mano derecha en el volumen sagrado y la izquierda sostenida por el compás para formar una escuadra. Se le hace repetir este juramento:

> Yo, _____, en presencia del gran geómetra del universo, y en esta venerable y aprobada logia de masones compañeros del oficio, debida y regularmente constituida, por mi propia voluntad y consentimiento prometo y juro en forma solemne, por la presente y de aquí en adelante, que siempre acogeré, ocultaré y jamás revelaré ninguno de los secretos o misterios del, o pertenecientes al, segundo grado de la masonería, que se conoce con el nombre de compañero de oficio; ni al que no es más que un aprendiz iniciado, ni a ninguno de los no iniciados ni al mundo popular de los que no son masones. Me comprometo a actuar como verdadero y leal artesano, obedecer las señas y mantener los principios inculcados en el primer grado. Todos estos puntos juro obedecer sin evasión, subterfugio o reserva mental de ningún tipo, so pena no menor que, de violar algunos de ellos –además de mis anteriores obligaciones–, se me abra la parte izquierda del pecho, se me arranque el corazón y se lo arroje como presa a las voraces aves del aire o a las bestias devoradoras del campo. Ayúdame, Dios todopoderoso, y mantenme inquebrantable en ésta, mi grande y solemne obligación como masón compañero de oficio.

Luego se le encomienda no sólo ajustarse a los principios de la orden y "perseverar, constante, en la práctica de toda virtud encomiable", sino también consagrarse al "estudio de las artes liberales, esa valiosa rama de la educación que de manera tan eficaz tiende a pulir y adornar la mente. Debe estudiar en especial la ciencia de la geometría –o masonería, puesto que en su origen eran sinónimos–, [que] es de naturaleza divina y moral y enriquece el conocimiento más útil, demuestra las maravillosas propiedades de la naturaleza [y] manifiesta la verdad de la moral". Al igual que en el primer grado, se narra en un discurso la historia del Templo de Salomón, el asesinato de Hiram Abiff y el destino de los tres "rufianes". El discurso incluye preguntas del venerable maestre, que el compañero de oficio debe responder. Entre ellas figura la siguiente: "¿Por qué medio se extendió el sistema de la masonería?". El compañero debe responder: "Nuestro gran maestre Salomón, al observar los efectos producidos por la estricta orden adoptada por los masones empleados en sus obras, concibió la gran idea de unir lo sabio y bueno de toda nación en el vínculo de amor fraternal y en la búsqueda de conocimientos científicos".

En un coloquio que remonta la masonería hasta Pitágoras, el venerable maestre pregunta: "¿Qué observaciones masónicas encontramos en las instrucciones de Pitágoras?". El compañero de oficio responde: "Él imponía a sus discípulos un largo período de prueba de secreto y riguroso amor y fidelidad entre ellos. Los distinguía con señas secretas, y los dividía en dos clases, según sus habilidades y conocimientos".

La culminación de la iniciación del segundo grado es señalada con el agregado de escarapelas al mandil masónico; estas simbolizan el progreso alcanzado en la "ciencia de la regeneración", y la evolución espiritual en que el candidato se encuentra. El azul (el cielo) se relaciona con la devoción a los intereses espirituales.

Al cerrarse la logia, el venerable maestre exhorta a los hermanos a recordar que "dondequiera que estemos, y hagamos lo que hiciéremos", el "ojo que todo lo ve" del gran geómetra del universo "nos contempla, y mientras continuemos actuando como compañeros masones, jamás dejemos de cumplir nuestros deberes para con él [Dios] con fervor y celo". A lo cual se responde con una expresión masónica tradicional ("Amén" o "Así sea"), que denota conclusión y aceptación.

Acerca del simbolismo de la escalera de caracol en el ritual del grado de compañero de oficio, W.M. Wilmhurst encuentra una comparación en la parábola, relatada por Jesús, del hijo pródigo que se había marchado a la buena ventura a una comarca lejana. Escribe: "Has bajado y bajado, como en un movimiento en espiral por una escalera de caracol, hacia este mundo inferior y esta forma imperfecta de existencia. Ahora, al fin te han llegado la hora y el impulso de volver a ese mundo interior [de tu verdadera naturaleza y la naturaleza de la vida verdadera]. Por lo tanto, revierte tus pasos. Ya no mires hacia afuera, sino hacia adentro. Vuelve a subir por esa escalera de caracol. Te llevará al centro de la vida y al *sanctasanctórum* del cual te has apartado".

Tras haber progresado de aprendiz a compañero, el masón enfrenta lo que Wilmhurst denomina "la última y gran prueba de su fortaleza y fidelidad".

17

Maestre masón

Considerado la "corona de la logia azul", el tercer grado es la culminación de todo lo realizado por el candidato en las ceremonias precedentes. Como aprendiz iniciado equilibró, en forma simbólica, su naturaleza impulsiva interior, para modelarla hasta alcanzar la debida relación con su espiritualidad. La naturaleza física se purificó y evolucionó a un grado más elevado. Las facultades mentales se agudizaron y los horizontes se expandieron. En términos masónicos, el grado siguiente "ahonda en los recovecos más profundos de la naturaleza humana y lleva al iniciado al *sanctasanctórum* del templo, a sondear en lo más sagrado de su corazón". El grado de maestre masón es "símbolo de la sabiduría de la vejez, con la que un hombre puede gozar las felices reflexiones de una vida bien vivida, y morir en el seguro conocimiento de una gloriosa inmortalidad".

En la dramatización que se representa, el candidato asume el papel del "gran maestre Hiram Abiff" y experimenta en forma simbólica la muerte, el entierro y la resurrección. El ritual tiene el objeto de forjar un vínculo con el "alma interior" de la confraternidad y con una leyenda "completa y coherente" ligada a las antiguas escuelas del misterio. Semejante es el drama del dios egipcio Osiris, que comienza con su trágica muerte; luego Isis busca su cuerpo y al final Osiris es descubierto y resucitado. De modo similar, el dios griego Dionisios fue atacado por los titanes y descuartizado, pero la diosa Rea acudió

en su ayuda y Dionisios se alzó glorioso. Estas leyendas tienen en común el presentar a un rey sagrado, destinado a ser sacrificado para
que la tierra pueda regenerarse y elevarse mediante el poder divino.

Ya se ha dicho que, en la construcción del templo de Salomón, había tres grandes maestres: Salomón, rey de Israel; Hiram, rey de Tiro, e Hiram Abiff. Los secretos que sólo ellos conocían plasman una
verdad divina que no podía comunicarse a los seres humanos hasta
que hubieran completado su propio "templo espiritual". Una vez al-
canzados estos secretos, el individuo podría cosechar las recompensas de una vida bien vivida y viajar al "país desconocido". En la masonería esto no significa ir a un lugar geográfico, sino a un lugar
espiritual de inmortalidad. El viaje se emprende a través de los "recovecos interiores del Oficio", acompañado por el uso de contraseñas,
apretones de manos, señales y palabras secretas.

Los tres rufianes del ritual de Hiram Abiff, el intento por obtener
a la fuerza los misterios que no les correspondían y las consecuencias
de sus actos simbolizan los peligros de tratar de alcanzar el conocimiento de la "verdad divina" por medios distintos a la lealtad: el culpable puede transformarse tanto en ladrón como en asesino. De este
modo, los truhanes son símbolo de ignorancia, pasiones y actitudes
erróneas que deben controlarse y dominarse.

Como la muerte de Hiram Abiff provocó una gran pérdida de conocimiento de la "palabra divina", el ritual masónico construido a
partir de tal historia representa el sentimiento de "pérdida y exilio" de
la "fuente de vida". Los masones creen en la búsqueda de la "verdad
divina", que ellos relacionan con la luz del "poder y la verdad divi-
nos". El modo de alcanzar esto consiste en avanzar a través de los tres
grados. La lección del último paso radica en que todo hombre debe
morir pero, si ha conocido la luz, supera la muerte y logra la inmortalidad. En *Freemasonry: A Journey through Ritual and Symbol* (Masonería: un viaje a través de rituales y símbolos), W. Kirk MacNulty explica: "La 'muerte' que enfrenta el candidato en el tercer grado lo hará
reconocer que ya no es un ser psicológico ni tampoco un ser físico, sino, antes bien, un ser espiritual, dotado tanto de alma como de cuerpo... Puesto que esto requiere la muerte del yo del candidato (su esen-

cia psicológica), y puesto que su yo es su idea de existencia, esa 'muerte' puede constituir un proceso de aterradora dificultad".

El candidato presta el siguiente juramento:

Yo, _____, por mi propia voluntad y consentimiento, en presencia de Dios todopoderoso, y de esta venerable logia, erigida a Él y consagrada al sagrado San Juan, por la presente y de aquí en adelante prometo y juro muy solemne y sinceramente que acogeré, ocultaré y jamás revelaré ninguno de los secretos, artes, partes, o puntos, del grado de maestre masón, a ninguna persona en absoluto, salvo que se trate de un verdadero y legítimo hermano de este grado, o en una logia de maestres masones, y sólo después de encontrados –mediante estrictas pruebas, debido a examen o genuina información– con legítimo derecho a lo mismo que yo. Prometo además que cumpliré y me regiré por todas las leyes y reglas del grado de maestre masón, y de la logia de la cual pueda, de aquí en adelante, ser miembro, en tanto lleguen a mi conocimiento. Siempre respetaré y respaldaré la Constitución, las leyes y los edictos de la gran logia bajo la cual se impongan. También digo que reconoceré y obedeceré todos los signos y convocatorias que me envíe una logia de maestros masones, o aquellos que me dé un hermano de este grado, si se halla dentro de mi alcance. Ayudaré y asistiré a todos los maestros masones pobres, afligidos y dignos, a sus viudas y sus huérfanos, conociéndolos como tales, hasta donde puedan requerirlo sus necesidades y permita mi capacidad, sin perjuicio material para mí o mi familia. Mantendré inviolables los secretos de un digno maestre masón, cuando se me comuniquen y los reciba como tales, con excepción de asesinato y traición. No ayudaré ni estaré presente en la iniciación, la aprobación o la elevación de una mujer, un anciano senil, un joven menor de edad, un ateo, un loco o necio, conociéndolos como tales. No actuaré en una logia de masones clandestinos, ni conversaré sobre el tema de la masonería con un masón clandestino, ni con uno que haya sido expulsado o suspendido de una logia, mientras aún se encuentre bajo sentencia, ni defraudaré una logia de maestres masones, ni a un hermano de este grado, ni lo reemplazaré en ninguna de sus loables empresas, sino que le daré el debido y oportuno aviso, para que pueda precaverse de todo peligro. No golpearé a sabiendas a un hermano maestre masón ni le infligiré ningún otro tipo de violencia producto de la ira, salvo en la necesaria defensa de mi familia o propiedad. No tendré contacto carnal ilícito con la esposa de un maestre masón, su madre, hermana o hija, conociéndolas como tales, ni sufriré a manos de otros, si está en mi poder impedirlo. No revelaré la "gran palabra masónica" de ningún otro modo o forma que aquel en que la recibiré, y aun así sólo en voz baja. No daré la gran señal de aflicción salvo en caso del más inminente peligro y, si alguna vez debo recibirla, u oír las palabras que la acompañan, de un digno hermano que corre peligro, volaré en su auxilio, si existen mayores probabilidades de salvar su vida que de perder la mía. Todo esto lo prometo y juro con suma solemnidad y sinceridad, con la firme y constante resolución de hacerlo, sin vacilación alguna, so pena no menor que la de que se me arranquen los intestinos y sean quemados hasta reducirlos a cenizas, se desparramen estas a los cuatro vientos del cielo para que no quede más recuerdo de un despojo tan vil y perverso como sería si alguna vez, a sabiendas, violara mis obligaciones de maestre masón. Así que ayúdame, Dios, y mantenme en el debido cumplimiento de ellas.

Durante la presentación del mandil de maestre masón, el venerable maestre que preside la ceremonia declara:

Ya se te ha informado que en la construcción del templo de Salomón los diferentes grupos de obreros eran distinguidos por la manera en que llevaban sus mandiles. Los maestres masones usaban los suyos hacia abajo, en forma de escuadra, para que los señalaran como tales o capataces de la obra. Por lo tanto, en tu carácter de maestre masón aspirante, llevarás tu mandil de esa manera, para advertirte que tus actos hacia toda la humanidad deben poseer las cualidades de una figura perfecta, para simbolizar la integridad de tu servicio a Dios, y recordarte tu cuádruple deber, para con tu país, tu barrio, tu familia y contigo mismo.

Las herramientas de trabajo del grado de maestre masón son el calibre (o regla) de veinticuatro pulgadas y el mazo (o martillo). El ritual explica: "El mazo es la herramienta con que mataron a Hiram Abiff; la pala que cavó su tumba; el ataúd que recibió sus restos mortales; y la rama de acacia que floreció a la cabecera de su sepultura". En la tradición masónica, los primeros tres son emblemas de la mortalidad y plantean una "seria reflexión a todos los hombres pensantes". Pero serían más oscuros y lúgubres –declara el venerable maestre– "de no ser por la rama de acacia que floreció allí para recordarnos que dentro de nosotros hay una parte imperecedera que guarda la afinidad más cercana con la 'inteligencia suprema' que domina toda la naturaleza y que nunca, nunca, nunca morirá".

El ritual contiene y describe estos emblemas, tal como se transcribe a continuación:

- El incensario, símbolo de la pureza de corazón, que es siempre una ofrenda para la deidad, y así reluce de ardiente calor, así deberían nuestros corazones brillar de gratitud para con el grande y caritativo autor de nuestra existencia, por las múltiples bendiciones y consuelos de que disfrutamos.

- El panal es un emblema de laboriosidad, y recomienda la práctica de esa virtud a todos los seres creados, desde el serafín más alto del cielo hasta el más bajo reptil de la tierra. Nos enseña que vinimos al mundo como seres racionales e inteligentes, y por eso debemos ser laboriosos, sin estar nunca satisfechos si nuestros pares cercanos pasan necesidades, en especial cuando se halla en nuestro poder aliviarlas, sin perjudicarnos.

- El libro de las constituciones, guardado por la espada del retejador, nos recuerda que debemos permanecer siempre vigilantes y en guardia en nuestros pensamientos, palabras y acciones, en particular ante enemigos de la masonería, y tener siempre presentes esas virtudes masónicas: el silencio y la circunspección.

- "La espada apuntando al corazón desnudo" muestra que la justicia nos alcanzará tarde o temprano; y aunque nuestros pensamientos, palabras y acciones puedan ocultarse a los ojos de los hombres, el ojo que todo lo ve, a quien obedecen el sol, la luna y las estrellas, y bajo cuyo vigilante cuidado hasta los cometas efectúan sus formidables revoluciones, domina los más íntimos recovecos del corazón humano y nos recompensará de acuerdo con nuestros méritos.

- El ancla y el arca representan una esperanza bien fundada y una vida bien vivida. Son emblemáticos del arca divina, que nos permite navegar por este tempestuoso mar de problemas, y del ancla que nos llevará a echar marras en un puerto apacible, donde la maldad cesa de molestar y los cansados encuentran reposo.

- El cuadragésimo séptimo problema de Euclides enseña a los masones a ser amantes de las artes y las ciencias.

- El reloj de arena es emblema de la vida humana. ¡Observen con cuánta rapidez corre la arena, así como nuestra vida se acerca a su fin! No podemos contemplar sin asombro las pequeñas partículas contenidas en esta máquina, que pasan en forma imperceptible aunque, para nuestra sorpresa, en el corto espacio de una hora se han agotado. Así se consume el hombre. Hoy echa las hojas tiernas de la esperanza; mañana florece, y lleva sobre sí sus honores mundanos; al día siguiente, una escarcha mordisquea los brotes, y cuando cree que aún puede aspirar a la grandeza, cae, como las hojas de otoño, para abonar nuestra madre tierra.

- La guadaña es un emblema del tiempo, que corta el frágil hilo de la vida y nos arroja a la eternidad. ¡Contempla qué estragos causa la guadaña del tiempo entre la raza humana! Si por casualidad escapamos de las numerosas enfermedades propias de la infancia y la juventud, y con salud y vigor llegamos a los años de la madurez, aun así pronto podría segarnos la voraz guadaña del tiempo, y reunirnos en la tierra adonde han ido nuestros padres antes que nosotros.

Los derechos de un maestre masón consisten en dar y obtener auxilio masónico, hacer visitas y recibir un entierro ritual. Un escritor masón explica:

> El auxilio masónico puede ser brindado por cualquier maestro masón, ya a su propia logia, o a un maestre masón individual. En todos los casos, el individuo al que se lo solicita tiene el derecho de determinar el mérito del pedido y si tal ayuda puede brindarse sin perjuicio material para su familia. El auxilio es una función voluntaria tanto de la logia como del individuo. Si la situación económica de la logia no le permite ayudar, puede pedir ayuda a la gran logia. Con el fin de ser elegido para recibir auxilio masónico, el hermano no debe haber sido suspendido en los últimos cinco años y no puede haber cargos pendientes contra él al momento de la solicitud. La viuda y/o el huérfano de un maestre masón, miembro de la logia en el momento de su muerte, tienen derecho a consideración si solicitan asistencia.

Uno de los mayores privilegios de ser maestre masón es el derecho a visitar otras logias, siempre que sea un masón de importancia, que ningún miembro de la logia ponga objeciones y se le retribuya por sus deberes. El servicio fúnebre masónico se realiza sólo a pedido de un hermano o alguno de los familiares directos de un masón. Puede celebrarse en una iglesia, el salón de la logia, una casa de pompas fúnebres o un cementerio.

La constante responsabilidad de un maestre masón es la de "preservar sin mancha la reputación de la hermandad". También tiene la obligación de ser leal a la logia que le dio la "luz masónica" y los beneficios que acompañan su membresía. Esto significa asistir a la logia con la mayor frecuencia posible.

Cuando un candidato ha recibido el tercer grado, se dice que ha sido "elevado al sublime grado de maestre masón". El pináculo de la simbología masónica, "el vivir, morir y elevarse de un maestre", es un drama concebido para enseñar las virtudes de "fidelidad, fe y fortaleza".

Carl H. Claudy, uno de los más prolíficos y autorizados autores masónicos, escribe en un manual sobre masonería:

> Un maestre masón tiene carácter tanto público como privado; debe ser ciudadano antes de ser masón. Toda su reputación como maestre masón, las enseñanzas de integridad y fidelidad, todos los magníficos ejemplos de firmeza y fortaleza en momentos de prueba y peligro –incluso en el valle de las sombras– que se han enseñado a un hombre como maestre masón deben basarse en sustentar con dignidad su carácter de ciudadano. El maestre masón recién ascendido debe "respaldar la dignidad de su carácter en toda ocasión". El maestre masón debe ser mejor ciudadano que el no masón, porque se le ha enseñado su sagrado honor y se ha comprometido a él.

En *An Encyclopaedia of Freemasonry*, Albert G. Mackey declara: "La palabra 'grado', en su sentido primitivo, significaba 'paso'. Los grados de la masonería son, entonces, los pasos por los cuales el candidato asciende de una condición de conocimiento más baja a una más alta." Si un maestre masón de la logia azul desea expandir su experiencia en la hermandad, debe procurar "la plena luz de la masonería del antiguo Oficio", ascendiendo a grados más altos.

18

El rito escocés y el rito de York

EL RITO ESCOCÉS

Aunque la "masonería antigua y pura" define tres grados –aprendiz iniciado, compañero de oficio y maestre masón–, los ritos escocés y de York ofrecen grados más altos. El rito escocés se organizó en los Estados Unidos en 1801. Basado en el rito escocés de la perfección francés, ofrece treinta y dos grados y un trigésimo tercer grado honorario. Es una de las dos ramas de la masonería en que un maestre masón puede ascender después de haber completado los tres grados de la masonería simbólica de la logia azul. Los masones del grado treinta y dos se reúnen en centros llamados "valles". Fundado en el siglo XVII en Borgoña, Francia, el rito escocés original incluía entre sus miembros a masones que veían la necesidad de adquirir grados más avanzados, sustentados en los principios fundamentales de los tres grados simbólicos masónicos.

Descritos como "un brazo educativo de la confraternidad masónica", sus grados toman la historia y las lecciones impartidas a través de las tres instancias de la logia azul y amplían sus datos históricos, leyendas, tradiciones y enseñanzas morales. Los grados cuarto a decimocuarto "reanudan la historia donde la dejó la logia azul, e investigan y contemplan el nombre inefable de la deidad. La lección más importante de esta estructura radica en ver a Dios no como objeto de

conocimiento, sino de fe". Los cuatro grados siguientes cubren la
época que va desde la destrucción del templo de Salomón hasta la es-
critura del *Libro de las Revelaciones* (Apocalipsis), y sus lecciones son
de naturaleza religiosa, histórica, moral y filosófica. Los grados noveno al duodécimo abarcan la época de las Cruzadas, dramatizan las virtudes caballerescas y estudian el simbolismo místico para enseñar
por qué la moral y la práctica de la virtud son indispensables para el
masón. Los últimos grados –el trigésimo primero y el trigésimo segundo– tratan de la "siempre cambiante relación entre la ley humana, como medio de alcanzar la justicia, y la justicia divina, como idea
en la cual el camino a la inmortalidad es más que la mera apariencia
exterior de bondad". El grado trigésimo tercero y el de "caballero comendador de la corte de honor" son honorarios.

En la política del rito escocés, "todo el que quiera participar tiene
su lugar haciendo lo que mejor sabe. El énfasis radica en los modos de
hacer; todos son iguales y todas las tareas, importantes, ya sea que se
trate de un oficial, un ritualista, el que custodia la puerta, aquel que lee
discursos, hace pasar a los candidatos, ayuda con los trajes, la iluminación o la escenografía, prepara las comidas, o recibe a los nuevos
miembros o candidatos. Todos son fundamentales para celebrar una
tenida exitosa". Las mujeres y las familias se incluyen en casi todas las
actividades, salvo en las asambleas mensuales cerradas (aunque pueden sumarse para compartir los refrigerios).

Los grados consisten en:

Logia de la perfección
    4° Maestre secreto
    5° Maestre perfecto
    6° Secretario íntimo
    7° Preboste y juez
    8° Intendente de edificios
    9° Elegido de los nueve
    10° Elegido de los quince
    11° Elegido de los doce
    12° Gran maestre arquitecto

13° Arco real de Salomón
14° Gran elegido perfecto y sublime

Capítulo de los rosacruces

15° Caballero del Oriente o de la espada
16° Príncipe de Jerusalén
17° Caballero de Oriente y Occidente
18° Caballero rosacruz

Consistorio

19° Gran Pontífice
20° Maestre *ad Vitam*
21° Patriarca noaquita
22° Príncipe del Líbano
23° Jefe del tabernáculo
24° Príncipe del tabernáculo
25° Caballero de la serpiente de bronce
26° Príncipe de la merced
27° Comendador del templo
28° Caballero del sol
29° Caballero de San Andrés
30° Caballero Kadosh
31° Inspector inquisidor comendador
32° Sublime príncipe del real secreto

El "moderno rito escocés antiguo y aceptado" data de 1801, cuando se estableció el primer consejo supremo en Charleston. Bajo las disposiciones de las grandes constituciones, se formó un segundo consejo supremo, y el original tomó el nombre de "consejo supremo para la jurisdicción Sur de los Estados Unidos de Norteamérica". Dado que es el más antiguo, se lo denomina "consejo madre del mundo". En 1813 se estableció el consejo supremo del Norte, con catorce Estados originales: Maine, New Hampshire, Vermont, Massachusetts, Connecticut, Rhode Island, Nueva York, New Jersey, Pensilvania, Delaware, Ohio, Illinois, Indiana y Michigan. En 1818 se sumó Wisconsin.

La jurisdicción Sur mantuvo la autoridad en el resto de los Estados Unidos y en todo territorio que formara parte de este después de 1813, así como en países donde el consejo supremo tenía –o estableció después– cuerpos del rito. Son treinta y cuatro Estados: Alabama, Arizona, Arkansas, California, Colorado, Florida, Georgia, Idaho, Iowa, Kansas, Kentucky, Louisiana, Maryland, Minnesota, Mississippi, Missouri, Montana, Nebraska, Nevada, Nuevo México, Carolina del Norte, Carolina del Sur, Dakota del Norte, Dakota del Sur, Oklahoma, Oregon, Tennessee, Texas, Utah, Virginia, Washington, West Virginia, Wyoming y Alaska. También incluye el distrito de Columbia, el ejército y la marina (compartidos con el consejo supremo del Norte), China, Japón, Hawai, Puerto rico, las Filipinas y el canal de Panamá.

Como el rito escocés se originó en ceremonias practicadas en el continente europeo –que más adelante se cristalizaron mediante las constituciones de 1761, 1762 y 1786–, a veces se lo llama "masonería continental". Esta forma también se conoce y practica en Sudamérica, Asia, África, Australia y Nueva Zelanda.

La jurisdicción Norte –logia de la perfección– confiere los grados cuarto a catorce inclusive; el "consejo de príncipes de Jerusalén", el quince y el dieciséis; el "capítulo de los rosacruces", el diecisiete y el dieciocho; y el consistorio, del diecinueve al treinta y dos inclusive. En Canadá hay tres cuerpos: la logia de la perfección, el capítulo de los rosacruces y el consistorio.

Aunque el rito escocés se define como "no sectario", los consejos supremos tanto Norte como Sur observan las ceremonias de "apagar y reencender las luces simbólicas" el jueves anterior a Pascua y el domingo de Pascua. Acerca de la religión en el rito escocés, el difunto gran comendador James D. Richardson, de la jurisdicción Sur, ha escrito:

> La masonería del rito escocés no ha intentado difundir ningún credo, salvo el propio, simple y sublime, de la fe en Dios y las buenas obras; ninguna religión, salvo la universal, eterna e inmutable, una religión tal como la plantó Dios en el corazón de la humanidad. Sus devotos pueden procurarse y encontrarse por igual en los templos judíos, musulmanes y cristianos. Es la maestra de las morales

de todas las religiones; es la guía del bien y no del mal, de la verdad y no del error. Como en los tiempos de Dante, su misión es ayudar a la humanidad a no ceder ante el despotismo, y aplastar la tiranía y la intolerancia espirituales.

En buena parte de los Estados Unidos el rito escocés posee edificios imponentes. En Washington D.C., la casa del templo es sede del consejo supremo de la jurisdicción Sur. Contiene la gran biblioteca y una cámara del consejo supremo en la que se celebran sus asambleas cada dos años.

EL RITO DE YORK

Los practicantes del antiguo rito de York se enorgullecen de aseverar que "toda gran logia es descendiente directa de la asamblea de masones de York de 926", y que toda edición de las "antiguas constituciones manuscritas" confirma que en 1717, cuando nació en Londres la primera gran logia teórica organizada, "se adoptaron los términos de la cédula de constitución de York y se usaron como base para su constitución y declaración de principios".

La razón de esta prominencia de York en la historia masónica es el poema "Regius", también conocido como "manuscrito Halliwell", que contiene regulaciones para el gobierno del Oficio y señala que Athelstan, nieto de Alfredo el Grande, gobernó Inglaterra desde 924 hasta 940. Athelstan puso fin al sometimiento de los reinos menores de Inglaterra –iniciado por su abuelo– y fue reconocido como primer rey de toda Inglaterra. El poema "Regius" y otras antiguas leyendas relatan que Athelstan fue un gran patrono de la masonería, construyó abadías, monasterios, castillos y fortalezas, estudió geometría e importó a sus tierras hombres versados en estas artes. Para mantener el orden en el trabajo y corregir a los infractores, el rey emitió una cédula que permitía a los masones celebrar una asamblea anual en York. También se dice que formó muchos masones.

Las leyendas prosiguen narrando que Athelstan designó gran

maestre a su hermano, Edwin, y que la primera gran logia se llevó a cabo en York en 926. Los relatos afirman que las constituciones de la masonería inglesa estaban escritas en griego, latín y otros idiomas. Además del significado directo del contenido de esta leyenda, los estudiosos especulan que es probable que el rey y el príncipe fueran miembros "teóricos", más que operativos del Oficio, hecho que explica por qué tantos miembros teóricos de alto rango se unieron al Oficio en los siglos XVII y XVIII.

Los historiadores del rito de York señalan que, desde la unión de las cuatro grandes logias de Londres, los investigadores de los orígenes del Oficio los encontraron en el antiguo Egipto, el templo de Salomón, los gremios de construcción romanos y los constructores de catedrales de la Edad Media. No obstante, a principios del siglo XVIII se presentó la nueva teoría de que la masonería comenzó en Tierra Santa, con los cruzados y los caballeros templarios. Andrew Michael Ramsay propugnó esta controvertida versión en 1737, en París, y se la conoció con el nombre de "discurso de Ramsay". Si bien algunos masones la rechazan por errónea, la noción que atribuye las raíces de la masonería a los caballeros templarios se introdujo en las colonias de América del Norte a través de las logias militares inglesas y fue ampliamente aceptada.

El registro más antiguo del otorgamiento del grado más alto del rito de York en los Estados Unidos se encuentra en los archivos de la logia Fredericksburg, de Virginia, con fecha 22 de diciembre de 1753. El primer templario en ser iniciado en los Estados Unidos fue William Davis, boticario, que participó en la batalla de Bunker Hill. El 28 de agosto de 1769, Davis recibió los grados de "sobresaliente", "muy sobresaliente", "arco real" y "caballero templario" por la logia del arco real de San Andrés, en Boston. El 11 de diciembre de 1769 fue iniciado Paul Revere; cinco meses después, el doctor Joseph Warren se sumó a la lista de los primeros caballeros templarios estadounidenses.

Durante este período, las logias de las colonias también comenzaron a otorgar el grado de "arco real". Tras comentar que estos grados provocaron "mucha agitación y debates" con respecto a su inserción en la estructura de la masonería, un historiador observa que emergieron un orden y una estructura más razonables para toda la masonería, que implicó el establecimiento de cuerpos gobernantes estatales y nacionales, capítulos, consejos y comandancias que constituyen el rito de York actual, en el cual un maestre masón puede hacerse miembro de tres grupos del rito de York: los masones del arco real, un consejo de masones reales y selectos, y una comandancia de caballeros templarios. Ninguno requiere la memorización de largos rituales para avanzar de un grado a otro, como en efecto ocurre con los grados de aprendiz iniciado, compañero de oficio y maestre masón.

El rito de York consta de cuatro grados: maestre de marca (o de nota), maestre aprobado, maestre excelentísimo y masón del arco real. Algunos estudiosos creen que "maestre de marca" fue el primero de los grados, muy anterior en antigüedad a todos los demás.

El grado de maestre excelentísimo es una innovación estadounidense. Se lo confirió ya en 1783, en un capítulo del arco real, en Middletown, Connecticut. Un erudito en masonería lo califica "el grado más espectacular de toda la masonería" porque "es el único que atrae forzosamente nuestra atención a la conclusión y la inauguración del templo del rey Salomón".

El grado del arco real se ha descrito como "el clímax de la masonería del antiguo oficio" y la "raíz y núcleo de la masonería". Su dramatización evoca la historia judía desde la destrucción del templo de Salomón y el exilio de los judíos en Babilonia hasta su regreso, con el permiso del rey, para reconstruir el templo. Durante esa reconstrucción, descubren la palabra del "maestro", perdida durante largo tiempo. Por esta razón, el grado del arco real se considera la culminación de la educación masónica. "Revela la plena luz de la masonería del antiguo oficio, la presenta como un sistema completo de acuerdo con el plan original", y da con justicia al que ha ascendido a este grado "el noble nombre de maestre masón".

Otros grupos masónicos

A los grupos masónicos restantes se los llama "órdenes recreativas". La más conocida entre los estadounidenses es la *Ancient Arabic Order of the Nobles of the Mystic Shrine for North America* (Antigua orden árabe de los nobles del santuario místico de América del Norte), abierta a masones del grado treinta y dos o caballeros templarios y fundada en la ciudad de Nueva York en 1871. Popularmente se la denomina *shriners* y no tiene categoría oficial en la masonería, aunque ha ganado cierta notoriedad entre los masones estadounidenses. Se caracteriza por sus "chillonas vestimentas orientales, títulos grandiosos y bromas, así como por su ritual elaborado que parodia el Islam".

Una membresía de alrededor de 800.000 "nobles" ayuda a hospitales ortopédicos para niños lisiados. El auditorio Shrine de Los Ángeles ha sido con frecuencia el lugar elegido para numerosas ceremonias del mundo del espectáculo, incluida la entrega de los Premios de la Academia. Aunque esto ha hecho famosos a los *shriners*, los masones de Inglaterra prohíben afiliarse a ellos, so pena de suspensión.

Los *shriners*, que se distinguen por su decisión de disfrutar de la vida y sus actividades filantrópicas, creen y practican la filosofía del "placer sin ebriedad, la hospitalidad sin grosería y la jovialidad sin ordinariez".

La "Corta historia de la antigua orden árabe de los nobles del santuario místico" registra que, ya en 1870, había varios miles de masones que vivían en Manhattan, cifra bastante significativa dado que habitaban Manhattan unas 900.000 personas. Uno de ellos, William Florence, estrella del escenario, había conversado a menudo con sus hermanos masones acerca de la idea de fundar otra confraternidad, donde se hiciera más hincapié en "la diversión y la camaradería" que en el ritual y las ceremonias complicadas.

En una de sus giras por Europa, Florence fue invitado a una fiesta ofrecida por un diplomático árabe, en la que se representó una comedia musical de elaborada puesta. Al final de la función, se hizo participar a los asistentes en una sociedad secreta ficticia. Florence, cautivado, asistió a otras dos fiestas similares, observó todos los matices de las ceremonias y tomó nota. Al regresar a Nueva York le contó a un amigo, el doctor Walter Fleming, todo lo visto. Entre ambos, con los datos recopilados, forjaron el ritual de la "antigua orden árabe de los nobles del santuario místico" (Nótese que, si se las cambia de lugar, las iniciales de estas palabras forman "*a mason*" –un masón–). El 26 de septiembre de 1872 se formó el primer templo Shrine de los Estados Unidos, llamado Templo de la Meca. Contaba con pocos miembros, pero en 1876 se formó un nuevo grupo, "el gran consejo imperial de la antigua orden árabe de los nobles del santuario místico". En menos de dos años, la cantidad de *shriners* pasó de cuarenta y tres a más de cuatrocientos, repartidos en trece templos. En 1888 había en los Estados Unidos cuarenta y nueve templos y más de 7.000 miembros, y un templo en Canadá. Aunque en la década de los ochenta realizaban sobre todo actividades sociales, los "nobles" acudieron en auxilio de las víctimas de una epidemia de fiebre amarilla y de la inundación de Johnstown. Para 1898, la orden contaba con 50.000 miembros, y setenta y uno de los setenta y nueve templos estaban consagrados a obras filantrópicas.

Esta decisión se formalizó en junio de 1920, en una reunión del Consejo imperial en Portland, Oregon, cuando se propuso que el Shrine abriera un hospital para niños lisiados. En junio de 1922 se colocó la piedra angular del primer Hospital Shriners para niños lisiados (en Shreveport, Louisiana), que suministraría atención médica a niños necesitados. En 1962, en la sesión imperial efectuada en Toronto, el Shrine resolvió abrir un hospital infantil especializado en tratamiento de quemaduras. Al año siguiente se inauguró una unidad provisional de siete camas en el hospital John Sealy, de la Facultad de Medicina de la Universidad de Texas, Galveston. Le siguieron unidades similares en Cincinnati, Ohio, y también en el Hospital General de Massachussets, en Boston. Cerca de esas unidades provisionales se inició la construcción de tres institutos para quemados, de treinta camas cada uno; las obras concluyeron en 1968. La hermandad también abrazó otras causas, como el Centro de rehabilitación de médula espinal de Filadelfia, muchos nuevos institutos de traumatología y quemaduras, programas especiales para el control y tratamiento de espina bífida, y la primera ambulancia dedicada al transporte de víctimas de quemaduras.

El símbolo más destacado de la hermandad de los *shriners* es el fez rojo, usado en funciones oficiales, desfiles, viajes, espectáculos, bailes, cenas, actividades deportivas y otras ocasiones sociales. Un *shriner* puede integrar el *Cibara Motor Corps, Drum and Bugle Corps*, bandas de música oriental, patrullas motorizadas, patrullas a caballo y grupos de payasos. Hay 191 templos *shrine*, con 750.000 miembros en los Estados Unidos, Canadá, México y la República de Panamá, además de clubes *shrine* informales en todo el mundo.

Daughters of the Nile (hijas del Nilo), hermandad internacional de beneficencia compuesta por mujeres emparentadas con los *shriners* por nacimiento o matrimonio, posee 149 templos en los Estados Unidos y en Canadá. Fundado en 1913 por veintidós "mujeres progresistas con decisión y visión de futuro", el grupo afirma contar con 54.000 miembros en toda América del Norte. Sus afiliadas atienden a pacientes en veintidós hospitales *shriners* para niños, en América del Norte y Hawai. Cada año, a través de su "Fondo de donaciones para convalecientes" y su "Fondo de auxilio a convalecientes", las Hijas del Nilo destinan más de 1,5 millón de dólares a la compra de prótesis, aparatos dentales, zapatos ortopédicos y otros elementos similares. En los templos cosen ropa y colchas, además de donar juguetes, organizar fiestas para niños y trabajar como voluntarias en hospitales.

Entre otras organizaciones consagradas a la caridad y el entretenimiento se cuentan *The Grotto* (la gruta) y *Tall Cedars of Lebanon* (altos cedros del Líbano). Los miembros de *The Grotto* –denominado formalmente *Mystic Order of Veiled Prophets of the Enchanted Realm* (Orden mística de los profetas velados del reino encantado)– usan un fez idéntico al de los *shriners*.

La Orden de la estrella de Oriente se describe casi como una sociedad masónica, y está abierta a parientas de maestres masones, aunque cada sección debe incluir un masón como patrono y está sujeta a un ritual de cinco grados creado en 1850. Alrededor de tres millones de mujeres pertenecen a esta organización, considerada como un "cuerpo auxiliar femenino". Grupos similares son el *White Shrine of Jerusalem* (santuario blanco de Jerusalén) y la *Order of Amaranth* (Orden del amaranto). La Iglesia católica romana prohíbe a sus fieles la afiliación.

Los jóvenes de entre catorce y veintiún años que sean parientes de masones pueden integrar la "Orden de De Molay". Nombrada así en honor a Jacques de Molay (el último jefe de los caballeros templarios originales), se fundó en la ciudad de Kansas en 1919. Como la mayoría de los "demolays" suelen integrar una logia masónica en la adultez, esta orden hace las veces de "noviciado" masónico. Otra sociedad de jóvenes patrocinada por las logias azules es la "orden de los constructores". Las jóvenes, por su parte, tienen la opción de integrar la "orden de las hijas de Job" o la "orden del arco iris". Entre muchos otros grupos consagrados a intereses especiales que exigen la membresía masónica como prerrequisito para la afiliación, se cuentan los *National Sojourners* (oficiales de las fuerzas armadas, activos y retirados), la fraternidad universitaria Acacia, y los *Philalethes* (filosofía masónica). Los llamados clubes de los *High Twelve* (altos doce), los clubes de la escuadra y el compás y grupos semejantes ofrecen programas sociales y culturales para masones. La asociación de servicios masónicos de los Estados Unidos, formada en 1918, coordina actividades de bienestar y relaciones públicas dirigidas a masones.

Los masones negros en la Antigua orden árabe egipcia de los nobles del santuario místico para América del Norte y del Sur compiten con buena parte de los grupos superiores de culto y entretenimiento. También existen equivalentes de los ritos escocés, de York y de la estrella de Oriente.

La Sociedad Philalethes –asociación internacional de investigación masónica– publica una revista que brinda información masónica de todo el mundo. La *Societas Rosicruciana in Civitatibus Foederatis* (sociedad rosacruciana de los Estados Unidos) es el más esotérico de todos los ritos y grados de la masonería y se abre a maestres masones sólo por invitación. Otras organizaciones masónicas aliadas son:

Acacia, hermandad social universitaria fundada en 1904 y compuesta por hombres protestantes recomendados por dos maestres masones.

American Lodge of Research Master Masons (logia estadounidense de maestres masones para la investigación), dedicada al estudio de la historia masónica.

Ancient Egyptian Order of Princesses of Sharemkhu (antigua orden egipcia de princesas de Sharemkhu), formada por mujeres emparentadas con los *shriners*, que realiza proyectos tanto benéficos como sociales.

Ancient Egyptian Order of Sciots (antigua orden egipcia de Quiotas). Constituida por masones que se comprometen a asistir mensualmente a las tenidas de su logia azul. Fundada en 1905, tiene el objetivo de promover la camaradería masónica y ayudar a niños desprotegidos y desnutridos.

Ancient Toltec Rite (antiguo rito tolteca). Sus miembros son caballeros templarios, masones del grado treinta y dos y mujeres emparentadas con ellos. Confiere sus propios grados.

Clubes masónicos: organizaciones sociales de maestres masones. Aunque la orden masónica no permite las bebidas alcohólicas en sus logias, en la mayoría de los clubes masónicos hay salones de bar. En 1905 se fundó una Liga nacional de clubes masónicos.

Daughters of Mokanna (hijas de Mokanna): hermandad para mujeres emparentadas con los "profetas del reino encantado".

George Washington Masonic National Memorial Association (Asociación masónica nacional conmemorativa de George Washington), fundada en 1912, con membresía limitada a los miembros de la gran logia, mantiene su Washington Masonic Memorial en Alexandria, Virginia.

Grand College of Rites (gran institución de ritos) de los Estados Unidos: estudia los antiguos ritos masónicos, su membresía está limitada a maestres masones, y se accede sólo por invitación.

Grand Council of Allied Masonic Degrees (gran consejo de grados masónicos aliados) de los Estados Unidos: organizado para la práctica de antiguos rituales masónicos.

High Twelve International (Internacional de los altos doce): fundada en 1921, está compuesta por maestres masones organizados para promover la amistad y los ideales masónicos.

Holy Order of Knights Beneficent of the Holy City (santa orden de caballeros caritativos de la Ciudad Santa): maestres masones organizados para fortalecer la devoción religiosa; sólo se accede
a la membresía por invitación.

Ladies Oriental Shrine of North America (santuario oriental de damas de América del Norte): compuesto por mujeres emparentadas con Shriners, dedicadas a obras humanitarias.

Legión de Honor: asociación nacional de legiones de honor, fundada en 1931 y abierta a soldados y veteranos estadounidenses
que sean Shriners.

Masonic Relief Association (asociación de auxilio masónico) de los
Estados Unidos. Fundada en 1885 para administrar ayuda filantrópica tanto dentro como fuera de la orden masónica.

Masonic Service Association (asociación de servicio masónico) de los
Estados Unidos: federación de grandes logias que dirige programas de educación y bienestar, entre ellas, visitas a hospitales de
veteranos y asistencia en desastres. Aunque es una organización nacional, no tiene autoridad sobre las grandes logias de los
estados. Fundada en 1919, su sede está en Washington D.C.

Mutual Guild (asociación mutual): entidad que promueve la unidad entre distintas jurisdicciones de caballeros templarios y
del arco real.

National Sojourners (moradas nacionales): fundada en 1900, los
miembros de esta asociación son oficiales de las fuerzas armadas de los Estados Unidos retirados o en actividad y maestres
masones. Heroes of the 76 (héroes del 76) es otro grupo afiliado a esta entidad.

Order of Rainbow for Girls (orden del arco iris para niñas): fundada en 1922, está formada por niñas de entre doce y dieciocho
años, emparentadas con maestres masones o miembros de la
Estrella de Oriente, y amigas de estas jóvenes. Tiene como objetivo el de enseñar a vivir con propiedad.

Order of Desoms (orden de Desoís):[1] formada por hombres sordos emparentados con maestres masones, con el propósito de brindar asistencia a sus miembros.

Order of the Amaranth (orden del amaranto): organización caritativa compuesta sobre todo por mujeres emparentadas con maestres masones. Tienen el deber de mostrar, mediante sus preceptos y ejemplo, la creencia en la "regla de oro" y atenerse a las virtudes inherentes a la verdad, la fe, la sabiduría y la caridad que puedan mostrar a otros la bondad promovida por la orden.

Order of the Knight Masons of Ireland (orden de los caballeros masones de Irlanda): abierta a maestres masones sólo por invitación, concede los "grados verdes".

Red Cross of Constantine - United Imperial Council (cruz roja de Constantino–consejo imperial unido): grupo fundado en 1870 cuyos fines son estudiar y purificar la ciencia de la masonería. La membresía se limita a masones del arco real.

Royal Order of Jesters (real orden de bufones): organizada bajo el lema "El regocijo es rey". Sus miembros son Shriners y sólo se los admite por invitación.

Royal Order of Scotland (real orden de Escocia): masones cristianos de los ritos escocés o de York, con cinco años de antigüedad como mínimo. La orden confiere sus propios grados.

Tall Cedars of Lebanon (altos cedros del Líbano) de los Estados Unidos de América del Norte: maestres masones organizados con fines sociales.

A lo largo de la historia de la masonería, alcanzara un hombre el grado más alto posible o tuviera el grado más bajo, como aprendiz iniciado, la pertenencia a una sociedad que se envolvía en misterio y secreto no sólo aislaba al masón, sino que despertaba el recelo de quienes no lo eran: sobre todo, miedo a que detrás de las puertas cerradas y las ventanas tapadas ocurriera algo siniestro.

1. Desoms es una forma abreviada de *"deaf sons of masons"*, hijos sordos de masones. (N. de la T.)

19

Los hombres que dominan el mundo

En toda la historia de la masonería, personas ajenas a la orden, recelosas, desconfiadas y temerosas, la han denunciado como un centro de promoción de paganismo o anticristianismo, como exploradora de los oscuros misterios de lo Oculto, o como red de satanismo y amenaza revolucionaria contra el orden establecido, ya se trate de democracia o totalitarismo. En los siglos XIX y XX, los monarcas europeos reprimieron con denuedo la masonería, en la creencia de que esta fomentaba la revolución. Por ejemplo, en 1919-1920, cuando el régimen de Horthy tomó el poder en Hungría, dio inicio a una serie de incursiones de agentes armados contra las logias masónicas, en las que se destruyeron bibliotecas, registros, archivos, obras de arte y objetos diversos. Además, los edificios masónicos fueron expropiados y usados para exposiciones antimasónicas. En 1920 se sancionó un decreto que declaraba ilegal la masonería.

Por otra parte, en Alemania –como ya se ha dicho– el héroe de la Primera Guerra Mundial, general Erich von Ludendorff, y su esposa difundieron propaganda antimasónica y antisemita durante la década de 1920. Escribieron el folleto *Aniquilación de la masonería a través de la revelación de sus secretos* y otros materiales llenos de odio que adjudicaban la derrota de Alemania en la Primera Guerra Mundial a un "cuchillo en la espalda clavado por los judíos y los masones". Más tarde, en *Mein Kampf,* Hitler afirmó que la masonería había "sucumbido" a los judíos y se había convertido en un "excelente instrumento" para lograr sus fines. Agregaba que la "generalizada parálisis pacifista del instinto nacional de autoconservación" de la Alemania posterior a la Primera Guerra Mundial había comenzado con la masonería.

En 1931, diversas autoridades del partido nazi recibieron una "guía y carta de instrucciones" que afirmaba: "La hostilidad natural del campesino contra los judíos, y su hostilidad contra el masón como sirviente del judío, debe azuzarse hasta el frenesí". En enero de 1933, una vez que Hitler accedió al poder, su mano derecha, Hermann Goering, informó al gran maestre de Alemania que no había "lugar para la masonería" en su proyecto de país. En ese momento existían nueve grandes logias alemanas principales, con alrededor de 80.000 miembros. Las más importantes eran la "gran logia de los tres globos", la "gran logia nacional de todos los masones alemanes" y la "gran logia York real de la amistad". Sus líderes fueron informados de que el gobierno nazi no se proponía prohibir las actividades de la logia, pero que la orden masónica debía discontinuar el uso de las palabras "masón" y "logia", romper todas las relaciones internacionales, exigir que sus miembros fueran de ascendencia alemana, retirar el requisito de secreto y descartar todos los elementos del ritual que tuvieran su origen en el Antiguo Testamento. (De hecho, se atacó a las órdenes masónicas por haber tomado muchos elementos de sus doctrinas y ceremonias de "fuentes semitas".) De allí en adelante, la "Asociación de masones alemanes" se denominó "Orden nacional cristiana de Federico el Grande".

El doctor Walter Darre, ministro alemán de Agricultura, dijo ante una gran multitud que los masones eran "archienemigos del campesinado alemán" y que "planeaban sabotear" la política nazi. El gobierno de la provincia de Sajonia impidió el acceso de masones a cargos públicos tales como la enseñanza, y ordenó que prestaran atención a la "actitud del gobierno hacia la masonería". En 1934, Goering, primer ministro de Prusia, ordenó la disolución de las más antiguas e influyentes grandes logias masónicas de Prusia ("gran logia cristiana", "gran logia de los tres globos", "Todos los masones alemanes" y "York real de la amistad") porque podía "considerárselas hostiles al

Estado a causa de sus afiliaciones con la masonería internacional".
Un tribunal del partido nazi de Berlín publicó un decreto por el que
prohibía la afiliación de los que hubieran sido masones durante una
cantidad de años o hubieran recibido los grados más altos de la orden.
El ministro de Defensa de Berlín emitió una orden para separar a los
integrantes de las Fuerzas Armadas que pertenecieran a logias masónicas u organizaciones similares, y exigir a aquellos que ya fueran
miembros que cancelaran su membresía de inmediato.

En 1934, un joven sargento austriaco llamado Adolf Eichmann
aceptó un humilde empleo en la Segunda Agencia de la sección *Sicherheitsdienst Haptant* de la rama de seguridad de las *Schutzstaffeln*
(tropas de asalto nazis). Su tarea secreta consistía en pasar a máquina fichas con los nombres de prominentes masones alemanes. Su
trabajo sobre el "carácter internacional" de los masones lo puso en
contacto con "la cuestión judía", para la cual Heydrich y Eichmann
idearon una "solución final". El 8 de agosto de 1935 el periódico nazi
Voelkischer Beobachter anunció la disolución definitiva de todas las logias masónicas de Alemania. También se culpó a la masonería del
asesinato del archiduque Francisco Ferdinando, que tuvo lugar en Sa-
rajevo, en 1914, y encendió la mecha de la Primera Guerra Mundial.

A partir del decreto del presidente von Hindenburg en el que
acusaba a las logias masónicas de realizar actividades subversivas, el
ministro del Interior ordenó su inmediata disolución y la confisca-
ción de todas sus propiedades. El inspector de escuelas nazi viajó de
población en población convocando reuniones de ciudadanos para
contarles que miembros de la masonería que trabajaban en el departamento de mapas del ejército alemán en 1918 habían cometido traición pasando secretos militares a Inglaterra. En 1936, el Ministerio
del Interior alemán emitió una orden por la cual todos aquellos que
hubieran sido miembros de logias masónicas cuando Hitler llegó al
poder –en enero de 1933– resultaban no elegibles para cargos o ascensos en la administración pública, y que también se les prohibía
ocupar cargos en el partido nazi y las *Schutzstaffeln*. Los propagandistas nazis advertían de una "conspiración mundial judeo-masóni-
ca". Joseph Goebbels, jefe del Ministerio de Información nazi, afir-

maba que las democracias estaban regidas por "conspiradores de la masonería".

En 1937, muchos prominentes dignatarios y miembros de logias masónicas fueron enviados a campos de concentración. La Gestapo se apoderó de sus listas de miembros. Goebbels montó una "exposición antimasónica" en Munich. Secciones especiales del servicio de seguridad *Sicherheitsdienst* –y después del *Reichsscherheitshauptamt,* la oficina principal de seguridad del Reich– determinaron que la masonería no sólo era parte del "problema judío" sino también "una ideología autónoma con poder político" que dominaba la prensa, la opinión pública y provocaba guerras y revoluciones.

El 12 de marzo de 1938 los nazis marcharon sobre Austria, tomaron posesión de la gran logia de Viena y permitieron el saqueo de archivos, platería, cuadros, estatuas y muebles. También arrestaron al doctor Richard Schlesinger, gran maestre que murió poco después de su liberación, como consecuencia de los malos tratos sufridos. Antes de la invasión alemana, había dos grandes logias en Checoslovaquia. En marzo de 1939, cuando los nazis entraron en el país, arrestaron a 4.000 masones, muchos de los cuales fueron enviados a campos de concentración. Menos del 5 por ciento de los masones checos escaparon a Inglaterra, donde formaron la "gran logia Comenius en el exilio".

En Italia, el 23 de febrero de 1923, el Gran consejo fascista de Benito Mussolini había decretado que todo fascista que fuera masón debía elegir entre el Oficio y el fascismo. Cuando el "Gran Oriente" replicó que los masones fascistas se hallaban en libertad de renunciar a la masonería pues tal acción sería coherente con el amor a la patria propugnado en la logia, muchos masones renunciaron. En agosto de 1924 el dictador declaró que los fascistas debían revelar los nombres de los masones que no simpatizaran con su gobierno. Así se designaron comités para recopilar datos sobre la masonería. En 1925, Mussolini concedió una entrevista en la que dijo que, mientras que en Inglaterra, los Estados Unidos y Alemania la masonería era una institución caritativa y filantrópica, en Italia era una "organización política" al servicio del "Gran Oriente de Francia", y que los masones eran agentes de Francia e Inglaterra y se oponían a las acciones militares de Italia. En este contexto hostil, masones prominentes fueron asesinados. En enero de 1925, Mussolini disolvió toda la masonería italiana. Comizio Torrigiani, gran maestre del "Gran Oriente", se exilió en las islas Lipari en 1932 y murió poco después. Cientos de otros destacados masones italianos se exiliaron también. Entre 1925 y 1927, los "camisas negras" de Mussolini saquearon los domicilios de famosos masones de Milán, Florencia y otras ciudades, y asesinaron por lo menos a un centenar de ellos.

En España, donde había dos grandes logias ("Gran Oriente", con sede en Madrid, y la "gran logia española", o "gran logia catalana", en Barcelona), cerraron la primera y arrestaron a muchos masones por supuestos complots contra el gobierno. En 1935 la Legislatura aprobó una ley que prohibía a los miembros de las fuerzas armadas pertenecer a la masonería. En 1936, con el comienzo de la Guerra Civil Española, el Gran Oriente mudó su sede a Bruselas. En octubre, seis hombres fueron ahorcados por el solo hecho de ser masones. Durante la guerra, las tropas del general Francisco Franco destruyeron templos masónicos, confiscaron sus propiedades y ejecutaron a integrantes de la orden. En Córdoba mataron a todos los sospechosos de masonería; en Granada, obligaron a los miembros de logias a cavar su propia tumba y después los fusilaron; en Cádiz los torturaron y fusilaron; en Sevilla, los periódicos publicaban sus nombres, para luego cazarlos y matarlos; en Málaga ochenta masones fueron condenados al garrote. En toda España, Marruecos e islas Canarias, miles de hombres fueron encarcelados o ejecutados por pertenecer a la Orden. En 1938, Franco emitió un decreto por el cual ordenaba quitar de las lápidas de los masones enterrados en España todos los símbolos relacionados con la masonería. En 1939 proscribió la masonería y declaró delito la pertenencia a la Orden. Cualquiera que no la denunciara y revelara a la policía los nombres de todos los masones con los que había tenido relación, se arriesgaba a la cárcel.

Por otra parte, en Francia, en 1935, se formó una organización llamada "Grupo interparlamentario de acción contra la masonería", compuesta por miembros de la Cámara de Diputados y del Senado que eran simpatizantes fascistas. "Ha llegado la hora –declararon– de abatir a la masonería. Se ha iniciado una guerra a muerte contra ella, y ahora las fuerzas nacionales luchan sin tregua ni respiro." En junio de 1940, cuando Francia capituló ante Alemania, el gobierno títere de Vichy disolvió el Gran Oriente y la Gran logia de Francia, se apoderó de sus propiedades y las vendió. Asimismo, clausuraron la sede y advirtieron que todo el que entrara sería castigado con la muerte. Se montaron museos antimasónicos y se registraron las residencias privadas de los masones, a quienes en muchos casos se destituyó de sus actividades y profesiones. Lo mismo ocurrió en todos los países invadidos.

En 1942, el propio Hitler decretó que "los masones y los enemigos ideológicos del nacionalsocialismo que están aliados con ellos han originado la presente guerra". Los nazis se apoderaron de bibliotecas, archivos y logias, con la excusa de realizar "trabajos de investigación científica". Gran parte de ese material se exhibió en museos. Una de tales exposiciones antimasónicas proclamaba: "La oscuridad mística de la masonería ha cesado de ser oscuridad desde hace mucho tiempo. Estos 'secretos' han sido expuestos a la luz y, desde 1933, las intrigas de las logias han llegado a su fin. Es tanto más instructivo cuando el mundo, y en especial nosotros, los alemanes, podemos ver que toda la masonería es una organización creada y expandida en forma deliberada por Inglaterra para fomentar y fortalecer el poder británico en el mundo".

En 1945, la revista *Newsweek* informaba: "En los últimos veinte años la masonería europea ha sido perseguida en forma más virulenta que nunca antes en su turbulenta historia. Mussolini estranguló a la masonería de Italia en 1925; Hitler aniquiló las logias alemanas cuando subió al poder, y después las de Checoslovaquia, Polonia, Noruega, Holanda, Bélgica y Grecia. Los masones europeos murieron, pasaron a la clandestinidad o huyeron".

Durante los juicios de Nuremberg contra los criminales de guerra, Robert H. Jackson, fiscal general y juez de la Corte Suprema de los Estados Unidos, aseveró: "El motivo por el cual entre las primeras y más salvajes persecuciones emprendidas por toda dictadura moderna, están las que se dirigen contra los masones, es que los dictadores reconocen que es improbable que estos acepten una política de Estado que impida la libertad individual".

Derrotada la Alemania nazi y controlada Europa oriental por la Unión Soviética, las esperanzas de los masones acerca de revivir el Oficio pronto se desvanecieron. Aunque la "gran logia de Checoslovaquia" se había recobrado lo suficiente como para abrir sus puertas y ponerse a trabajar, el Oficio volvió a ser reprimido, esta vez por el gobierno comunista que tomó el poder después del asesinato del presidente Eduard Benes, patriota checo y masón. En marzo de 1946, el gobierno húngaro anuló el decreto antimasónico de 1920 y devolvió a la masonería su estatus legal, pero el 13 de junio de 1950 el régimen impuesto por los soviéticos disolvió las logias por considerarlas "lugares de reunión de los enemigos de la república democrática popular, de elementos capitalistas y adeptos al imperialismo occidental". Esta habría de ser la política en todos los países del otro lado de la Cortina de Hierro.

También en la época de la Guerra Fría se difundió la creencia de que hombres poderosos urdían una compleja conspiración para apoderarse del mundo. Tal como ocurrió en todos los períodos de incertidumbre y miedo de la historia, las sospechas se agitaron y crecieron entre la gente común, y muchos llegaron a creer que un pequeño grupo de hombres se reunían en secreto para controlar los acontecimientos y dirigir el futuro. En los primeros tiempos se trataba de los ancianos y las figuras religiosas de las tribus. En el siglo XVIII llegaron los *illuminati*, personas que creían poseer conocimientos intelectuales sobrenaturales, que les daban derecho a indicar a los demás cómo vivir.

Como consecuencia de la Revolución Industrial y el surgimiento del moderno capitalismo, los defensores del socialismo denunciaban la concentración del poder en manos de unos pocos individuos y sus familias, y afirmaban que ello era la prueba de que se urdían conspiraciones para oprimir a "las masas". En la primera mitad del siglo XX, un complot de los bolcheviques en Rusia y una conspiración en Alemania habían demostrado que pequeños grupos podían tomar el control de los países y tratar de imponer su ideología.

Con la dominación de los países de Europa oriental por parte del ejército Rojo, tras la derrota de la Alemania nazi y el comienzo de la Guerra Fría, las investigaciones de "subversión e infiltración comunista" del gobierno estadounidense y las industrias de ese país —incluida la del cine— generaron aprensión en los ciudadanos, obsesionados con las "conspiraciones rojas". Junto con la Guerra Fría se produjo el desarrollo de organizaciones destinadas a contener la amenaza del "comunismo internacional". Sin embargo, en opinión de muchos estadounidenses, estos grupos fueron mucho más allá de luchar contra el comunismo; se los veía como agrupaciones cuyo objetivo era la dominación económica, política y social del mundo. Entre estas "conspiraciones" se cuenta el Consejo de relaciones exteriores (fundado en 1921), el Grupo Bilderberg (1954) y la Comisión trilateral (1973).

Uno de los elementos comunes a todas estas sospechas es que la mayoría de los individuos involucrados en un plan para controlar el mundo son masones o simpatizantes de la masonería. Una de las versiones populares más persistentes sostiene que el "gran sello" de los Estados Unidos, así como el trazado de calles y el diseño de los edificios del gobierno federal de Washington D.C., se realizó sobre la base de creencias masónicas. Una disertación sobre el tema observa que en el trazado de las calles puede verse el símbolo de un triángulo invertido o pirámide y que los lugares más importantes se "relacionan con masones famosos", como el marqués de Lafayette, cuyo nombre lleva un parque situado frente al lado norte de la Casa Blanca. Otras conexiones masónicas incluyen el monumento a Washington y el edificio del Pentágono, que según se dice fue diseñado por la logia para conformar un pentagrama como símbolo oculto.

De hecho, se cree que el billete de un dólar estadounidense contiene símbolos masónicos, y se afirma lo siguiente: el "gran sello" inscripto en la cara posterior tiene un águila con treinta y dos plumas, los grados de la masonería del rito escocés. El águila es también el símbolo de San Juan Evangelista, patrono de la masonería. Las flechas que sostiene en la garra izquierda se refieren al rey David de Israel, padre de Salomón. La rama de olivo de la garra derecha se relaciona con Salomón. Las trece estrellas ubicadas sobre la cabeza del águila representan a Jacob, sus doce hijos y las tribus de Israel. Trece estrellas, en forma de doble triángulo, simbolizan la liberación de los hijos de Israel y su logro de una gloriosa libertad. La frase en latín "*E Pluribus Unum*" (de muchos, uno) indica la confraternidad masónica.

Los que ven la masonería en el poderoso dólar señalan también que el símbolo más importante de este billete es el retrato de George Washington, masón. Además, se toma por prueba de masonería la pirámide trunca que hay en el fondo. Arriba, dentro de un triángulo radiante, estaría el "ojo que todo lo ve", que representa al "gran arquitecto del universo", vigilando, omnisciente, a los Estados Unidos.

Muchos otros señalan asimismo que el lema en latín escrito debajo de la pirámide en el gran sello –*Novus Ordo Seclorum*, es decir, nuevo orden de los tiempos– es sinónimo de "nuevo orden mundial". Un ejemplo de este tipo de pensamiento es el siguiente: "El 'nuevo orden mundial' implica la eliminación de la soberanía y la independencia de los Estados-naciones y alguna forma de gobierno mundial. Esto significa el fin de los Estados Unidos, la Constitución y la Declaración de Derechos tal como los conocemos". La mayoría de estas teorías presupone una supuesta conversión de los Estados Unidos y sus agencias en un nuevo gobierno, un ejército, un Parlamento y tribunales mundiales, impuestos globales y numerosas agencias destinadas a controlar todos los aspectos de la vida humana (educación, nutrición, atención de salud, agricultura, finanzas, ambiente, etcétera). Las diversas nociones del nuevo orden mundial difieren en detalles y escala, pero concuerdan en el principio y la sustancia básicos.

Un historiador ve la estatua de la Libertad como "una diosa masónica de pies a cabeza", concebida por masones, construida por el masón francés Frédéric-Auguste Bartholdi (que ya había hecho una estatua del masón marqués de Lafayette para la ciudad de Nueva York, en la ocasión del centenario de la firma de la Declaración de Independencia) e "instalada por masones en una ceremonia masónica".

Quienes distinguen un patrón de influencia masónica en la historia estadounidense subrayan el hecho de que un tercio de los presidentes han sido miembros del Oficio, tal como detallamos aquí:

George Washington: iniciado el 4 de noviembre de 1752 en la logia Fredericksburg n° 4 de Fredericksburg, Virginia. El primer y único masón que prestó servicios en forma simultánea como maestre de logia y presidente.

James Monroe: iniciado el 9 de noviembre de 1775, en la logia St. John's Regimental, del ejército continental. Monroe no tenía aún dieciocho años, pero todavía no se había fijado universalmente en veintiún años la "edad legal". Más adelante fue miembro de la logia Williamsburg n° 6 de Williamsburg, Virginia.

Andrew Jackson: no se conoce la fecha de su iniciación, aunque parece haber sido miembro de la Logia St. Tammany n° 1 de Nashville, Tennessee, ya en 1800. La primera logia de Tennessee se organizó en 1789, bajo una dispensa de la "Gran logia de Carolina del Norte". El nombre se cambió luego a Logia de la armonía n° 1 el 1° de noviembre de 1800. Jackson figura en la lista de miembros de la logia "Retorno a la gran logia de Carolina del Norte y Tennessee", hacia 1805. El 27 de diciembre de 1813 se otorgó a la gran logia de Tennessee su propia constitución. Desde el 7 de octubre de 1822 hasta el 4 de octubre de 1824, Jackson fue el sexto gran maestre de los masones de ese estado.

James K. Polk: iniciado el 5 de junio de 1820 en la logia Columbia n° 31 de Columbia, Tennessee. Polk participó en la colocación de la piedra angular del Smithsonian Institute, en Washington D.C., el 1° de mayo de 1847.

James Buchanan: iniciado el 11 de diciembre de 1816, en la logia n° 43 de Lancaster, Pensilvania. Entre 1822 y 1823 fue venerable maestre de la misma y, en 1824, fue designado gran maestre adjunto del distrito para los condados de Lancaster, Lebanon y York.

Andrew Johnson: iniciado el 5 de mayo de 1851, en la logia Greenville n° 119 de Greenville, Tennessee. Los registros de la logia se perdieron durante la guerra civil.

James A. Garfield: iniciado el 19 de noviembre de 1861, en la lo-

gia Magnolia n° 20 de Columbus, Ohio. A causa de su participación en la guerra civil, no recibió el tercer grado hasta el 22
de noviembre de 1864, en la logia Columbus n° 30 de Columbus, Ohio. El 10 de octubre de 1866 se afilió a la logia
Garrettsville n° 246 de Garrettsville, Ohio, donde prestó servicios como capellán hasta 1869. También se convirtió en
miembro de la logia Pentalpha n° 23 de Washington D.C., el
4 de mayo de 1869. Fue uno de los solicitantes de la carta de
constitución de la logia.

William McKinley: iniciado el 1° de mayo de 1865, en la logia Hiram n° 21 de Winchester, Virginia. Afiliado a la logia Canton
n° 60 de Canton, Ohio, el 21 de agosto de 1867, renunció para hacerse miembro constitutivo de la logia del Águila n° 341
también en Canton. Luego del asesinato de McKinley, el 14 de
septiembre de 1901, la logia adoptó su nombre, el 24 de octubre de 1901.

Theodore Roosevelt: iniciado el 2 de enero de 1901, en la logia
Matinecock n° 806 de Oyster Bay, Nueva York. Visitó la gran
logia de Pensilvania (en su sede actual, el templo masónico de
la calle One North Broad) para la celebración del sesquicente-
nario de la iniciación de George Washington.

William Howard Taft: iniciado el 18 de febrero de 1909, Taft fue
admitido como "masón a la vista" por el gran maestre Charles
S. Hoskinson en la Logia Kilwinning n° 356 de Cincinnati,
Ohio. Su padre y dos hermanos también fueron miembros de
esta logia. El presidente Taft se dirigió a sus hermanos diciendo: "Me alegra estar aquí y ser un masón. Me reconforta sentir la emoción que produce el reconocer en todas las manos la
paternidad de Dios y la hermandad del hombre". Taft visitó
la gran logia de Pensilvania en la ocasión de una tenida especial celebrada en el templo masónico de la calle One North
Broad el 12 de marzo de 1912.

Warren G. Harding: iniciado el 28 de junio de 1901 en la logia
Marion n° 70 de Marion, Ohio. A causa de un "antagonismo
personal", el avance de Harding se vio obstaculizado hasta

1920, momento para el cual había sido electo presidente. Unos amigos persuadieron a la oposición de retirar la objeción, y el 27 de agosto de 1920, diecinueve años después de su iniciación, la logia Marion le otorgó el sublime grado de maestre masón. A pedido suyo, Harding prestó juramento como Presidente de los Estados Unidos sobre la misma Biblia que usó George Washington, la Biblia de ara de la logia St. John n° 1 de la ciudad de Nueva York.

Franklin D. Roosevelt: iniciado el 11 de octubre de 1911 en la logia Holland n° 8 de Nueva York, el 17 de febrero de 1933 participó en la "elevación" de su hijo Elliott (1910-1990), en la logia del Arquitecto n° 519, también de la ciudad de Nueva York. El 7 de noviembre de 1935 estuvo presente –aunque no participó en los grados–, cuando otros dos hijos suyos, James (1907-1991) y Franklin (1914-1988), se convirtieron en miembros de la logia a la que pertenecía Elliott.

Harry S. Truman: iniciado el 9 de febrero de 1909, en la Logia Belton n° 450 de Belton, Missouri. En 1911, cuando varios de sus miembros se separaron para establecer la Logia Grandview n° 618 de Grandview, Missouri, Truman fue su primer venerable maestre. En la sesión anual de la gran logia de Missouri, el 24 y 25 de septiembre de 1940, fue elegido por mayoría abrumadora como nonagésimo séptimo gran maestre de los masones de Missouri, cargo que mantuvo hasta el 1° de octubre de 1941. También fue nombrado soberano gran inspector general –grado treinta y tres– y miembro honorario del consejo supremo, el 19 de octubre de 1945, en la sede de la jurisdicción Sur del consejo supremo de Washington D.C. También fue elegido gran maestre honorario del consejo supremo internacional, orden de De Molay. El 18 de mayo de 1959 el ex presidente Truman recibió un premio por sus cincuenta años en la orden, único presidente estadounidense en alcanzar ese aniversario de oro en la masonería.

Gerald R. Ford: iniciado el 30 de septiembre de 1949, en la Logia de Malta n° 465 de Grand Rapids, Michigan, junto con sus

medio hermanos Thomas, Richard y James. Le fueron confe-
ridos los grados de compañero y maestre masón en la logia
Columbia n° 3 de Washington D.C., el 20 de abril y el 18 de
mayo de 1951, como cortesía a la logia de Malta. Ford fue designado soberano gran inspector general y miembro honorario de la jurisdicción Norte del consejo supremo, en la Academia de música de Filadelfia el 26 de septiembre de 1962. El
presidente Ford fue elegido por unanimidad miembro activo
del consejo supremo internacional, orden de De Molay, y honorable gran maestre en la sesión anual celebrada en Orlan-
do, Florida, entre el 6 y el 9 de abril de 1975. Ford conservó
este cargo hasta enero de 1977, momento en el cual pasó a ser
gran maestre aprobado honorario, y recibió su "cuello y joya"
el 24 de octubre de 1978 en Topeka, Kansas, de manos del honorable Thomas C. Raum hijo, gran maestre, orden de De
Molay.

Lyndon B. Johnson: iniciado el 30 de octubre de 1937, en la logia
Johnson City n° 561 de Johnson City, Texas, no continuó el ascenso a los grados segundo y tercero. No todos acuerdan en
considerarlo masón.

Ronald Reagan: recibió un "certificado de honor" que decía que
su vida fue "un testamento de su firme creencia en la hermandad, el auxilio y la verdad" y que su servicio al público "amplió
las aplicaciones de la templanza, la fortaleza, la prudencia y la
justicia para el beneficio de toda la humanidad". Este certificado reconocía, además, los esfuerzos de Reagan por "promover la buena voluntad y la comprensión en todo el mundo".
Según un comunicado de prensa emitido por la gran logia del
distrito de Columbia, los dos grandes comendadores del rito
escocés dieron en forma conjunta al presidente Reagan un
"certificado del rito escocés", y el potentado imperial le dio un
certificado con la designación de "miembro honorario del
consejo imperial" de los *shriners*. De acuerdo con la *New Age
Magazine* y la *Northern Light Magazine*, los grandes comendadores obsequiaron conjuntamente al presidente Reagan un

certificado que le confería el título de "masón honorario del rito escocés". En una carta fechada el 22 de febrero de 1988,
Reagan elogiaba la "sobresaliente obra caritativa de los masones, una de las organizaciones fraternales más antiguas de
nuestra nación", agradecía al rito escocés por el certificado de
membresía y decía que se sentía "honrado de unirse a las filas de dieciséis presidentes anteriores en su asociación con la
masonería".

Vicepresidentes estadounidenses que eran masones:

Daniel Decius Tompkins, 1817-1825
John Cabell Breckinridge, 1857-1861
Andrew Johnson, 1865 (decimoséptimo presidente)
Garrett Augustus Hobart, 1897-1899
Charles Warren Fairbanks, 1905-1909
Thomas Riley Marshall, 1913-1921
Henry A. Wallace, 1941-1945
Harry S. Truman, 1945 (trigésimo tercer presidente)
Gerald R. Ford, 1973-1974 (trigésimo octavo presidente)

Secretarios de Estado de los Estados Unidos:

John Marshall, 1800-1801
James Monroe, 1811-1817
Edward Livingston, 1831-1833
Louis McLane, 1833-1834
James Buchanan, 1845-1849
Louis Cass, 1857-1860
William H. Seward, 1861-1869
Philander C. Knox, 1909-1913
William C. Bryan, 1913-1915
Bainbridge Colby, 1920-1921
Frank B. Kellogg, 1925-1929
James F. Byrnes, 1945-1947

George C. Marshall, 1947- 1949
Christian A. Herter, 1959-1961

Presidentes de la Corte Suprema de Justicia
de los Estados Unidos:

John Jay, 1789-1795
Oliver Ellsworth, 1796-1800
John Marshall, 1801-1835
William Howard Taft, 1921-1930
Frederick M. Vinson, 1946-1953
Earl Warren, 1953-1969

Miembros de la Corte Suprema de los Estados Unidos:

William Cushing, 1790-1810
John Blair hijo, 1790-1795
William Paterson, 1793-1803
Thomas Todd, 1807-1826
Joseph Story, 1812-1845
Robert Trimble, 1826-1828
John McLean, 1830-1861
Henry Baldwin, 1830-1844
John Catron, 1837-1865
Samuel Nelson, 1845-1872
Noah H. Swayne, 1862-1881
David Davis, 1862-1877
Stephen J. Field, 1863-1897
John Marshall Harlan, 1877-1911
William B. Woods, 1881-1887
Stanley Matthews, 1881-1889
Samuel Blatchford, 1882-1893
William H. Moody, 1906-1910
Willis Van Devanter, 1911-1937
Joseph R. Lamar, 1911-1916
John H. Clarke, 1916-1922

Hugo L. Black, 1937-1971
Stanley F. Reed, 1938-1957
William O. Douglas, 1939-1975
James F. Byrnes, 1941-1942
Robert H. Jackson, 1941-1954
Wiley B. Rutledge, 1943-1949
Harold H. Burton, 1945-1958
Thomas C. Clark, 1949-1967
Sherman Minton, 1949-1956
Potter Stewart, 1958-1981
Thurgood Marshall, 1967-1991

La influencia masónica también se nota en los numerosos miembros del Congreso masones. Entre otros generales y almirantes de cinco estrellas se contaban:

John J. Pershing
Charles Pelot Summerall
Douglas MacArthur
Omar N. Bradley
Malin Craig
Henry Harley "Hap" Arnold
Ernest J. King (almirante)

J. Edgar Hoover, director del Departamento Federal de Investigaciones (FBI), fue elevado a maestre masón el 9 de noviembre de 1920 en la logia federal n° 1 de Washington D.C., dos meses antes de cumplir veintiséis años. Durante los cincuenta y dos que estuvo en el Oficio, recibió innumerables medallas, premios y condecoraciones. En 1955 fue "coronado" inspector general honorario del grado treinta y tres y recibió el más alto reconocimiento del rito escocés, la "gran cruz de honor", en 1965.

Todos los presidentes de la República de Texas han sido masones, lo mismo que sus vicepresidentes. El menor porcentaje de masones que ocuparon cargos ejecutivos en cualquiera de las cuatro administraciones fue del 85 por ciento. En la última administración que llevó Texas a la Unión, todos los que ocupaban cargos ejecutivos en el gobierno de la república eran masones.

Por otra parte, ya se ha mencionado la influencia de la masonería en la ceremonia de fundación de la Iglesia Mormona. El historiador Bill McKeever observa que, aunque la doctrina y las cláusulas 124:41 de la Iglesia de los Santos de los Últimos Días dicen que las ordenanzas del templo se mantenían ocultas desde "antes de la fundación de la tierra", estas resultan "sospechosamente cercanas a las que se usaban en la masonería. Las señales, los apretones de manos, juramentos y signos empleados en el mormonismo son tan similares que nadie puede eludir la sospecha" de que el fundador, Joseph Smith, "tomó prestadas" tales prácticas masónicas, en especial desde que ingresó al Oficio, el 15 de marzo de 1842.

El historiador Reed C. Durham hijo, insiste en que Smith en verdad usó la ceremonia masónica como base de la ceremonia mormona. Escribe: "No tengo la menor duda de que la ceremonia mormona que llegó a conocerse como 'la fundación', introducida por Joseph Smith entre los mormones, poco más de un mes después de hacerse masón, encontró una inspiración inmediata en la masonería".

También se ha señalado que la estructura exterior del templo de Salt Lake City contiene muchos detalles de diseño característicos de la masonería, como el ojo que todo lo ve, la estrella de cinco puntas invertida (o estrella de Oriente) y las manos estrechadas. Todos ellos formaban parte de la masonería mucho antes de que Smith las incorporara. Los adornos de las "vestiduras del santo sacerdocio", que usan los mormones del templo, también guardan semejanza con el compás, la regla y el nivel de la masonería.

Entre los líderes prominentes del mormonismo que también fueron masones se cuentan el padre de Joseph Smith, Hyrum y William Smith (hermanos de Joseph), Brigham Young (segundo presidente del mormonismo), John Taylor (tercer presidente), Wilford Woodruff (cuarto presidente), Sidney Rigdom (quinto presidente), John C. Bennett (asistente del primer presidente), Willard Richards (segundo asesor de Brigham Young), Newell K. Whitney (obispo), Heber C. Kim-

ball (primer asesor de Brigham Young), Orson y Parley P. Pratt (após-
toles mormones), Orson Hyde (apóstol mormón), Orrin Porter Rock-
well (guardaespaldas de Smith), Lyman Johnson (apóstol), William
Law (segundo asesor de Joseph Smith) y William Clayton (secretario
de Smith).

Un ejemplo de las sospechas que rodean la masonería se encuentra en *The Brotherhood and the Manipulation of Society* (La hermandad
y la manipulación de la sociedad), donde Ivan Frazer y Mark Beeston
escriben: "El reclutamiento básico de miembros para llevar adelante
los planes de elite se realiza a través de la red de sociedades secretas
de la masonería... la última encarnación de la orden cristiano–militar
conocida como los caballeros templarios que ganó impresionantes ri-
quezas y un cúmulo de conocimiento esotérico durante las Cruzadas,
en las cuales se despachó a Tierra Santa a los cristianos 'rectos' y se
les dio rienda suelta para masacrar a judíos y musulmanes en una serie de campañas efectuadas entre los siglos XI y XIII".

Los autores afirman que, si bien la gran mayoría de miembros se
hallan en los tres primeros peldaños de la jerarquía de treinta y tres
grados y desconocen los planes ocultos, hacen un voto de compromiso para con "la sociedad por sobre todo lo demás". La mayoría de los
iniciados lo acepta porque "la tentación del poder, la riqueza y el conocimiento [es] difícil de rechazar, y se insinúan terribles castigos para quien traicione a la sociedad o revelare sus secretos". Por eso, agre-
gan que es "imposible alcanzar altos niveles de iniciación dentro de
la masonería a menos que uno sea elegido en forma expresa por quienes ocupan los grados más altos".

En el "vértice de la pirámide de la hermandad", estos "pocos hombres selectos" que conocen "los planes completos se han hecho conocidos con el nombre de *illuminati*" ("iluminados", en latín). Todopo-
derosos, "ocupan los puestos más importantes de las fuerzas
policiales y militares en el mundo entero. Se los encuentra en todos
los ámbitos de la sociedad, siempre en la cima: en el nivel social y monetario más alto, la hermandad prevalece". La masonería ha sido ca-
lificada como "el más grande vehículo individual de perpetuación de
la conciencia luciferina sobre la Tierra". Asociadas con la masonería

dentro de la jerarquía de elite, se menciona a las logias del gran Oriente (Francia), los caballeros de Malta y los caballeros templarios. La hermandad "posee la ley, las fuerzas militares, las compañías de petróleo, las empresas farmacéuticas y casi todo lo que sostiene y perpetúa al *statu quo*".

Otra teoría sobre la masonería es que se ha unido con líderes de la *New Age* para presionar en pos de "temas colectivistas que promueven el panteísmo monista". Se considera que el orden del nuevo mundo es similar al ideal masónico-*New Age* de la divinidad del ser humano y la auto-transformación, es decir, la convicción de que se puede alcanzar la divinidad al despertar el pecado original de Lucifer, a diferencia de Eva en el jardín del Edén. Se argumenta que la masonería practica los antiguos misterios de Egipto con la meta de reinstalarlos en el nuevo orden del mundo. Para fundamentar esta teoría, se ofrece un texto de W.L. Wilmhurst, escrito en 1927. En *The Meaning of Freemasonry*, Wilmhurst argumenta:

> En esta nueva era de Acuario, cuando muchos individuos y grupos trabajan de diversas maneras en pos de la restauración de los misterios, un creciente número de aspirantes comienza a reconocer que la masonería bien podría ser el vehículo para este logro... [Un masón inicia su carrera] como hombre natural; la termina como un hombre regenerado, gracias a la disciplina... Esta evolución en superhombre fue siempre el propósito de los antiguos misterios, y el verdadero propósito de la masonería moderna consiste, no en las obras caritativas y sociales a las cuales se presta tanta atención, sino en acelerar la evolución espiritual de aquellos que aspiran a perfeccionar su propia naturaleza y transformarla en algo más cercano a lo divino.

En 1991, el evangelista Pat Robertson publicó *The New World Order* (el nuevo orden mundial), libro que encuentra una "conexión masónica" con este nuevo orden del mundo y emplea expresiones como "poder masónico", "lado oscuro", "conspiración internacional", "oculto", "riqueza", "sociedad secreta" y "poder mundial". Al mismo tiempo, otros líderes cristianos atacaban la masonería por promover la adoración al diablo, apartar a los hombres religiosos del recto camino de Dios, o ser incompatible con las creencias religiosas de ciertas confesiones.

Aunque niegan toda conexión con una conspiración destinada a establecer un nuevo orden del mundo, los masones responden que el legado de sus cofrades, que sufrieron la persecución de los nazis y los fascistas, y el de todos aquellos que a través de la historia sufrieron persecuciones similares, consiste en comprender que "la gente de bien debe actuar para detener toda forma de intolerancia contra los masones o cualquier otro grupo de hermandad, racial o religioso".

No obstante, en un momento en que la masonería es objeto de las sospechas que la señalan como una vasta sociedad secreta con planes siniestros para la dominación política y económica de los Estados Unidos y el resto del mundo, el antiguo Oficio enfrenta un futuro incierto.

20

El futuro de la masonería

De los casi 6 millones de masones que se calculan en el mundo, la mayoría (4 millones) vive en los Estados Unidos y buena parte de los dos millones restantes reside en países de habla inglesa. Si bien las estadísticas sobre la masonería inglesa no son del todo confiables –ya que allí un individuo puede pertenecer a más de una logia– los cálculos mundiales arrojan las cifras de 550.000 masones en Inglaterra y Gales; 400.000 en Escocia; 47.000 en Irlanda; 4,1 millón en Canadá y los Estados Unidos; 80.000 en Europa continental; 375.000 en Australasia; 50.000 en América latina; 10.000 en Filipinas y 288.000 en otras zonas (India, Japón, Formosa, África e Israel).

Desde mediados de la década del sesenta, la cantidad de miembros ha ido menguando en los Estados Unidos. Esto se atribuye en parte a una sociedad cada vez más materialista y secular, en que la juventud de la "generación de MTV" prefiere entablar relaciones sociales en paseos, cines y conciertos de rock, en lugar de unirse a grupos que atrajeron a sus padres y abuelos. Al parecer, estos jóvenes creen que los rituales de tales organizaciones no ofrecen relevancia alguna a sus vidas. El historiador John J. Robinson, autor de *Born in Blood: The Last Secrets of Freemasonry* (Nacidos en sangre: los secretos perdidos de la masonería), atribuye la causa de la "erosión del reclutamiento" de la masonería a "una sociedad cada vez más permi-

siva y materialista [en la que] los conceptos de moral, orgullo y honor personal pueden parecer anticuados".

Esto no significa que los masones estén resignados a la extinción.
En "La masonería y su futuro", David F. Coady escribe que, aunque
los "agoreros están listos para enterrar el Oficio", el futuro de la masonería "reside en la juventud de nuestra nación". Si aquellos escritores "pudieran dejar sus santuarios de mármol y bajar a las canteras
de trabajadores que preparan a los jóvenes de hoy para que sean los
masones del mañana –continúa–, verían la luz al final del túnel".

En 1989, hablando a la gran logia del distrito de Norh Queens-
land, Australia, Allan D. Wakeham advirtió: "Si nosotros mismos no
podemos ver en nuestra organización un propósito hacia la comunidad, que sea más amplio que nuestras metas internas, entonces nunca atraeremos a nuestras filas al tipo de hombres que necesitamos, ni
seremos capaces de convencer al mundo exterior de que somos una
organización que tiene una influencia beneficiosa en los asuntos
sociales en general". Por otra parte, en un discurso titulado "La masonería en el mundo moderno", el reverendo J.O. Rymer –deán de
Auckland, Nueva Zelanda– expresó:

> El hecho de que el mundo sea moderno no significa que sea el
> mejor mundo concebible. De hecho, a mi juicio, no lo es. No obstan-
> te, tenemos que reconocer que nada permanece estático. Vivimos en
> constante cambio; si se modificaran todos los aspectos de la vida, re-
> petiríamos errores en cada generación. Pero algunos valores serán
> permanentes, sean cuales fueren los cambios operados en las socie-
> dades. Son estos valores los que debemos preservar, lo haga la Igle-
> sia, las autoridades cívicas o la masonería. En este marco, compete
> a la masonería descubrir, en la comprensión de sí misma, aquello a
> lo que jamás debemos renunciar. La creencia en Dios es necesaria
> para que cualquier civilización continúe. Las altas pautas morales
> aceptadas por una comunidad son necesarias para la convivencia de
> las personas. El respeto por el valor de los individuos es esencial si
> estos quieren alcanzar su potencial. Es el compromiso con estas
> creencias y valores lo que siempre ha defendido la masonería. Nues-

tra hermandad tiene un sólido fundamento en principios inmutables y puede constituir un maravilloso entrenamiento en sensibilidad ética, pero su efectividad y su futuro se verán dificultados si se concentra exclusivamente en sí misma y descuida el estudio de esa sociedad más amplia que existe fuera del salón de la logia.

Gary A. Henningsen, gran maestre aprobado y gran secretario de la gran logia de masones del estado de Nueva York, en una alocución titulada "Una mirada hacia adelante... Sin secretos para los masones" dijo:

La nuestra es una confraternidad que fomenta la imaginación humana y continuará haciéndolo incluso en el nuevo siglo y nuevo milenio. La imaginación humana siempre ha florecido en la masonería. Hemos atraído hacia nuestra hermandad artistas, poetas, guerreros, inventores, fabricantes, exploradores, pioneros, líderes del gobierno, magnates de la industria y sencillos hombres de familia, que mejoraron gracias a su relación con nuestro amado Oficio. Ha sido así desde el principio mismo. Y así sigue siendo; pensemos que nuestros comienzos echaron raíz con la formación de la gran logia unida de Inglaterra, los *illuminati*, los caballeros templarios de la época de la Cruzadas, los druidas y los egipcios.

Cuando quiera y dondequiera que una persona proclamó su fe en Dios, en la inmortalidad del alma y una sentida obligación de ayudar y servir a su hermano, ese ambiente fomentó el despliegue de la imaginación humana. Estas personas fueron auténticos masones que cumplían con todos sus deberes, o precursores de lo que habría de ser la auténtica masonería y, a medida que avanzamos en las incertidumbres de este recién iniciado siglo XXI, tenemos mucho que agradecer. Disponemos de un historial maravilloso para emular y respaldarnos. Por primera vez en la historia, las consecuencias de nuestros actos como masones no sólo afectarán nuestro ámbito inmediato sino que también pueden afectar a todo el planeta. Nunca antes hemos estado en esta posición. Necesitamos reflexionar seriamente sobre esto.

Además, Henningsen agregó que los masones eran "dieciocho millones de faros de luz", y que él veía 6 millones de hombres que

> creen en Dios (como quiera que lo llamen), creen en la inmortalidad de nuestras almas y en la sentida obligación de servir a nuestro hermano como aceptaríamos que nuestro hermano nos sirviera. Qué maravillosa oportunidad se nos ha dado de ser senescales planetarios responsables de nuestra creatividad humana, impidiendo así a los demás que siembren horrores inimaginables en nuestro hogar planetario. Desde el ingreso en la masonería, nunca antes hemos percibido las posibilidades ilimitadas tan accesibles a nosotros, en lo individual como masones, y en lo colectivo, como hermandad.

Tras observar que la cantidad de miembros de las logias masónicas de California es inferior al 50 por ciento de lo que era en la década de los sesenta, que cunden nefastas predicciones sobre el fin de las logias masónicas para el año 2030, y que "existe la realidad de que el ingreso de nuevos miembros en nuestro estimado Oficio se ha reducido", Ralph Head, editor del *California Freemason*, escribe:

> Pese a los cambios que tienen lugar en nuestra sociedad, la necesidad de la adopción y la práctica de los principios y preceptos morales y pragmáticos de la masonería es hoy tan urgente como hace cincuenta años. ¿Existe una respuesta a la disminución de sus miembros? Yo creo que sí y que está a la vista. La masonería nunca ha solicitado miembros, no porque sea una sociedad elitista sino porque cree que los que llaman a sus puertas deben hacerlo por su propia y libre voluntad y consentimiento. Esta doctrina ha dado buenos resultados y ha tenido como consecuencia una camaradería de hombres que han adoptado elevadas pautas morales, la práctica de principios de la "regla de oro" y desean ayudar a su hermano.

En una charla ofrecida en la logia La France n° 93, en Washington D.C., Paul M. Bessel declaró:

La masonería podría ser, y pudo haberlo sido en el pasado, la única institución del mundo que en todo momento y en todas las formas promueve la tolerancia y el encuentro a la par. Podríamos ser los líderes en la búsqueda de la armonía racial, el ecumenismo religioso, la cooperación entre hombres y mujeres, la urbanidad entre personas que sostienen diferentes filosofías políticas y la cordialidad entre aquellos que eligen vivir su vida de manera diferente a los otros. Podríamos ser mejores que las Naciones Unidas, Amnesty International y las organizaciones interconfesionales, todas juntas, puesto que podríamos ser la primera organización que respalde la tolerancia para con todos, en todas partes, en todas las circunstancias. Este sería un papel único para la masonería.

Con este espíritu, la masonería estadounidense se ha sumergido en el universo de Internet. Numerosas grandes logias han abierto sitios Web que ofrecen información sobre actividades e instrucciones sobre cómo solicitar la membresía. También hay revistas en línea (llamadas "Grand Lodge E-Zines"), como *California Freemason Online, Connecticut Square & Compasses, The Florida Mason, Illinois Freemasonry, Louisiana Freemason Magazine, Michigan-From Point to Point, New Jersey Freemason, New York-Empire State Mason Online, North Carolina Mason, Ohio-The Beacon, Pennsylvania Freemason* y *Texas Mason*. A estas se suman varios sitios Web dedicados a música masónica.

Atendiendo al futuro, la masonería estadounidense brinda información en las bibliotecas masónicas, un club de libros, y a través de editoriales especializadas en libros masónicos. Un grupo de autores masónicos, la *Society of Blue Friars* (sociedad de frailes azules), iniciada en 1932, es uno de los cuerpos "consonantes" de la masonería. Según el historiador Wallace McLeod, eligieron ese nombre porque *friar* (fraile) se relaciona con la palabra francesa *frère* (hermano). Sus reglamentos establecen que cada año se designará un solo nuevo fraile, aunque pueden designarse otros para llenar vacantes causadas por fallecimiento o renuncia, cuando el total de miembros no supere los veinte. La sociedad siempre se ha reunido una vez por año (salvo en 1945), en una sesión abierta a todos los hermanos masónicos. El Con-

228 LA MASONERÍA

sistorio tiene lugar en Washington D.C., en el mes de febrero, como parte de un fin de semana masónico patrocinado por los Grados masónicos aliados. En la reunión anual se proclama al nuevo fraile, que debe entregar una monografía de investigación. En tiempos anteriores, tales monografías se imprimían, en ocasiones, en el *Miscellanea* de los Grados masónicos aliados. En años recientes, han aparecido también en la revista *The Philalethes*. El oficial que preside la reunión de los Frailes azules es el gran abad, que conserva el cargo de por vida o durante el tiempo que desee. Él designa al vice gran abad (su sucesor) y al secretario general; además, recibe las nominaciones de los nuevos frailes y toma la decisión final.

En cuanto a la preocupación por la declinante cantidad de miembros de la masonería en los Estados Unidos, y a la posibilidad de que surja una nueva oleada de antimasonería como la que tuvo lugar a mediados del siglo XIX, el historiador Jasper Ridley, en *The Freemasons: A History of the World's Most Powerful Society* (Los masones: historia de la sociedad más poderosa del mundo), entiende que los masones estadounidenses,

> con sus profundas raíces en el modo de vida estadounidense y su amplia influencia entre sus conciudadanos, no tienen por qué preocuparse si forman un porcentaje menor de la población total que hace setenta años, o si menos masones han llegado a ser presidentes de los Estados Unidos que en la primera mitad del siglo XX... Su posición en la nación es mucho más segura que en cualquier otro país... Es difícil creer que cualquier autoridad federal o regional de los Estados Unidos emitiera órdenes [como se ha hecho en Gran Bretaña y en Francia] para obligarlos a declarar si son o no masones, incluso sin saber que tal acción sería prohibida por los tribunales como una violación a los derechos constitucionales de los masones. En los Estados Unidos, en general, los masones no son odiados ni temidos sino, por el contrario, respetados.

A pesar de que en tiempos recientes ha habido estallidos de alarma, como los ocasionados por Pat Robertson y un puñado de otros líderes cristianos fundamentalistas, es probable que, en los Estados Unidos, no se considere a la masonería un grupo más amenazador que cualquier otra asociación que fije requisitos de membresía, ya se trate de un club privado de golf o una organización fraternal con rituales "secretos". Pese a las acusaciones de que la masonería se ubica en el centro de una vasta conspiración para imponer un nuevo orden mundial, la mayoría de los estadounidenses parecen ver a los masones como hombres dedicados a una suerte de "juego secreto" que se ha revelado en numerosos libros y artículos, ha sido expuesto por ex masones y examinado en documentales de televisión.

En consecuencia, la sociedad fraternal secreta más antigua del mundo ya no se halla envuelta en el misterio que durante siglos le dio una apariencia de confabulación siniestra; se entiende que no son más que un grupo de hombres bienintencionados, mayores, en su mayoría blancos, dedicados a comprender el sentido de la vida, a través de "un sistema filosófico y religioso expresado en un ceremonial dramático", según palabras de W.L. Wilmhurst.

Si quiere, pregunte a cualquier masón si está de acuerdo con esto, y es muy probable que le responda: "Así sea".

Las constituciones de Anderson

Las constituciones de los masones. Que contienen la historia, los deberes, reglamentos, etcétera, de la más antigua y justa venerable confraternidad, para el uso de las logias. Dedicadas a su excelencia el duque de Montagu, último gran maestre, por orden de su excelencia el duque de Wharton, presente gran maestre, autorizadas por la gran logia de maestres y vigilantes en la tenida trimestral. Con la orden del gran maestre y su asistente de publicarlas y recomendarlas a los hermanos. Impresas en el año de la masonería 5723; de nuestro Señor 1723. Vendida por J. Senex y J. Hooke, S. Dunstan's Church, Fleetstreet.

Los antiguos deberes de un masón extraídos de los antiguos registros de logias de ultramar, y aquellos de Inglaterra, Escocia e Irlanda, para el uso de las logias de Londres. Para que se lean en la formación de nuevos hermanos, o cuando el maestre así lo ordene.

ENCABEZADOS GENERALES
I.   De Dios y la religión
II.   De los magistrados civiles, supremos y subordinados
III. De las logias
IV.   De los maestres, vigilantes, compañeros y aprendices
V.   Del manejo del Oficio en el trabajo
VI.   De la conducta, a saber:

1.   En la logia constituida
2.   Después de que la logia ha concluido y los hermanos no se han retirado
3.   Cuando los hermanos se encuentran sin la presencia de extraños, pero no en una logia formada
4.   En presencia de extraños no masones
5.   En el hogar y en el vecindario
6.   Hacia un hermano desconocido

I. En lo concerniente a Dios y la religión, un masón está obligado por su posición a obedecer la ley moral; y si comprende el Arte como es debido, nunca será un estúpido ateo ni un libertino irreligioso. Pero, aunque en los antiguos tiempos los masones debían profesar la religión del país al que pertenecían, cualquiera fuera este, ahora se considera más conveniente obligarlos sólo a aquella religión en que todos los hombres convengan, guardando para sí sus opiniones particulares; es decir, ser hombres de bien y leales, u hombres de honor y honestidad, sin importar las creencias que puedan distinguirlos. De este modo, la masonería se torna el centro de unión y el medio de consolidar una verdadera amistad entre personas que quizás hubieran permanecido perpetuamente separadas.

II. De los magistrados civiles, supremos y subordinados. Un masón es un individuo amante de la paz y sometido a los poderes civiles, dondequiera que resida o trabaje, y nunca debe envolverse en complots o conspiraciones contra la paz y el bienestar de la nación, ni comportarse en forma indebida ante magistrados inferiores. Pues así como la masonería siempre se ha visto perjudicada por la guerra, los derramamientos de sangre y la confusión, así los antiguos reyes y príncipes han mostrado buena disposición para alentar a los artesanos, en razón de su lealtad y amor por la paz, con los cuales respondieron de hecho a los ataques de sus adversarios y promovieron el honor de la cofradía, que siempre floreció en tiempos de paz. De tal modo, si un hermano se rebelara contra el Estado no debe apoyárselo en su rebelión, aunque pueda compadecérselo como a cualquier desdichado; y si no se lo condenara por ningún otro crimen, y aunque la leal hermandad tuviera el deber y la obligación de repudiar esa rebelión, para no agraviar ni dar motivo alguno de sospecha política al gobierno que se halle en el poder, no podrán expulsarlo de la logia, y la relación de tal hombre con esta seguirá siendo irrevocable.

III. De las logias. Una logia es un lugar donde los masones se reúnen y trabajan; de aquí que la asamblea –o sociedad de masones correctamente organizada– se llame logia, y que cada hermano deba pertenecer a una y someterse a sus normas y reglamentos generales. Una logia es particular o general, y se la comprenderá mejor asistiendo a ella, y observando los reglamentos de la logia general o gran logia que aquí se adjuntan. En tiempos antiguos, ningún maestre ni compañero podía faltar a ella sin incurrir en severa censura –en especial cuando se los había convocado– a menos que el maestre y los vigilantes consideraran que alguna necesidad imperiosa le había impedido concurrir. Las personas admitidas como miembros de una logia deben ser hombres de bien y leales, nacidos libres, y de edad madura y discreta, ni siervos, ni mujeres, ni hombres inmorales o escandalosos, sino de buena conducta.

IV. De los maestres, vigilantes, compañeros y aprendices. Todo ascenso entre masones se basa sólo en el valor real y el mérito personal, de tal modo que los señores sean bien servidos, los hermanos no resulten avergonzados ni despreciado el arte real; por lo tanto, ningún maestre o vigilante es elegido por antigüedad sino por su mérito. Es imposible describir estas cosas por escrito, y todo hermano debe ocupar su lugar y aprenderlas de la manera propia de su cofradía. Sólo los candidatos pueden saber que ningún maestre aceptará a un aprendiz a menos que tenga trabajo suficiente que proporcionarle, y a menos que sea un joven perfecto, sin mutilaciones o defectos en su cuerpo que puedan tornarlo incapaz de aprender el arte de servir al señor de su maestre, y de que se lo haga hermano, y luego compañero de Oficio a su debido tiempo, después de haber servido tal lapso de años como dicten las costumbres del país; y debe descender de padres honrados. De ser así, podrá alcanzar el honor de ser vigilante, y luego maestre de la logia, gran vigilante, y al fin gran maestre de todas las logias, siempre de acuerdo con su mérito. Ningún hermano puede ser vigilante hasta haber pasado la parte del compañero de oficio; ni maestre antes de haber actuado como vigilante, ni gran vigilante hasta haber sido maestre de una logia, ni gran maestre a menos que haya sido compañero de Oficio antes de su elección; y debe ser, además, de noble cuna, o caballero de la mejor estirpe, o erudito eminente, o habilidoso arquitecto u otro tipo de artista, descendiente de padres honrados. Para mejor y más fácil y honorable desempeño en su cargo, el gran maestre tiene el poder de elegir su propio gran maestre asistente, que debe ser en el momento, o haber sido con anterioridad, el maestre de una logia particular, y tiene el privilegio de actuar de igual modo que el gran maestre, su principal; a menos que el dicho principal se halle presente o interponga su autoridad mediante una carta. A estos jefes y gobernantes de la antigua logia –supremos y subordinados– debe prestárseles obediencia en sus respectivos puestos, de acuerdo con los antiguos deberes y reglamentos, con toda humildad, reverencia, amor y presteza.

V. Del manejo del Oficio en el trabajo. Todos los masones trabajarán con honestidad los días laborables, a fin de aprovechar como es debido los días festivos; y deben observar el horario designado por la Ley de la Tierra o confirmado por la costumbre. El más experto de los compañeros artesanos será elegido o designado maestre o supervisor de los trabajos, y los que se desempeñan bajo su mando deberán llamarlo maestre. Los artesanos deben evitar el lenguaje inconveniente y no llamarse entre ellos por ningún apodo despectivo, sino "hermano" o "compañero", y comportarse de modo cortés tanto dentro como fuera de la logia. Conociendo su habilidad, el maestre emprenderá los trabajos del señor de la manera más razonable posible, y administrará sus materiales como si fueran propios, y no dará a ningún hermano o aprendiz más salario que el que en realidad merece. Tanto el maestre como los albañiles –que deben recibir su justo salario– serán leales a su señor y terminarán su trabajo con honestidad, ya se lo realice por tarea o jornada. Ningún hermano mostrará envidia por la prosperidad de otro, ni lo suplantará ni lo apartará de su trabajo si aquel es capaz de terminarlo, pues ningún hombre puede terminar el trabajo de otro con beneficio para su señor, a menos que tenga cabal conocimiento de los diseños y esbozos según los cuales él ha comenzado. Cuando un compañero artesano sea elegido como vigilante de la obra bajo el mando del maestre, será leal tanto al maestre como a los compañeros, supervisará con atención la obra en ausencia del maestro en beneficio del señor, y será obedecido. Todos los masones empleados recibirán con sumisión sus salarios, sin murmurar ni amotinarse, y no abandonarán al maestre hasta que la obra esté terminada. Se instruirá en los trabajos al hermano más joven, para impedir que se estropeen los materiales por falta de juicio, y para aumentar y consolidar el amor fraternal. Todas las herramientas empleadas en el trabajo serán aprobadas por la gran logia. No se empleará a ningún peón en la obra propia de la albañilería, ni trabajarán los masones [albañiles] libres con aquellos que no lo son, salvo que haya alguna urgente necesidad; ni enseñarán a obreros y masones [albañiles] no aceptados como enseñarían a un hermano o compañero.

VI. De la conducta.

1. En la logia constituida: no deben sostener reuniones privadas, ni conversaciones aparte sin autorización del maestre, ni hablar de nada impertinente o impropio, ni interrumpir al maestre o a los vigilantes o a ningún hermano que esté hablando al maestre. Ni comportaros de manera ridícula ni bufonesca mientras la logia trate temas serios y solemnes, ni emplear lenguaje indecoroso por ningún motivo. Por el contrario, manifiesten la debida reverencia a su maestre, sus vigilantes y compañeros, y trátenlos con respeto. Si se planteara alguna queja, el hermano al que se encuentre culpable aceptará el juicio y la decisión de la logia, que es el juez debido y competente de toda controversia (a menos que apelen a la gran logia) y a quien deben estas presentarse. Pero si ello dificultara, ínterin, los trabajos para el señor, debe hacerse una referencia particular. Nunca deben llevar ante la ley lo que concierne a la masonería, a menos que sea absolutamente necesario a los ojos de la logia y cuando esta así lo apruebe.

2. Conducta después de que la logia ha concluido y los hermanos no se han retirado: está permitido disfrutar de inocentes regocijos, pero evitando todo exceso y sin incitar a ningún hermano a comer o beber en exceso, y sin impedirle que se marche cuando sus asuntos

lo requieran, y sin hacer o decir nada ofensivo o que pueda impedir una conversación natural y libre, pues ello destruiría nuestra armonía y echaría a perder nuestros loables propósitos. Por lo tanto, ningún resentimiento o riña particular debe traspasar las puertas de la logia, y menos aún ninguna disputa sobre religión, naciones o políticas de Estado pues, como masones, somos sólo de la mencionada religión católica, y somos también de todas las naciones, lenguas, pueblos e idiomas, y estamos resueltamente contra toda política, pues nunca ha contribuido al bienestar de la logia, ni lo hará jamás. Este deber siempre se ha impuesto y observado, pero en especial desde la Reforma en Gran Bretaña, o la divergencia y la secesión de estas naciones de la comunión de Roma.

3. Conducta cuando los hermanos se encuentran sin la presencia de extraños, pero no en una logia formada. Es preciso saludarse de manera cortés, llamándose "hermano" e intercambiando con libertad mutuas instrucciones que juzguen útiles, sin ser nunca vistos ni oídos, y sin inmiscuirse en los asuntos del otro ni desviarse del respeto debido a todo hermano, sea o no masón, pues todos los masones son hermanos en el mismo nivel, aunque la masonería no priva a un hombre de los honores a los que ha tenido derecho con anterioridad, sino que, antes bien, aumenta tales honores, en especial si los ha merecido por la cofradía, que debe honrar a quienes lo merecen y evitar las actitudes incorrectas.

4. Conducta en presencia de extraños no masones. Serán cautelosos en sus palabras y manera de conducirse, de modo que ni el extraño más perspicaz pueda descubrir o averiguar lo que no debe conocer y, de ser preciso, cambiarán de conversación y la conducirán con prudencia, para resguardar el honor de la venerable Cofradía.

5. Conducta en el hogar y en el vecindario. Actuarán como corresponde a un hombre moral y sabio; en particular, no revelarán a la familia, los amigos o vecinos los asuntos de la logia, y cuidarán su propio honor y el de la antigua cofradía en cuanto a razones que no han de mencionarse aquí. Deben cuidar también la propia salud, evitando permanecer reunidos hasta demasiado tarde, o demasiado lejos de sus casas, una vez pasadas las horas de reunión en la logia, y evitan-

do la glotonería y la ebriedad, para no descuidar ni dañar a sus familias ni quedar incapacitados para el trabajo.

6. Conducta hacia un hermano masón desconocido: Debe interrogárselo con cautela y prudencia, de modo tal de no dejarse engañar por un impostor ignorante y falso, al que deben rechazar con desprecio y desdén, cuidando de no darle ningún indicio de conocimiento. Pero si se encuentran ante un verdadero y legítimo hermano, deben respetarlo en consecuencia, y si está pasando necesidades, deben ayudarlo o bien indicarle cómo aliviar su situación; por ejemplo, empleándolo por algunos días, o recomendándolo para que alguien lo emplee. Pero no tienen obligación de hacer más de lo que les permitan sus recursos, sino sólo preferir a un hermano pobre, que sea hombre de bien y leal, a cualquier otra persona que se encuentre en la misma circunstancia.

Por último, deberán observar todos estos deberes y también aquellos que se les recomendarán de otra manera, cultivando el amor fraternal, que es el cimiento, el cemento y la gloria de esta antigua cofradía, evitando toda disputa y riña, toda calumnia y murmuración, no permitiendo que otros calumnien a un hermano honesto, sino defendiendo su reputación y prestándole ayuda, en tanto lo permitan el propio honor y la propia seguridad. Y si alguno de ellos los daña, deben apelar a su logia o la de él, y de allí pueden también apelar a la gran logia, en la asamblea trimestral, e incluso a la gran logia anual, según la antigua y loable conducta, sólo en los casos que no pueden decidirse de otro modo, y escuchar con paciencia el honesto y amistoso consejo del maestre y los compañeros cuando traten de evitar que comparezcan ante la ley de extraños, o los exhorten a facilitar las acciones legales, de modo que puedan ocuparse de los asuntos de la masonería con mayor presteza y éxito. No obstante, con respecto a los hermanos o compañeros que tengan diferencias entre ellos, el maestre y los hermanos deben ofrecer amablemente su mediación, a la que deberán someterse con gratitud los hermanos en disputa, y aun cuando tal sumisión sea impracticable, deben llevar adelante su proceso o juicio, sin ira ni rencor, sin decir o hacer nada que pudiera dificultar el amor fraternal. Así, se renovarán y continuarán los buenos oficios, para que todos puedan ver la influencia benigna de la masonería, como han hecho todos los buenos masones desde el principio del mundo y harán hasta el fin de los tiempos.

Amén, así sea.

Cronología masónica

970-931 a. C.   Construcción del templo de Salomón en Jerusalén.

936 d. C. Fecha tradicional de la reunión de masones en York, Inglaterra. Presidida por Edwin, mítico hijo del rey Athelstan, acordó ciertos deberes para el gobierno de la hermandad.

1095   El papa Urbano II convoca a la liberación de Jerusalén de manos de los musulmanes; comienzo de las Cruzadas.

1118   Hugues de Payens, caballero de Borgoña, y Godofredo de Saint-Omer, caballero del sur de Francia, toman el voto de pobreza y el nombre de "pobres caballeros de Cristo y el templo de Salomón". Aprobados por la Iglesia en 1128 en el Concilio de Troyes, se los conoce como los caballeros templarios.

1147   La antigua logia de Sterling representa a los masones de las obras de construcción de la abadía de Cambies Kenneth, fundada por el rey David I de Escocia.

1244   Nacimiento de Jacques de Molay, mártir de los caballeros templarios.

1307   Ejecución de De Molay y proscripción de los templarios, que huyen a Escocia.

1349-50   Se regulan los salarios de los masones (albañiles) ingleses.

1356   Según se dice, el alcalde, los concejales y los alguaciles de Londres ordenan la regulación del oficio de albañiles (masones).

1375   La compañía de masones de Londres alcanza representación en la Corte del Ayuntamiento. Se llama a los masones (albañiles) "Ffreemasons" (con doble f).

1377   Se nombra *Magister Operis* a un maestre masón libre, y se lo emplea en Merton College de Oxford.

1381   Una proclama real prohíbe los capítulos y congregaciones.

1390   La fecha más antigua a la que se atribuye el manuscrito (o poema) "Regius", que contiene las constituciones de la masonería.

1425   Se prohíben nuevamente congregaciones y capítulos, y sus miembros son considerados delincuentes.

1430   Fecha que se atribuye al manuscrito Cooke, que contiene las constituciones de los masones alemanes.

1472   Otorgamiento de armas a la compañía de masones de Londres, bajo el título de "masones del cabal oficio y la camaradería".

1495   La palabra *"freemasons"* (albañiles libres o masones) aparece por primera vez en los estatutos del reino (Enrique VII).

1537   La compañía de masones (albañiles) de Londres es denominada la compañía de masones (albañiles libres).

1539   El rey Francisco I de Francia intenta vetar los gremios del Oficio.

1578   Los registros del Corpus Christi College de Oxford distinguen entre masones (albañiles) "de piedra dura" y "libres" (*free masons* o masones).

1598   Promulgación de los estatutos de William Shaw, códigos de leyes para el Oficio en general y en particular para la logia de Kilwinning (llamada "logia primera"), dando precedencia a ciertos masones por sobre los de Mary's Chapel (capilla de María) de Edimburgo, Escocia. Estos masones fueron conocidos como "logia principal" y sus registros comenzaron en 1599.

1600   Aparece la palabra *"freemason"* (masón) en un registro de York. En enero se celebra una convención masónica en St. Andrews, Escocia.

1604   Incorporación de la compañía de albañiles libres (*Freema-*

sons), carpinteros, ebanistas y pizarreros en la ciudad de Oxford, Inglaterra.

1646   Elias Ashmole y otros candidatos son iniciados en Lancashire, Inglaterra, lo que significa la apertura de la masonería a hombres que no trabajan en piedra y un cambio de carácter de la hermandad, que pasa de operativa a teórica.

1655-56 La compañía de masones se convierte en la Venerable compañía de masones de Londres.

1691   Fundación de la logia *Goose and Gridiron*, de St. Paul's Churchyard, Londres.

1705   Presunta fecha de la más antigua lista de masones perteneciente a la antigua logia de York, Inglaterra.

1717   En una reunión de las logias de Londres en la taberna *Apple Tree* se crea la gran logia de Inglaterra. Este es considerado como el comienzo de la masonería actual.

1718   Se reúnen y recopilan varias antiguas constituciones en Inglaterra; se introduce la masonería en Francia.

1720   "Reglamentos generales" compilados por John Payne, gran maestre de Londres.

1721   John, duque de Montagu, es elegido gran maestre de las logias de masones en Inglaterra.

1721   La gran logia de Londres encarga a James Anderson la tarea de compendiar y producir una nueva y mejor constitución; el duque de Montagu designa una comisión de catorce hermanos para informar sobre lo que llega a conocerse como las "constituciones de Anderson".

1722   Se ordena la impresión de las constituciones de Anderson.

1723   Los grados de la masonería teórica (aprendiz iniciado, compañero de oficio y maestre) son reconocidos por la gran logia de Londres.

1724   Publicación de *The Secret History of Freemasons* (historia secreta de los masones).

1725   Formación de la gran logia de toda Inglaterra en York.

1729   Una lista grabada enumera cincuenta y cuatro logias, cuarenta y dos de las cuales están radicadas en Londres.

1729   Primera logia teórica en Escocia (Edimburgo, Kilwinning).

1730   Se anuncia un folleto titulado "La masonería examinada"; refutado luego en una "Defensa de la masonería".

1731   Fundación de una logia en Filadelfia, Pensilvania, a la que se unirá Benjamin Franklin.

1733   Apertura de la logia de St. John en Boston, Massachussets. La carta de constitución le es concedida a Henry Price.

1735   Segunda edición de las constituciones de Anderson; se forma la logia de Salomón en Charleston, Carolina del Sur.

1736   Institución de la gran logia de Escocia y la primera gran logia de Francia.

1737   El Chevalier Ramsay pronuncia su histórico discurso en París.

1738   Se establece una logia de maestres en Boston; la gran logia de Inglaterra aprueba la segunda edición de las constituciones de Anderson; el papa Clemente XII condena la masonería.

1739   Muere James Anderson.

1740   Aparecen los "grados escoceses" en Francia; Felipe V de España promulga un edicto antimasónico; se instituye la real orden de Escocia.

1741   Cornelius Hartnett funda en Norfolk la más antigua logia de Virginia.

1743   Se forma la primera logia militar, bajo la jurisdicción de la gran logia de Escocia.

1749   Benjamin Franklin es designado gran maestre provincial en Pensilvania.

1751   Se forma la gran logia cismática de Inglaterra.

1752   Iniciación de George Washington en la logia de Fredericksburg, Virginia (4 de noviembre).

1758   Las logias bajo la obediencia de los *antients* florecen en Filadelfia y reemplazan a los *moderns*.

1760   La logia de St. Andrew recibe la carta de constitución escocesa.

1764   Se publica en Londres una obra titulada *Hiram, or the Grand Master-key* (Hiram, o la llave del gran maestre).

1766   Treinta logias inglesas funcionan en la "provincia de América", en las afueras de Boston.

1769   La logia del arco real de St. Andrew, Escocia, confiere los grados de excelente masón, masón súper-excelente y caballero templario.

1770   Stephen Morin crea el consejo de príncipes del secreto real en Kingston, Jamaica.

1772   El doctor Joseph Warren es designado gran maestre para el continente de América.

1773   Participación de masones en el "motín del té"; se funda el gran Oriente de Francia.

1775   Muere Joseph Warren en la batalla de Bunker Hill.

1776   Quince masones firman la Declaración de Independencia.

1776-81 Guerra de la independencia de los Estados Unidos; la mitad de los generales y numerosos soldados del ejército de George Washington son masones, incluidos el marqués de Lafayette y el barón von Steuben.

1780   El masón Benedict Arnold conspira con los británicos para rendir West Point.

1781   Fundación de una gran logia en la ciudad de Nueva York.

1789   Se extingue la gran logia de toda Inglaterra (antiguo rito de York); en los Estados Unidos funcionan trece logias.

1790   George Washington presta juramento como primer presidente de los Estados Unidos sobre una Biblia facilitada por la logia de Nueva York. Muere Benjamin Franklin.

1791   Producción de la ópera La flauta mágica, de Wolfgang Amadeus Mozart; se sospecha de la participación masónica en la muerte de Mozart. Fundación de la gran logia africana de Norteamérica, cuyo gran maestre es el ex esclavo Prince Hall, y comienzo de la "masonería de Prince Hall".

1793   George Washington coloca la piedra angular del capitolio de los Estados Unidos, en una ceremonia masónica.

1799   El Parlamento británico prohíbe las sociedades secretas, salvo la masonería. Muere George Washington y recibe un funeral masónico.

1801   Formación del consejo supremo del Rito escocés Antiguo y Aceptado, en Charleston, Carolina del Sur.

1809   Nace Albert Pike.

1813   Establecimiento del consejo supremo de la jurisdicción Norte, en los Estados Unidos. Los masones ingleses ponen fin al cisma de *Antients* y *Moderns* y forman un solo cuerpo: la gran logia unida.

1814   El papa Pío VII ratifica y renueva la bula del papa Clemente XII contra la masonería.

1816   Se establece el gran campamento de caballeros templarios en los Estados Unidos.

1826   El secuestro y (supuesto) asesinato masónico de William Morgan en Batavia, Nueva York, en el intento de impedir la publicación de un libro que revelaría los secretos de la Orden, desata una ola de antimasonería y provoca la formación del Partido Antimasón, el primer tercer partido de la historia política de los Estados Unidos.

1843   Se celebra una convención masónica nacional en Baltimore.

1849   El papa Pío IX publica una encíclica contra las sociedades secretas, incluida la masonería.

1853   Se celebra en Lexington, Kentucky, un congreso de logias estadounidenses.

1859   Albert Pike es elegido soberano gran comendador del consejo supremo (jurisdicción Sur); revisa las antiguas constituciones y publica *Moral y dogmas del antiguo y aceptado rito escocés de la masonería.*

1861-65 Guerra civil de los Estados Unidos; numerosas anécdotas de masones de ambos bandos que ayudan a un hermano herido o agonizante.

1896   Se celebra una conferencia masónica en La Haya, Holanda. En Trento tiene lugar una conferencia antimasónica.

1917   La gran logia de Inglaterra celebra el segundo centenario de la masonería.

1975   Publicación de *Jack el Destripador: la solución final,* de Stephen Knight, quien sostiene que los asesinatos de prostitutas (en Londres, 1888) fueron producto de un complot masónico. Knight vuelve a atacar a la masonería en 1985 con

The Brotherhood: The Secret World of Freemasons (La hermandad: el mundo secreto de los masones).

1991 El evangelista televisivo Pat Robertson y otros acusan a los masones de ser anticristianos y una de las fuerzas dominantes entre aquellas que pretenden establecer un "nuevo orden mundial".

1999 Miembros del Parlamento británico reclaman restricciones contra los masones del gobierno y las fuerzas policiales, para que revelen su identidad.

2004 La masonería estadounidense expresa preocupación por la constante disminución de sus filas. La Iglesia católica sigue prohibiendo a sus fieles la membresía en la Orden.

Masones famosos

Abbott, Sir John J.C. – Primer Ministro de Canadá (1891-1892)
Aldrin (h), Edwin E. "Buzz" – Astronauta
Alves, Antônio de Castro – Poeta latinoamericano
Amundsen, Roald – Explorador del Polo, noruego
Armistead, Lewis A. – General confederado
Armstrong, Louis – Músico de Jazz
Armstrong, Neil – Astronauta
Arnold, Benedict – General estadounidense
Arnold, Henry "Hap" – Comandante de Fuerza Aérea
Astor, John Jacob – Comerciante y financista germano-estadounidense
Austin, Stephen F. – Prócer de la liberación de Texas
Autry, Gene – Actor
Bach, Johann Christian – Músico y compositor
Baldwin, Henry – Juez de la Corte Suprema
Balfour, Lloyd – Joyero
Banks, Sir Joseph – Científico inglés
Bartholdi, Frédéric A. – Diseñador de la estatua de la Libertad
Bassie, William "Count" – Director de orquesta y compositor
Baylor, Robert E. B. – Fundador de la Universidad de Baylor
Beard, Daniel Carter – Fundador de los Boy Scouts
Bell, Lawrence – Fundador de la Bell Aircraft Corporation
Benes, Eduard – Presidente de Checoslovaquia (1935-1938, 1946-1948)

Bennett, vizconde R. B. – Primer Ministro de Canadá (1930-1935)

Berlin, Irving – Compositor de canciones

Berzelius, Jöns Jakob, barón – Químico sueco, considerado el fundador de la química moderna

Bingham, Henry H. – Capitán del ejército de la Unión

Bishop, Sir Henry – Músico

Black, Hugo L. – Juez de la Corte Suprema

Blair, John (h.) – Juez de la Corte Suprema

Blatchford, Samuel – Juez de la Corte Suprema

Bolívar, Simón – Libertador sudamericano

Borden, Sir Robert L. – Primer Ministro de Canadá (1911-1920)

Bordet, Jules Jean Baptiste Vincent – Bacteriólogo belga y premio Nobel, desarrolló la vacuna contra la tos convulsa

Borglum, Gutzon (padre) y Lincoln (hijo) – Escultores que labraron el monte Rushmore

Borgnine, Ernest – Actor

Boswell, James – Escritor escocés del siglo XVIII

Bowell, Sir Mackenzie – Primer Ministro de Canadá (1894-1896)

Bowie, James – Pionero estadounidense; murió mientras defendía El Álamo

Bradley, Omar N. – General; comandó tropas en Normandía el día D

Brant, Joseph – Jefe de los *mohawks* (1742-1807)

Buchanan, James – Decimoquinto presidente de los Estados Unidos (1857-1861)

Burbank, Luther – Horticultor y botánico estadounidense

Burke, Edmund – Político y escritor británico, de origen irlandés

Burnett, David G. – Primer presidente de la República de Texas

Burns, Robert – El poeta nacional de Escocia

Burr, Aaron – Tercer vicepresidente de los Estados Unidos (1801-1805)

Burton, Harold H. – Juez de la Corte Suprema

Burton, Sir Richard – Explorador inglés

Byrd, almirante Richard E. – Explorador, voló sobre el Polo Norte

Byrnes, James F. – Juez de la Corte Suprema

Calvo, Padre Francisco – Sacerdote católico que inició la masonería en Costa Rica (1865)

Canning, George – Primer Ministro británico (1827)
Cantor, Eddie – Animador y actor de variedades
Carson, Christopher "Kit" – Colonizador y explorador
Casanova – Aventurero y escritor italiano
Catron, John – Juez de la Corte Suprema
Chrysler, Walter P. – Fabricante de automóviles
Churchill, Lord Randolph – Político británico, padre de Winston
Churchill, Winston – Primer Ministro británico (1940-1945 y 1951-1955)
Citroën, André – Ingeniero francés y fabricante de automóviles
Clark, Roy – Estrella del *country western*
Clark, Thomas C. – Juez de la Corte Suprema
Clark, William – Explorador (expedición de Lewis y Clark)
Clarke, John H. – Juez de la Corte Suprema
Clemens, Samuel L. (Mark Twain) – Escritor y humorista
Clinton, DeWitt – Gobernador de Nueva York
Cobb, Ty – Jugador de béisbol
Cody, "Buffalo Bill" William – Cazador de indígenas y búfalos
Cohan, George M. – Dramaturgo, compositor, productor y actor
Cole, Nat "King" – Cantante
Collodi, Carlo – Creador de "Pinocho"
Colt, Samuel – Inventor de la pistola de repetición
Combs, Earle Bryan – Jugador de béisbol
Cooper, Leroy Gordon, hijo – Astronauta
Craig, Malin – General durante la Primera Guerra Mundial
Crockett, Davy – Colonizador, y héroe de El Álamo
Cushing, William – Juez de la Corte Suprema
Davis, David – Juez de la Corte Suprema
DeMille, Cecil B. – Productor y director cinematográfico
Dempsey, Jack – Campeón de boxeo peso pesado
Desaguliers, John Theophilus – Inventor del planetario
Devanter, Willis Van – Juez de la Corte Suprema
Dewey, Thomas Edmund – Gobernador de Nueva York, derrotado por Harry S. Truman en las elecciones presidenciales (1948)
Diefenbaker, John G. – Primer Ministro de Canadá (1957-1963)

Dole, Robert – Senador de los Estados Unidos, candidato a vicepresidente en 1976, candidato a presidente en 1996

Doolittle, general James – Condujo la primera incursión aérea sobre Japón en la Segunda Guerra Mundial

Douglas, William O. – Juez de la Corte Suprema

Dow, William H. – Fundador de Dow Chemical Company

Doyle, Sir Arthur Conan – Autor y creador de Sherlock Holmes

Drake, Edwin L. – Pionero estadounidense de la industria petrolera

Du Bois, W. E. B.– Educador y erudito

Dunant, Jean Henri – Fundador de la Cruz Roja

Eduardo VII – Rey de Inglaterra (1901-1910)

Eduardo VIII – Rey de Inglaterra (1936); abdicó

Eiffel, Gustave Alexandre – Ingeniero francés y constructor de la torre Eiffel

Eisele, Donn Fulton – Astronauta

Ellington, Duke – Precursor y compositor de jazz

Ellsworth, Oliver – Juez de la Corte Suprema

Ervin, Samuel J., hijo – Encabezó el comité de investigación de Watergate

Faber, Eberhard – Director de Eberhard Faber Pencil Company

Fairbanks, Douglas – Actor

Feller, Bob – Jugador de béisbol

Field, Stephen J. – Juez de la Corte Suprema

Fields, W. C. – Actor cómico

Fisher, Geoffrey – Arzobispo de Canterbury (1945-1961)

Fitch, John – Inventor del barco de vapor

Fleming, Sir Alexander – Descubridor de la penicilina

Ford, Gerald R. – Trigésimo octavo presidente de los Estados Unidos (1974-1977)

Ford, Henry – Pionero de la fabricación de automóviles

Franklin, Benjamin – Inventor y firmante de la Constitución de los Estados Unidos

Gable, Clark – Actor

Garfield, James A. – Vigésimo presidente de los Estados Unidos (1881)

Garibaldi, Giuseppe – Revolucionario nacionalista italiano

Gatling, Richard J. – Inventor de la ametralladora Gatling

Jorge VI – Rey de Gran Bretaña durante la Segunda Guerra Mundial

Gershwin, George – Compositor

Gibbon, Edward – Escritor, autor de *Historia de la decadencia y ruina del Imperio Romano*

Gilbert, Sir William S. – Libretista de operetas (Gilbert y Sullivan)

Gillette, King C. – Fundador de Gillette Razor Company

Glenn, John H. – Primer estadounidense en orbitar la Tierra

Godfrey, Arthur – Animador y actor de variedades

Goethe, Johann Wolfgang von – Poeta, dramaturgo, novelista y científico

Goldwater, Barry – Senador de los Estados Unidos y candidato republicano a la presidencia, 1964

Gompers, Samuel – Líder laboral

Gray, Harold Lincoln – Creador de *Little Orphan Annie*

Grissom, Virgil I. – Astronauta

Guillotin, Joseph Ignace – Inventor de la guillotina

Hancock, John – Firmante de la Declaración de Independencia de los Estados Unidos

Harding, Warren G. – Vigesimonoveno presidente de los Estados Unidos (1921-1923)

Hardy, Oliver – Actor cómico ("Laurel y Hardy")

Harlan, John Marshall – Juez de la Corte Suprema

Haydn, Franz Joseph – Compositor

Hedges, Cornelius – "Padre" del parque nacional Yellowstone

Heine, Heinrich – Poeta

Henson, reverendo Josiah – Inspiró la novela *La cabaña del tío Tom*

Hilton, Charles C. – Hotelero estadounidense

Hoban, James – Arquitecto del Capitolio de los Estados Unidos

Hoe, Richard M. – Inventor de la imprenta rotativa

Hogarth, William – Artista (pintor y grabador) inglés

Hoover, J. Edgar – Director del Departamento Federal de Investigación criminal (FBI)

Hope, Bob – Actor cómico y de variedades

Hornsby, Rogers – Jugador de béisbol

Houdini, Harry – Mago

Houston, Sam – Segundo y cuarto presidente de la República de Texas

Humphrey, Hubert Horatio, hijo – Trigésimo octavo vicepresidente
    de los Estados Unidos (1965-1969)

Irving, Sir Henry – Actor inglés

Irwin, James B. – Astronauta

Ives, Burl – Cantante

Jackson, Andrew – Séptimo presidente de los Estados Unidos (1829-
    1837)

Jackson, Jesse – Líder de los derechos civiles

Jackson, Robert H. – Juez de la Corte Suprema

Jay, John – Juez de la Corte Suprema

Jenner, Edward – Inventor de la vacuna contra la viruela

Johnson, Andrew – Decimoséptimo presidente de los Estados Uni-
    dos (1865-1869)

Johnson, Jack – Boxeador estadounidense (*La Gran Esperanza Blanca*)

Johnson, Lyndon B. – Trigésimo sexto presidente de los Estados Uni-
    dos (1963-1969)

Jolson, Al – Cantante

Jones, Anson – Quinto presidente de la República de Texas

Jones, John Paul – Héroe naval estadounidense durante la guerra por
    la independencia

Juárez, Benito – Presidente de México (1861-1863 y 1867-1872)

Kalakaua, David – Rey de las islas de Hawai

Kean, Edmund – Actor inglés

Kefauver, Carey Estes – Senador de los Estados Unidos y candidato a
    presidente, 1952, 1956

Kemp, Jack – Capitán de los Buffalo Bills (fútbol americano) y candi-
    dato a vicepresidente, 1996

Key, Francis Scott – Autor del himno nacional estadounidense

King, Ernest J. – Comandante de la flota naval estadounidense duran-
    te la Segunda Guerra Mundial

Kipling, Rudyard – Escritor y poeta

Kossuth, Lajos – Patriota y estadista húngaro

Lafayette, marqués de – Oficial francés que participó en la guerra por la independencia estadounidense

LaGuardia, Fiorello – Alcalde de Nueva York (1933-1947)

Lamar, Joseph R. – Juez de la Corte Suprema

Lamar, Mirabeau B. – Tercer presidente de la República de Texas

Land, Frank S. – Fundador de la Orden Masónica de De Molay

Landon, Alfred M. – Gobernador de Kansas y candidato a presidente, 1936

Lessing, Gotthold Ephraim – Dramaturgo alemán

Lewis, John L. – Líder laboral

Lewis, Meriwether – Explorador (expedición de Lewis y Clark)

Lincoln, Elmo – Primer actor que interpretó a Tarzán de los Monos (1918)

Lindbergh, Charles – Aviador

Lipton, Sir Thomas – Comerciante de té

Liszt, Franz – Pianista y compositor, inventor del recital solista de piano

Livingston, Robert – Co-negociador de la compra del territorio de Louisiana

Lloyd, Harold C. – Animador y actor de variedades

MacArthur, Douglas – Comandante de las Fuerzas Armadas de los Estados Unidos en el Pacífico durante la Segunda Guerra Mundial y la guerra de Corea

MacDonald, Sir John A. – Primer Ministro de Canadá (1867-1873 y 1878-1891)

Marshall, James W. – Descubrió oro en Sutter's Mill, California (1848)

Marshall, John – Juez de la Corte Suprema

Marshall, Thurgood – Juez de la Corte Suprema

Martí, José Julián – Escritor, poeta y patriota cubano

Matthews, Stanley – Juez de la Corte Suprema

Mayer, Louis B. – Productor cinematográfico (Metro-Goldwyn-Mayer)

Mayo, doctor William (padre), y Charles (hijo) – Iniciadores de la clínica Mayo

Mazzini, Giuseppe – Revolucionario y teórico político italiano

McGovern, George – Senador de los Estados Unidos y candidato a presidente, 1972

McKinley, William – Vigésimo quinto presidente de los Estados Unidos (1897-1901)

McLean, John – Juez de la Corte Suprema

Menninger, Charles F. (padre), y Karl A. (hijo) – Psiquiatras

Mesmer, Franz Anton – Practicó el "mesmerismo", que derivó en el hipnotismo

Meyerbeer, Giacomo – Compositor

Michelson, Albert Abraham – Midió con éxito la velocidad de la luz

Minton, Sherman – Juez de la Corte Suprema

Mitchell, Edgar D. – Astronauta, sexta persona que caminó sobre la Luna

Mix, Tom – Comisario y luego actor estadounidense, protagonista de unos 400 *westerns*

Monckton, Lionel – Músico

Monge, Gaspard, conde de Péluse – Matemático francés

Monroe, James – Quinto presidente de los Estados Unidos (1817-1825)

Montgolfier, Jacques Étienne – Co-diseñador del primer globo de aire caliente

Moody, William H. – Juez de la Corte Suprema

Mozart, Leopold – Padre de Wolfgang, concertino, violinista y compositor

Mozart, Wolfgang Amadeus – Compositor

Murphy, Audie – El soldado estadounidense más condecorado de la Segunda Guerra Mundial y astro del cine

Naismith, James – Inventor del baloncesto

Nelson, Samuel – Juez de la Corte Suprema

New, Harry S. – Jefe general de correos que estableció el correo aéreo

Nunn, Sam – Senador de los Estados Unidos

O'Higgins, Bernardo – Prócer de la independencia y director supremo de Chile

Olds, Ransom E. – Pionero de la industria automovilística estadounidense

Otis, James – Conocido por el lema "La imposición sin representación es tiranía"

Palmer, Arnold – Jugador profesional de golf

Papst, Charles F. – Acuñó el término "pie de atleta"

Paterson, William – Juez de la Corte Suprema

Peale, Charles Willson – Pintor estadounidense

Peale, Norman Vincent – Clérigo y autor estadounidense

Peary, Robert Edwin – Primer hombre en alcanzar el Polo Norte (1909)

Penny, James C. (J. C. Penny) – Comerciante minorista

Pershing, John J. – Comandante de las tropas estadounidenses en Francia durante la Primera Guerra Mundial

Pike, Albert – Autor masónico de *Moral y dogmas*

Pitney, Mahlon – Juez de la Corte Suprema

Poinsett, Joel R. – Ministro de los Estados Unidos en México; también desarrolló la especie vegetal *Poinsettia*

Polk, James Knox – Undécimo presidente de los Estados Unidos (1845-1849)

Pope, Alexander – Escritor

Potter, Stewart – Juez de la Corte Suprema

Pullman, George – Construyó el primer vagón de ferrocarril con camarotes

Pushkin, Aleksandr – Poeta ruso

Reagan, Ronald – Cuadragésimo presidente de los Estados Unidos (1981-1989)

Reed, Stanley F. – Juez de la Corte Suprema

Revere, Paul – Revolucionario estadounidense de la guerra de independencia

Rhodes, Cecil – Primer Ministro de la colonia de El Cabo (1890)

Richardson, Elliot – Procurador general

Rickenbacker, Eddie – As de la aviación militar estadounidense durante la Primera Guerra Mundial y pionero de la aviación

Ringling Brothers – Dueños de circo, el padre y siete de los hermanos eran masones

Rizal, José – Médico, novelista y mártir nacionalista filipino

Robinson, Sugar Ray – Campeón de boxeo

Rogers, Roy – Astro de películas del Oeste

Rogers, Will – Humorista

Romberg, Sigmund – Compositor

Roosevelt, Franklin D. – Trigésimo segundo presidente de los Estados Unidos (1933-1945)

Roosevelt, Theodore – Vigésimo sexto presidente de los Estados Unidos (1901-1909)

Rutledge, Wiley B. – Juez de la Corte Suprema

Salten, Felix – Autor de *Bambi*

San Martín, José de – Libertador del Perú

Sanders, Harland ("Coronel Sanders") – Fundador de Kentucky Fried Chicken

Sarnoff, David – Pionero de la radiodifusión

Sax, Antoine Joseph – Inventor del saxofón (1846)

Schiller, (Johann Christoph) Friedrich von – Poeta y dramaturgo alemán

Schirra, Walter (Wally) Marty, hijo – Astronauta

Scott, Robert Falcon – Explorador inglés

Scott, Sir Walter – Escritor

Scott, Winfield – General estadounidense durante la guerra contra México

Sellers, Peter – Actor

Shackleton, Sir Ernest – Explorador inglés

Sibelius, Jean – Compositor

Skelton, Red – Animador y actor de variedades

Sloane, Sir John – Artista inglés

Smithson, James – Mineralogista y químico británico, cuyo legado permitió la fundación del Instituto Smithsoniano

Sousa, John Philip – Compositor

Speaker, Tris – Jugador de béisbol

Spilsbury, Sir Bernard – Pionero de la anatomopatología forense

Stafford, Thomas Patten – Astronauta

Stanford, Leland – Magnate de los ferrocarriles y fundador de la Universidad de Stanford

Steuben, Baron von – General estadounidense, de origen prusiano, que participó en la guerra de la independencia de los Estados Unidos

Stevenson, Adlai – Vicepresidente de los Estados Unidos (1893-1897)

Stewart, Potter – Juez de la Corte Suprema

Still, Andrew T. – Médico estadounidense que desarrolló el estudio de las osteopatías

Story, Joseph – Juez de la Corte Suprema

Stratton, Charles "Tom Thumb" – Animador y actor de variedades

Sullivan, Sir Arthur – Compositor

Summerall, Charles Pelot – General durante la Primera Guerra Mundial

Swayne, Noah H. – Juez de la Corte Suprema

Swift, Jonathan – Autor de *Los viajes de Gulliver*

Taft, William Howard – Vigésimo séptimo presidente de los Estados Unidos (1909-1913)

Thomas, Danny – Animador y actor de variedades

Thomas, Dave – Fundador de los restaurantes Wendy

Thomas, Lowell – Periodista que dio a conocer la figura de Lawrence de Arabia

Tinker, Joe – Jugador de béisbol

Tirpitz, Alfred von – Oficial naval alemán

Todd, Thomas – Juez de la Corte Suprema

Travis, William B. – Militar estadounidense; murió en El Álamo

Trimble, Robert – Juez de la Corte Suprema

Truman, Harry S. – Trigésimo tercer presidente de los Estados Unidos (1945-1953)

Vinson, Frederick M. – Juez de la Corte Suprema

Voltaire (François Marie Arouet) – Escritor y filósofo francés

Wadlow, Robert Pershing – El ser humano más alto de que se tenga noticia (casi 2,70 m)

Wallace, George C. – Gobernador de Alabama y candidato a presidente, 1964, 1968, 1972, 1976

Wallace, Lewis – General de la guerra civil estadounidense y autor de *Ben Hur*

Wanamaker, John – Comerciante estadounidense del siglo XIX

Warner, Jack – Productor cinematográfico y presidente de Warner Brothers Pictures

Warren, Earl – Juez de la Corte Suprema

Warren, Joseph – Militar estadounidense; murió en la batalla de Bunker Hill

Washington, Booker T. – Educador y autor

Washington, George – Primer presidente de los Estados Unidos (1789-1797)

Watson, Thomas John – Fundador de International Business Machines Corporation (IBM)

Wayne, John – Actor

Webb, Matthew – Primer hombre que cruzó a nado el canal de La Mancha (1875)

Weitz, Paul J. – Astronauta

Wesley, Samuel – Músico

Whiteman, Paul – Director de orquesta, "Rey del Jazz"

Wilde, Oscar – Dramaturgo y novelista; autor, entre otras obras, del famoso *El retrato de Dorian Gray*, 1891

Wolfitt, Sir Donald – Actor inglés

Woodbury, Levi – Juez de la Corte Suprema

Woods, William B. – Juez de la Corte Suprema

Wyler, William – Director cinematográfico

Young, Denton True "Cy" – Jugador de béisbol

Zanuck, Darryl F. – Productor cinematográfico y cofundador de 20th Century-Fox

Ziegfeld, Florenz – Productor teatral